KB203011

인류의 종말과 요한계시록

Copyright ⓒ 2001 Wm. B. Eerdmans Publishing Co.
Originally published in English under title
Revelation and the End of All Things by Craig R. Koester
Published by Wm. B. Eerdmans Publishing Co.
2140 Oak Industrial Drive NE, Grand Rapid, Michigan 49505, U. S. A.
All rights reserved.

Korean translation right arranged with Wm. B. Eerdmans Publishing Co.
through rMaeng2, Seoul, Republic of Korea.

This Korean translation copyright ⓒ 2011 by Dong-yeon Publishing Co., Seoul,
Republic of Korea

이 책의 한국어판 저작권은 알맹2(rMaeng2)를 통한 Wm. B. Eerdmans
Publishing사와의 독점 계약으로 도서출판 동연에 있습니다. 저작권법에 의해 한국
내에서 보호를 받는 저작물이므로 무단 전재와 무단 복제를 금합니다.

Revelation and the End of All Things

인류의 종말과
요한계시록

크레이그 R. 퀘스터 지음

최홍진 옮김

　　요한계시록을 연구한 나의 책을 한국 독자들에게 알릴 수 있는 기회를 얻게 되어 매우 기쁘게 생각한다. 성서와 신학의 연구는 한국에서 매우 중요한 위치를 차지하고 있다. 성서 본문들은 여러 한국 학자들과 한국 교회 독자들의 관심을 끌어왔다. 성서의 책들 가운데에서 요한계시록은 많은 사람들의 특별한 관심의 대상이 되어왔다. 요한계시록에 나오는 풍부한 표상과 심판과 소망에 대한 강한 흥미를 불러일으키는 환상들 때문에 상당수의 사람들이 이 책에 매료되었다. 또 한편의 사람들은 이 책이 이해하기 어렵고 혼란을 일으킨다고 생각해왔다. 이 번역서를 통해 한국 독자들 사이에 제기된 요한계시록에 관한 논의와 평가가 개선되기를 바란다. 나는 이 책에서 요한계시록에 관한 전문적인 연구의 결과를 자세히 다루지는 않았지만, 최근 학계에서 높이 인정을 받는 바를 소개하고자 한다.

　　서론에서는 다양한 시대와 장소에서 살아가는 그리스도인들이 요한계시록을 이해하였던 주요 방법들 중 몇 가지를 추적하고자 한다. 최근의 주요 흐름들뿐만 아니라 초기 교회로부터 요한계시록에 주어져왔던 중요한 평가들 가운데 몇 가지를 제시하겠다. 다른 곳에서와 마찬가지로, 과거의 제기되었던 대부분의 문제들은 한국에서의 요한계시록에 관한 논의 가운데 지속적으로 나타난 것이다. 신학적으로, 하나님과 어린 양의 사역이 나의 연구의 중심적인 위치를 차지한다. 요한계시록의 처음 장과 마지막 장은 하나님과 어린 양을 알파와 오메가요, 처음과 나중이요, 시작과 마침라고 선포한다(1:8, 17; 21:6; 22:13). 이 책의 제목인 『인류의 종말과 요한계시록』은 이 주제에서 선택한 것이다. 요한계시록이 만물의 '마지막'을 언급할 때, 저자가 우리를 하나님과 어린 양에게로 인도하고 있음을 알게 된다(22:4).

나는 이 번역 작업이 가능하도록 하는 데 수고를 아끼지 않은 미네소타 주 세인트폴의 루터신학교 정바울 교수와 한남대학교의 천사무엘 교수에게 감사를 드린다. 또한 한국어로 이 책을 번역해주신 호남신학대학교의 최홍진 교수에게도 진심으로 감사를 드린다.

2011년 8월

크레이그 퀘스터(Craig Koester)

　　성서 연구에 있어서, 요한계시록에 관심을 두는 것은 참으로 매력 있
는 모험 중의 하나이다. 요한계시록은 성서 해석 문제에 큰 관심을 보
이지 않는 사람들에게 조차도 지속적인 흥미의 대상이었다. 이 책에 대
한 호기심이 높다는 사실은 서적, 영화 그리고 다른 여러 매체들에서
요한계시록을 널리 사용하는 데서도 잘 알 수 있다. 본서인『인류의 종
말과 요한계시록』(*Revelation and the End of All Things*)은 필자가 수년 동안
신학생과 목회자와 교인들의 모임에서 요한계시록을 가르치면서 얻은
내용들이다. 함께 말씀을 나누었던 사람들이 던졌던 대부분의 질문들
은 큰 관심을 불러일으키는 요한계시록의 해석들에 관한 것이었으며,
우리는 서로 간에 여러 의견들을 교환했다. 이 질문들은 또한 하나님과
미래와 죽음과 생명과 심판과 소망에 대한 우리의 이해와 관련된 중요
한 주제들을 향한 것이었다. 요한계시록의 일반적인 해석들에 관심을
두면서, 본서의 1장에서는 이러한 접근 방법들이 어떠한 영향을 미쳤
고 이 방법들의 문제점들이 무엇인지를 살펴보고자 한다. 본서의 나머
지 부분에서는 주후 1세기 독자들의 상황과 21세기의 독자들의 상황을
염두에 두면서, 요한계시록의 각 장들을 세밀하고 주의 깊게 연구하고
자 한다. 이 책을 쓰는 이유는 오늘날 독자들이 쉽게 접근할 수 있고 호
소력 있으며, 의미 있는 방식으로 요한계시록의 메시지를 찾아볼 뿐만
아니라 최근 학계에서 가치가 있다고 평가받는 내용들을 기술하기 위함

이다.

　본서를 저술하는 데 도움을 준 많은 사람들이 있다. 알브레히트 뒤러의 목판화 사진은 루터 형제회의 종교 미술관에 소장된 원판에서 가져온 것이다. 이 미술 작품을 사용할 수 있도록 허락해준 리처드 힐스트롬(Richard Hillstrom)에게 감사드린다. 또한 본서를 완성할 수 있도록 안식년을 허락해준 루터 신학대학교와 루터 형제회에 감사를 드린다. 본서를 꼼꼼히 읽어준 낸시 쾨스터(Nancy Koester)와 도드 니콜(Todd Nichol)에게도 감사를 드리며, 여러 가지로 기술적인 도움을 준 로딩(Alice Loddigs)에게도 사의를 표한다. 마지막으로 알렌 마이어스(Allen Myers)와 제니퍼 호프만(Jennifer Hoffman)과 이 프로젝트를 완성할 수 있게 도움을 준 출판사에 속한 모든 분들에게 깊은 감사를 드린다.

기상 이변, 자연 재해, 내전 등 전 세계적인 재앙으로 인해 어느 때보다 종말에 대한 관심이 높아지고 있다. "인간과 역사가 끝이 나는가?", "그때는 언제인가?", "종말의 때를 어떻게 준비해야 하는가?" 등등의 질문들이 강하게 제기되며, 과연 어디에서 그 답을 찾아야 할 것인지 궁금해 한다. 이러한 시기에 그리스도인이라면 누구라도 요한계시록에 대한 관심을 가질 것이다. 즉, 계시록을 통해 이 문제들에 대한 답을 얻고자 할 것이다.

이제까지 요한계시록에 대한 관심은 크게 두 가지로 나눌 수 있다. 한편에서는 요한계시록이 근본적으로 소수의 사람들만이 알 수 있는 암호나 상징을 사용하여 세상의 미래가 어떻게 될 것인지에 관한 메시지를 전해주고 있다고 생각했다. 다른 편에서는 요한계시록이 초시간적인 진리를 담고 있다고 주장해왔다. 곧 하나님이 인류 역사를 진행하시는 원리를 제시하는 책이라는 것이다. 저자는 이와는 다른 관점에서 이 책에 접근하고 있다. 요한계시록은 소수의 특정한 사람들만을 위한 책이 아니라 누구나 이해할 수 있고 알아야 할 메시지를 전하고 있으며, 시간과 역사 가운데 살아가는 사람들에게 구체적인 가르침을 주고 있다는 것이다. 저자는 수년 동안 신학생과 목회자와 교인들의 모임에서 요한계시록을 가르치면서 얻은 이해를 토대로 이 책을 기술하였다. 그는 이 책에서 지금까지의 요한계시록의 해석 방법들과 그 문제점들

을 살펴본 후, 본문 한 구절 한 구절에 세심한 관심을 갖고 주의 깊은
연구를 통해 요한계시록이 전해주는 메시지를 찾고 있다. 그는 단지 요
한계시록을 기록할 당시 혹은 오늘 독자들 상황에만 관심을 두지 않고
둘 모두에 관심을 두고 이 책이 전하고자 하는 메시지를 분명하게 파악
하고 전달해줌으로써, 요한계시록이 소수의 신학자나 목회자만을 위한
책이 아니라 성서를 사랑하는 사람, 요한계시록에 관심이 있는 사람은
누구나 쉽게 읽고 이해할 수 있는 책이라는 사실을 분명히 하고 있다.

강단에서 요한계시록을 가르쳐왔던 역자는 본서를 대하면서 요한계
시록에 대한 새로운 이해를 하게 되었으며, 본서가 요한계시록에 대한
그릇된 해석으로 인해 혼란을 겪고 있는 한국 교회를 위해 반드시 필요
하며, 참으로 유익한 책이라는 확신을 갖게 되어 기대와 감동으로 번역
하였다. 본서가 마지막 때를 올바로 준비하고자 소망하는 그리스도인
들에게 크게 도움이 되기를 바란다.

끝으로 본서를 번역하도록 소개해준 천사무엘 박사님과 출판하도록
허락해주신 도서출판 동연 김영호 사장님과 직원 여러분에게 깊은 감
사를 드린다.

2011년 9월 선지동산에서
최 홍 진

■ 차례

한국어판을 내며 / 4
머리말 / 6
옮긴이의 글 / 8

1장 ㅣ 비밀을 해석하다 / 13

　Ⅰ. 미래에 대한 예언, 초시간적 진리? / 15
　Ⅱ. 역사, 정치 그리고 개혁 / 24
　Ⅲ. 묵시적 열광, 실망 그리고 비극 / 33
　Ⅳ. 휴거, 고난 그리고 아마겟돈 / 39
　Ⅴ. 요한계시록의 역사적 연구 / 50
　Ⅵ. 침묵 혹은 노래? / 57
　Ⅶ. 과감한 포워드 / 67

2장 ㅣ 그리스도와 교회들(계 1-3장) / 71

　Ⅰ. 계시-예언-편지(1:1-8) / 73
　Ⅱ. 살아 계신 분의 임재(1:9-20) / 87
　Ⅲ. 모든 독자들이 동일하지 않다(2:1-3:22) / 92

3장 ⅼ 펼쳐진 두루마리(계 4-7장) / 113

Ⅰ. 전능하신 하나님(4:1-11) / 116
Ⅱ. 죽임을 당한 어린 양(5:1-14) / 121
Ⅲ. 처음 여섯 인(6:1-17) / 127
Ⅳ. 구원받은 자들: 144,000과 수많은 무리들(7:1-17) / 139

4장 ⅼ 두려움과 희망의 나팔(계 8-11장) / 145

Ⅰ. 처음 여섯 나팔(8:1-9:21) / 148
Ⅱ. 심판이 중단되다(10:1-11) / 157
Ⅲ. 고난, 증인 그리고 개종(11:1-14) / 161
Ⅳ. 주님의 나라(11:15-19) / 171

5장 ⅼ 짐승과 어린 양(계 12-15장) / 175

Ⅰ. 여인, 미가엘 그리고 용(12:1-18) / 180
Ⅱ. 두 짐승(13:1-18) / 189
Ⅲ. 심판, 축복 그리고 인내(14:1-20) / 205
Ⅳ. 만국의 주(15:1-4) / 213

6장 ㅣ 음녀와 신부(계 15-19장) / 217

Ⅰ. 진노의 일곱 대접들(15:5-16:21) / 220

Ⅱ. 큰 음녀(17:1-18) / 231

Ⅲ. 바벨론의 패망(18:1-24) / 242

Ⅳ. 할렐루야, 주 하나님이 통치하신다(19:1-10) / 251

7장 ㅣ 종결(계 19-22장) / 255

Ⅰ. 큰 전투(19:11-21) / 259

Ⅱ. 천년왕국(20:1-6) / 270

Ⅲ. 최후의 갈등과 최후의 심판(20:7-15) / 278

Ⅳ. 새 예루살렘(21:1-22:5) / 285

Ⅵ. 마지막이 가까웠다(22:6-21) / 298

참고문헌 / 306
찾아보기 / 308

1장

비밀을 해석하다

한 권의 책이 가진 역량은 그 책이 사람들에게 미친 영향으로 평가할 수가 있는데, 요한계시록보다 더 극적으로 사람들에게 감동을 준 책은 거의 없다. 긍정적인 의미에서 요한계시록은 수많은 설교들과 신학 논문들과 예술 작품들뿐만 아니라 장엄한 '할렐루야 코러스'(Hallelujah Chorus)로부터 부드러운 선율의 '예루살렘 나의 행복한 집'(Jerusalem My Happy Home)에 이르는 음악 작품들에까지 깊은 영감을 주었다. 부정적인 면에서, 요한계시록이 그리스도의 재림의 날짜를 예견하고 있다고 하는 잘못된 인식을 가진 사람들에게 이 책은 분파주의 종교 운동의 형성과 사회변혁의 동기를 제공하였다. 혹자는 현재 이스라엘 국가의 형성, 페르시아의 걸프전, 화산 폭발, 기름 유출 등 일련의 사건들을 요한계시록의 예언의 성취로 이해하는 대중적인 해석들에 매력을 느끼기도 한다. 반면 이러한 사고에 반박하여 일단의 학자들은 요한계시록은 읽혀지지 않도록 봉인하여 서재에 보관하는 것이 이 책을 대하는 최선의 방안이라고 주장하기도 한다. 그러나 요한계시록을 무시하거나 등한히 여기고자 하는 시도들은 점차적으로 지지를 얻지 못한다. 그 이유는 이 책에 기록된 비밀들이 너무도 우리의 관심을 끌기 때문이다.

그리스도인들이 수 세기 동안 요한계시록을 해석해왔던 방법들 중에 몇 가지를 개괄한다면, 이 책을 바르게 이해하는 가치 있는 단서들을 찾을 수 있을 것이다. 때로는 복잡하고 때로는 혼동되기는 하지만, 이전 세대들에게 주었던 요한계시록의 변화무쌍한 영향의 역사에 관한 이야기는 현재 독자들에게 우리의 선배들이 던졌던 질문에 대한 대답과 그들의 읽기를 구체화했던 가정들과 그들의 해석이 공동체에 미쳤던 영향들을 숙고할 수 있는 기회를 제공해준다. 우리가 만일 다른 사람들의 사고를 염두에 둔다면, 우리는 우리의 해석이 우리 자신의 공동체들에 미쳤던 영향뿐만 아니라 우리 자신이 본문에서 유추했던 가정들과 질문들을 다시 한번 면밀하게 살펴볼 수 있는 기회를 얻게 될 것이다. 과거를 돌아보는 것은 오늘 우리로 하여금 요한계시록을 충실하고 흥미를 갖고 읽게 하는 준비 작업이 될 것이다.

Ⅰ. 미래에 대한 예언, 초시간적 진리?

좋은 질문은 가장 단순한 질문이다. 이러한 질문들 중에서 가장 중요한 것들 중의 하나는 요한계시록에 나오는 환상들이 미래의 사건들에 대한 언급인가 아니면 초시간적인 실체들에 대한 언급인가 하는 것이다. 초기 교회 이래로 그리스도인들은 이 주제를 여러 다른 관점에서 접근해왔다. 적어도 주후 2세기 이래로, 일부의 사람들은 이 책이 근본적으로 세상의 미래가 어떻게 될 것인지에 관한 메시지를 전해주는 것으로 이해해 왔다. 곧 마지막 날들에 일어나게 될 사건들을 어렴풋이나마 알 수 있도록 하는 환상들을 보여주고 있다고 생각했다. 거의 동일한 세월 동안 다른 편의 학자들은 요한계시록이 초시간적인 진리를 담고 있는 메시지를 전해준다고 주장해왔다. 곧 요한계시록을 하나님이 모든 세대의 사람들을 어떻게 대하시는지를 보여주는 환상들을 소개하고 있는 책으로 이해했다. 또 다른 학자들은 이 두 가지 제안 중 하나를 선택하라고 요청하나, 여전히 요한계시록을 과거가 되어버린 사건들에 관한 환상들을 기록한 책으로 읽는 것을 선호한다. 오늘날 독자들 역시 스스로에게 이와 동일한 근본적인 문제에 관한 질문을 던지는데, 이것은 우리의 선배들이 우리가 요한계시록의 책장을 펼쳤을 때 발견하기를 기대했던 바가 무엇인지 생각하는 데 도움을 주는 시각이다.

요한계시록과 미래

오랫동안 요한계시록의 해석을 위한 시험 케이스가 되었던 한 구절은 마지막 때 곧 최후의 심판 직전에 성도들이 그리스도와 함께 천 년 동안 세상을 다스린다는 요한의 언급이다.

"또 내가 보좌들을 보니 거기에 앉은 자들이 있어 심판하는 권세를 받았더라. 또 내가 보니 예수를 증언함과 하나님의 말씀 때문에 목 베임을 당한 자들의 영혼들과 또 짐승과 그의 우상에게 경배하지 아니하고 그들의 이마와 손에 그의 표를 받지 아니한 자들이 살아서 그리스도와 더불어 천년 동안 왕 노릇 하니…"(계 20:4).

많은 사람들은 천년왕국의 환상에 흥미를 갖는데, 그 이유는 독자 자신들이 관심을 가진 구절의 의미를 설명하고자 할 때, 피치 못하게 상상력을 발휘하여 자신들의 생각을 피력하게 되기 때문이다.

순교자 저스틴(Justin Martyr, 주후 100-165)은 요한의 천년왕국 환상이 성도들의 지상에서의 미래적 통치를 가리킨다고 생각했던 초기 기독교 작가들 중의 한 사람이다. 사리를 분별하고 철학적인 사고를 가진 기독교 개종자인 저스틴은 제국의 동편으로부터 로마로 이주했다. 그가 작성한 문서 중의 하나에서 그는 하나님이 구약의 예언자들을 통해 주셨던 약속들이 어떻게 그리스도를 통해 성취되었는지를 보여주려고 시도했다. 그의 논의는 그리스도인들은 옛 구약 전승을 거절하지 않았으며, 하나님이 그리스도와 교회 안에서 어떻게 자신의 목적들을 성취하시는지를 밝히고자 하는 데 있다.

저스틴은 지상이 평화로운 낙원으로 변화되는 데 관심을 두었던 예언적 환상들이 요한계시록에 언급된 천년왕국에서 실현될 것이라고 추정했다. 그는 기대 수명이 증가하고 "가옥을 건축하고 그 안에 사람들이 살고", 그들이 "포도나무를 심고 열매를 먹으며" 두려움 없이 자신들의 손들의 수고를 즐길 수 있는 때에 관해 이야기하면서 이사야 65장 17-25절을 인용했다. 그때에 "이리와 어린 양이 함께 먹을 것이며, 사자가 소처럼 짚을 먹을 것이다"(사 65:20-25). 지상에 낙원이 이루어진다는 이 약속들이 성취된 이후에 최후의 심판이 있으며, 성도들은 영생에 들어간다(*Dialogue with Trypho*, 80-81). 많은 후대 해석가들은 저스틴의 해석을 따랐다. 그들은 이사야로부터 인용한 구절들이 실제로는 새 하늘과 새 땅을 가리키는 것으로 이해했으며, 그것은 요한이 요한계시록 21장 1-5절에서 언급한 새 예루살렘과 동일시할 수 있는 것이지, 20장 4-6절의 천년왕국과 동일시할 수 있는 것은 아니라고 주장했다.

이레니우스(Irenaeus, 주후 130-200년)는 요한계시록을 미래적인 관점에서 읽었던 또 다른 기독교 작가이다. 로마 제국 동쪽 지역에서 태어난 이레니우스는 그의 생애 대부분을 남프랑스의 리용에서 보냈다. 그는 리용에서 기독교 공동체의 주교가 되었으며 심한 박해를 받았다. 많은 다른 기독교 작가들처럼, 이레니우스는 세상 역사가 육천 년 동안 지속되며, 그 후에 세상의 휴식 기간이 될 일곱 번째 천 년이 이어진다고 생각했다. 이 주장의 근거로 그는 하나님이 세상을 육 일 동안 창조하셨으며, 칠 일 째는 쉬셨다는 점을 지적했다(창 1:1-2:4). 만일 하루가 천 년을 상징한다면(시 90:4), 역사는 육천 년 동안 지속되며, 성도들의 천 년 동안의 통치(계 20:4-6)는 세상에 임하는 마지막 축복의 기간이 될 것이다(*Against Heresies* 5.28.3).

천년왕국이 미래에 지상에 임하게 될 것이라는 이레니우스의 주장은 하나님의 정의에 대한 그의 믿음과도 연결되어 있다. 그리스도인들은 믿음을 지키기 위해 창조질서 가운데에서 그들의 생명을 잃을 수도 있기 때문에, 하나님은 창조질서 안에서 다시 그들에게 생명을 주실 것이다. 하나님의 풍요와 자비에 의지하여 피조물은 완전 상태로 회복될 것이며, 최후의 심판 전에 세상이 의인들에게 복종하도록 이끄실 것이다(*Against Heresies* 5.32.1). 또한 천년왕국은 창조의 미덕을 확증하는 한 방법이다. 물질세계는 본질적으로 악하며, 희망이 없다고 생각하는 영지적 교사들과는 대조적으로 이레니우스는 우주 만물을 위한 미래를 상상했다. 그때에 우주 만물은 풍요로운 축복의 장소로 옮겨질 것이다.

"그 날에 포도나무가 자라서, 각각의 나무가 만 개의 가지를 낼 것이며, 각각의 가지는 만 개의 작은 가지를 낼 것이고 각각의 작은 가지는 만 개의 포도송이를 낼 것이며, 모든 포도송이는 만 개의 포도알을 낼 것이다. … 성도들 중 아무라도 하나의 포도송이를 붙잡으면, 다른 포도송이들은 소리를 지를 것이다. '나는 더 좋은 포도송이이다. 나를 취하라. 나를 통해 하나님이 축복하시리라'"(*Against Heresies* 5.33.3).

미래적 소망에 대한 보다 극단적인 형태는 현재 터키 북쪽에 위치한 프리지아에서 태동한 종파 운동의 창시자인 몬타누스(2세기 후반)의 설교에 의해 고무되었다. 몬타누스는 자신을 가리켜 예수님이 모든 진리 가운데로 사람들을 인도할 것이라고 말씀하셨던(요 14:26; 16:13) 성령의 대변자라고 주장했다. 기독교는 오랫동안 예언의 은사를 가진 사람들을 존경해왔다(행 21:9; 고전 14:1). 그러나 몬타누스는 자신이 '새로운 예언'을 가져왔다고 주장함으로써 이 전통을 범했다. 그는 세상의 종말이 가까웠다고 선포하면서, 사람들에게 자기 부인, 금식 그리고 독신의 길을 따르도록 요구했다. 그는 프리실라(Priscilla)와 막시밀라(Maximilla)라고 부르는 두 여선지자와 함께 사역을 했다. 이들 중 한 사람은 새 예루살렘(계 21:1-22:5)이 그 그룹의 중심점이 될 페르지안의 도시인 페루자로 내려오게 될 것이라고 선포했다(Epiphanius, *Panarion* 49.1.2-3).

여러 기독교 교회 지도자들은 몬타니즘(montanism)을 공격하였다. 가이우스(Gaius)라 불리는 장로는 이 운동과 요한계시록을 신랄하게 비판했다. 그 이유는 요한계시록이 마지막 때가 임했다고 주장하는 몬타니스트의 신앙을 고취하는 데 도움을 주었다고 생각했기 때문이었다. 요한계시록에 대한 부정적인 인식을 가진 가이우스는 이 책이 많은 사람들이 믿는 것처럼 사도 요한에 의해 기록된 것이 아니라 악명 높은 이교도인 케린투스(Cerinthus)에 의해 기록되었다고 주장했다. 케린투스가 폭넓은 독자층을 형성하기 위해 거짓말로 이 책이 요한의 저작이라고 속였다는 것이다. 가이우스는 많은 사람들이 지상에 임하는 미래적 천년왕국 사상에 현혹되었는데, 그 이유는 그 안에서 쾌락을 추구하는 자신들의 욕망을 탐닉할 수 있을 것으로 생각했기 때문이라고 주장했다(Eusebius, *Ecclesiastical History* 3.28.1-2). 그와 같은 비판에도 불구하고 요한계시록은 계속적으로 로마 제국 서쪽에 거주하는 그리스도인들에 의해 읽혀졌으며 가치 있는 책으로 평가를 받았다.

우리가 저스틴과 이레니우스에게서 보았던 바와 같은 미래적 해석의 온건한 형태는 오늘날 슬로베니아 땅인 페투아의 주교 빅토리누스(Victorinus, 주후 304년 죽음)에 의해 좀 더 발전되었다. 로마 황제 디오클레시아누스(Diocletian)가 행한 대박해 시에 순교했던, 빅토리누스는 요한계시록의 주석을 저술했는데, 이 책은 현존하는 요한계시록에 대한 가장 오래된 주석이다. 요한계시록이 인간 역사의 과정에서 일어난 재난들을 예시한다고 가정한 그는 성도들의 박해자인 '바벨론'은 로마를 상징하며 요한계시록에 묘사된 짐승들은 주후 1세기경에 그리스도인들을 살해했던 네로의 특성들을 포함했다고 지적했다. 이 통찰은 지속적으로 오늘날의 학자들에 의해 받아들여졌다. 빅토리누스는 또한 요한계시록 20장에 언급된 천년왕국은 지상에 임할 왕국이며, 초기 해석가들이 생각했던 것처럼, 거기에서 만국은 성도들의 통치 아래 있게 될 것이라고 주장했다.

빅토리누스의 가장 중요한 공헌은 요한계시록이 분명한 연대기적 순서로 된 역사의 마지막 사건들을 묘사한 것이 아니라는 그의 관찰이다. 요한의 환상은 때로 반복적이어서, 요한계시록이 미래에 관한 한 단계씩 발전해가는 예언들을 기술하고 있다고 주장할 수는 없다. 대신 요한계시록은 다른 여러 방식들로 동일한 메시지를 반복하거나 요점을 되풀이한다. 구약성서에 바로의 두 가지 꿈이 요셉 시대에 일어난 동일한 기간의 풍요와 기근을 상징한다고 설명되었던 것과 유사하다(창 41:26). 빅토리누스는 요한계시록 8-9장에 나오는 일곱 나팔과 요한계시록 16장에 나오는 진노의 일곱 대접이 동일한 일련의 위협을 묘사한다는 점을 인정했다. 요한은 어두워진 하늘의 빛들에 관해 두 번 이야기한다(계 8:12; 16:10). 또한 피로 변한 바다에 대해서도 두 번 언급한다

(계 8:9; 16:3). 그러나 그것은 이 사건들이 두 번 일어나게 될 것이라는 뜻으로 진술한 것은 아니다. 환상들의 반복적인 특징에 관한 이 관찰은 현재 요한계시록 해석에 있어서 폭넓은 지지를 얻었으며, 우리는 그 사상을 후에 보다 자세히 살펴볼 것이다.

수 세기 동안 서방 교회에서 사용되었던 성서의 라틴어 번역을 주도한 뛰어난 성서학자인 제롬(Jerome, 주후 342-420)은 빅토리누스의 주석을 보존하고 개정했다. 수도원 운동과 금욕적인 생활의 강력한 옹호자인 제롬은 성도들이 천 년 동안 지속되는 물질적으로 풍요로운 지상의 왕국을 상속하게 될 것이라는 주장을 받아들이지 않았다. 비록 대부분의 빅토리누스의 통찰을 존중했지만, 제롬은 충성스러운 신앙인들의 천 년 통치에 대한 다른 이해를 발전시켰다. 빅토리누스 주석의 '후기'(postscript)에서, 제롬은 요한계시록은 영적으로 이해되어야 한다고 주장했다. 요한의 천년왕국의 환상은 지상 통치나 천 년의 시간이 아니라 순종과 순결을 가리키는 것이며, 그 이유는 사람들이 악한 생각들에 저항할 때마다 사탄이 매임을 당하기 때문이라고 했다. 비록 라틴어 세계에서 많은 그리스도인들이 미래적인 방식으로 요한계시록을 읽어왔지만, 빅토리누스의 주석에 대한 제롬의 편집본은 많은 사람들로 하여금 좀 더 초시간적인 형태로 요한계시록을 읽도록 자극을 주었다. 그리스도인들이 항상 그리고 어느 곳에서나 악에 대항하여 싸운다는 영적인 전투의 환상과 같은 영향을 주었다.

초시간적 진리(Timeless Truth)인 요한계시록

요한계시록이 초시간적인 방식으로 읽혀져야 한다는 사상은 제롬으로부터 시작되지는 않았다. 그 이전 시대 수세대 동안, 유사한 접근방법이 로마 제국 동부의 학문의 중심지인 알렉산드리아와 가이사랴에 거주하는 그리스도인들 사이에서 받아들여졌다. 알렉산드리아의 주교인 디오니시우스(Dionysius)는 그리스도가 지상에 천년왕국을 세우실 것이며, 그 왕국에서 몇몇 사람들은 '육체적인 방종에 빠지게 될 것'이라는 사고에 대해 강력하게 반대했다. 자아도취 사상은 기독교의 가르침과 배치되기 때문에, 디오니시우스는 몇 가지 더 깊은 의미가 천년왕국에 대한 요한의 환상의 기초가 되어야 한다고 주장했다(Eusebius, *Ecclesiastical History* 7.24.1; 7.25.3-4).

요한계시록의 '더 깊은 의미' 중 몇 가지는 주후 3세기 선도적인 성서해석가요, 디오니시우스의 스승인 오리겐(Origen, 주후 185-254)에 의해 제안되었다. 오리겐은 아마겟돈 전쟁이 일어나는 시간이나 장소에 대해서는 거의 관심을 보이지 않았다(계 19:11-21). 그 이유는 그는 큰 전투에 대한 요한계시록의 환상이 죄와 악에 대한 하나님의 승리와 관련되었다고 이해했기 때문이다. 그는 "하나님의 말씀"과 전사 그리스도를 동일시하며(계 19:13), "하늘이 열리고"(계 19:11) 하나님의 말씀이 사람들에게 진리와 승리의 빛을 전해주어서 진리의 지식이 죄악된 영혼과 악한 자들을 멸망시키게 될 때에 대해 기술한 본문을 지적했다. 이 접근방법에 대한 후기 지지자들은 짐승의 일곱 머리는 악한 일곱 죄악이며, 짐승의 머리에 달린 일곱 뿔은 십계명을 범한 것이라고 생각했다.[1]

요한계시록의 해석은 주후 4세기 후반에 중요한 전환점을 맞게 되었다. 그 당시 북아프리카의 저자, 티코니우스(주후 400년경에 죽음)는 그리스도와 성도들의 천 년 통치가 이미 그리스도의 초림과 함께 시작했다고 주장했다. 그는 요한계시록 20장 1-6절에 언급된 천년왕국은 미래

---

1) Origen, *Commentary on John* 2.4(Ante-Nicene Fathers, 10:325-27); Wainwright, *Mysterious Apocalypse: Interpreting the Book of Revelation* (Nashville: Abingdon, 1993), 203.

의 희망이 아니라 현재의 실체라고 주장하며, 그 근거로 신약성서의 두 본문을 나란히 제시했다. 첫째, 그는 천년왕국이 사탄이 '결박당함'으로 시작한다는 점에 주목했다(계 20:2). 둘째, 그는 예수님이 이미 귀신 축출 이적을 행함으로 사탄을 '결박'하셨다고 지적했다. 그 이유는 예수님이 '강한 자'라 부르는 사탄을 '결박'하기 위해 귀신들을 내어 쫓았다고 말씀하셨기 때문이라는 것이다(마 12:29). 이 두 본문을 함께 제시하면서, 티코니우스는 천년왕국이 그리스도의 초림과 함께 시작되었다고 결론을 내렸다.

많은 사람들은 이 해석이 그리스도인의 경험을 이해하는 데 도움을 주었다는 사실을 인정했다. 한편, 그는 콘스탄티누스 황제의 개종과 로마 제국 전역의 기독교 전파를 거짓 신들이 물러가고 성도들의 통치가 시작되었다는 몇 가지 증거로 이해했다. 다른 한편으로 티코니우스는 하나님의 왕국이 아직 온전히 도래하지 않았다는 인식을 가졌다. 도나티스트(Donatists)로 알려진 한 그룹에 속한 그는 디오클레시아누스 황제의 박해 시 성서를 불사르게 내어주었던 교회 지도자들의 적법성에 의문을 제기했다. 그들의 비타협적인 입장 때문에, 도나티스트파들은 공교회와 갈등을 겪었다. 티코니우스는 그와 같은 갈등이 천년왕국 기간 동안에 일어날 것으로 기대했는데, 그 이유는 사탄은 단지 '결박'당했으며(계 20:1-3), 세상의 끝 날까지 온전히 멸망하지 않을 것이기 때문이다(계 20:7-10). 그때까지는 의인과 불의한 자가 공존하게 된다.

천년왕국에 대한 티코니우스의 견해는 북아프리카의 신학자요, 그의 업적들이 서방 기독교에 지대한 영향을 미쳤던 어거스틴(354-430)의 노력으로 널리 받아들여지게 되었다. 어거스틴은 그의 위대한 작품은 『하나님의 도성』(The City of God, 20.6-7)에서 이 자료를 사용했다. 비록 어거스틴은 도나티스트들에 대해서는 반대의 입장을 취했지만, 티코니우스의 해석은 언제 어디서나 그리스도인들의 내적인 생활에 적용되도록 하는, 요한계시록을 읽는 유용한 한 가지 방법을 제공했다고 생각했다. 사람들은 '첫 번째 부활'을 통해 천년왕국에 들어가게 되는데(계 20:4-6), 그것은 세례를 통하여 일어난 죽음과 살아남을 가리키며(참조, 롬 6:4), '두 번째 부활'(계 20:11-13)은 마지막 때에 일어날 육체적인 부활이라 여긴다(참조, 고전 15:35-58). 요한계시록에서 사탄이 이미 '깊은 수렁'에 갇혀 있다고 말했을 때, 어거스틴은 이것이 인간 마음의 깊은 수렁을 가리킨다고 설명했다. 곧 이곳은 악이 하나님이 이것을 파괴할 때까지 거하게 될 장소이다.

어거스틴은 종말이 언제 임할 것인지를 추정하는 것에 대해 반대했으며, 천년왕국은 정확한 어떤 기간이 아니라 전체(totality)로 시간에 관해 말하는 방식이라고 주장했다(*The City of God* 18.53; 20:7). 역사는 그리스도의 재림 시에 절정에 이르는데, 성서에 반영된 그때까지의 가장 중요한 관심은 지상으로부터 하늘 도시로의 영혼의 움직임에 관한 것이다. 빅토리누스의 주석에 관한 제롬의 편집본과 함께, 어거스틴이 받아들인 요한계시록에 대한 티코니우스의 해석은 그 이후 요한계시록을 초시간적이며 영적으로 읽는 데 주도적인 견해가 되었다.

II. 역사, 정치 그리고 개혁

몇몇 현대 독자들은 위에서 간략하게 살펴본 요한계시록의 영적인 읽기를 편안한 마음으로 대할 수 있을 것이다. 그러나 많은 독자들은 이 책에 대해 다른 질문들을 제기한다. 곧 그들은 요한계시록의 환상이 세상과 교회 정치에 일어나는 사건들과 어떠한 관련이 있는지에 의문

을 갖는다. 우리는 이제 좀 더 최근의 몇 가지 시도들을 살펴보고자 한
다. 그렇다고 이 질문이 새로운 것은 아니다. 다만 이러한 시도들은 이
문제에 관해 이전 세대의 사람들이 어떠한 관심을 가졌는지를 아는 데
도움이 될 수 있다. 먼저 11세기와 12세기의 해석들을 개관해보는 것
이 유익할 것이다. 그 이유는 그 당시가 동요의 시대이고, 교회 내에서
일어난 개혁 운동으로 인해 황제와 교회 사이의 갈등이 증폭되던 때이
며, 새로운 수도회들이 태동했던 시기였기 때문이다. 역사의 의미를 찾
고자 하는 질문들은 또 다른 방향에서 요한계시록을 읽을 수 있도록 선
도한다. 곧 사람들은 이 책에서 내면의 영적인 생활에 지침을 주는 메
시지뿐만 아니라 과거와 현재, 그리고 특히 미래에 일어날 역사적인 사
건들에 관하여 말해진 것을 읽는다.

신비주의자들, 교황들 그리고 왕들

이 시기의 지도적인 인물 중의 한 사람은 요하킴(Joachim of Fiore, 주
후 1135-1202)이다. 그는 북이탈리아에 세워진 수도원의 원장이요, 신비
주의자였다. 자신이 받은 환상들에 비추어 성경을 해석한 요아킴은 역
사를 삼위일체의 세 위격과 조화를 이루는 서로 연결된 세 시대로 나눌
수 있다고 가르쳤다. 아버지의 때는 창조로부터 시작하며, 그리스도의
초림까지 이어진다. 아들의 때는 주전 7세기 요시야의 개혁시대에 태
동하기 시작했다. 성령의 때는 주후 6세기 성 베네딕트의 수도원 개혁
운동으로부터 시작하는데, 아들의 때와 중복된다. 그리고 이 시기는 미
래의 어느 시점에 완성될 것이다.

요한계시록에 나오는 짐승의 일곱 머리는 아들의 때에 일어난 박해
들을 바라보는 요아킴의 시각을 형성하는 데 하나의 지침을 제공했다.
요한계시록 17장 10절에서 일곱 왕은 일곱 머리에 해당한다고 말씀하

고 있는데, 요아킴은 그것들이 잇따라 일어나는 기독교의 적들을 대변한다고 제안했다. 곧 주후 1세기의 헤롯과 네로, 주후 4세기의 이교적 황제 콘스탄티누스, 이어지는 시대의 무하메드와 다른 인물들이다. 이들 가운데에는 1187년 예루살렘에 주둔하고 있던 십자군들을 패배시킨 일곱 왕과 무슬림의 지도자인 살리딘이 포함된다. 일곱 번째 머리는 적그리스도이며, 그의 미래의 임함은 성령의 시대에 있을 고난의 한 부분이 될 것이다. 요아킴은 다가올 위기의 시대에, 두 새로운 수도회가 모세와 엘리야의 영으로 진리를 증거하기 위해 일어날 것이라고 (계 11:1-13) 예언했다. 고난의 이 마지막 시대의 목표는 교회의 성결이다.

요아킴의 해석의 상당한 부분은 그 뜻을 분명히 알 수 없는 아리송한 상태로 남아 있지만, 그의 저서는 그가 살았던 시대가 속히 종말을 고하게 될 것이라는 인상을 주었다. 그의 추종자들은 그 시대의 사람들이 세상 역사 드라마의 최종 장들(acts)에서 중요한 역할을 했다는 의견을 제시했다. 요아킴은 새 시대의 선구자로서 새로운 두 수도회가 일어나게 될 것이라고 예언했다. 물론 프란체스코 수도회와 도미니칸 수도회의 출현이 이 예언의 성취라는 주장에 반대하는 사람은 거의 없었다. 프란체스코 수도회원 중 일부는 요아킴이 교회 역사에 출현한 인물들과 성경에 등장하는 인물들을 어떻게 연결시켰는지에 주목하고, 그가 행했던 작업을 보다 세부적으로, 묵시적 시나리오를 채우는 것으로 확대했다. 마지막 시대의 영웅들 가운데 성 프란시스가 속해 있었다. 때로 많은 사람들은 일곱 번째 인을 뗄 때 등장했던 천사(계 7:2)와 그를 동일시하기도 했는데, 이는 프란시스를 마지막 때의 선구자로 만드는 것이었다

묵시적 드라마에 등장하는 악인이 누구인지를 확인하려는 시도들 또한 일반화되었다. 요아킴은 짐승의 일곱 번째 머리를 자신과 동시대

의 인물인 무슬림 지도자 살라딘(1137-1193)과 동일시했다. 이러한 해석은 당시 사람들에게 종말의 때가 가까웠다는 암시를 주었기 때문에, 요아킴의 영향을 받은 몇몇 사람들은 짐승의 일곱 번째 머리를 로마 황제 프리드리히 2세(주후 1194-1250)와 동일시했다. 교황과 황제의 갈등은 교황 그레고리 9세(주후 1170-1241)에 의해 주도되었는데, 그는 프리드리히 황제가 바다로부터 올라온 짐승이라고 비난했다(계 13:1-12). 그러나 프리드리히 황제는 교황 그레고리를 향해 유사한 비난을 퍼부었으며, 교황을 세상을 혼란으로 이끄는 큰 용이라고 불렀다. 곧 그는 교황과 적그리스도를 동일시한 것이다. 후에 몇몇 프리드리히의 추종자들은 이 비난을 교황 이노센트 4세(주후 1200-1254)로 확대했으며, 그의 이름과 칭호인 *Innocencius papa*의 숫자 값을 더하면, 짐승의 수인 666이 된다고 주장했다(계 13:18). 프리드리히 황제는 1250년 사망했는데, 그의 죽음은 황제를 적그리스도라고 생각했던 사람들 가운데 혼란을 야기시켰다. 그러나 몇몇 사람들은 그가 실제로 죽은 것이 아니며, 적그리스도이기 때문에 요한계시록 13장 3절에서 짐승이 일어날 것이라고 말했던 것처럼, 다시 살아날 것이라고 주장하기 시작했다.

열광적인 요아킴의 추종자들 중 몇몇은 현 시대가 1260년에 종말을 고할 것이라고 계산했다. 그들이 주목했던 것은 요아킴의 한 주장이다. 곧 마태복음의 첫 번째 장에서 42대가 아들의 오심에 선행한다고 말하고 있다는 점이다. 만일 42대가 아들의 임한 이후에 위치하고 각각의 세대가 30년 동안 지속된다고 가정한다면, 성령의 시대는 주후 1260년에 완전히 임할 것으로 기대할 수 있다는 것이다(참조. 계 11:3). 비록 종말이 스케줄대로 임하지 않았으나, 그리스도가 참된 그리스도인들을 가난한 생활로 부르신다고 주장하는 급진적인 프란체스코 수도회 회원들과 교회 지도자들 사이의 갈등은 증폭되었다. 프란체스코 수도회원들은 자신의 종단을 새 시대의 선도자라고 이해했으며, 교황 보니페이스 8세(1234-1303)는 바다로부터 올라온 짐승이며, 그의 계승자인 베네딕트 11세(1240-1304)는 그 이름을 헬라어로 기록할 때, 그 알파벳의 숫자 값을 더하면 짐승의 수인 666(계 13:18)이 된다고 하며 그를 비난했다.[2]

요한계시록을 향한 루터의 사랑과 미움

개혁자요, 성서 해석자로 변화된 독일 수도사인 마틴 루터(1483-1546)는 이전 세대의 다양한 영적 · 역사적 · 논쟁적 전승들을 계승했다. 일생 동안 그는 여러 방식으로 요한계시록을 다루었으며, 그 모든 것들이 다양한 형태로 오늘날 우리에게 전해진다.

첫째, 루터는 요한계시록을 그리스도인들의 믿음과 생활을 위해 거의 가치가 없는 책이라 폄하했다. 그의 요한계시록에 대한 부정적인 인식은 부분적으로 이 책이 지닌 힘이 사람들로 하여금 미래에 대해 위험스러운 사고를 하게 한다는 인식에 기인한 것이다. 예를 들면, 1521년 12월, 세 명의 급진적인 설교가가 비카우로부터 비텐베르크에 도착했는데, 이들은 루터의 사고에 많은 영향을 주었다. 그들은 직접적인 신적 영감을 주장했으며, 유아 세례를 부인하고 세상의 임박한 종말을 선포했다. 1522년, 급진주의자들에 의해 야기된 소란에 편승한 루터는 자신의 요한계시록 독일어 번역본의 서문에서 단호하게 요한계시록은 "사도적이지도 않고 예언적이지도 않다"고 선언했으며, "성령이 이 책을 저술했다고 입증할 만한 증거는 없다"고 주장했다. 루터는 요한계시

---

2) *Benediktos*의 헬라어 숫자 값은 b=2, e=5, n=50, e=5, d=4, I=10, k=20, t=300, o=70, s=200이다.

록에 사용된 환상적 용어는 독자들을 혼란스럽게 할 뿐만 아니라 "이 책에서 그리스도에 대해 가르침을 받거나 알 수 없다"고 선포했다. 그러므로 그는 성서의 여러 책들 가운데 분명하게 그리스도를 전파하는 책들에만 관심을 집중해야 한다고 사람들에게 조언했다.[3]

둘째, 그 후에 루터는 당시의 정치적 사건들에 비추어 요한계시록을 디코딩하였다. 1530년, 루터는 요한계시록의 두 번째 서문을 출간했는데, 그 책에서 그는 요한계시록을 그리스도의 초림과 재림 사이를 묘사한 역사 지도로 취급했다. 중세 후반기의 몇몇 해석가들은 요한계시록이 1세기 교회들에게 전하는 메시지로 시작해서(계 1-3장), 새 예루살렘의 환상으로 끝을 맺는다는 점(계 21-22)에 주목했다. 그들은 요한계시록의 중간 장들은 그 사이의 세기들을 망라한다고 추론하였다. 루터는 이 접근법을 수용했다. 예를 들면, 요한계시록 8-9장에 나오는 천사들은 마르시온와 몬타누스와 노바티안과 같은 고대 이교도들을 대변한다고 추정했다. 계속되는 그와 로마와의 갈등과, 독일에서 주도권을 잡고 있던 교황과 황제의 공격은 그로 하여금 요한계시록 13장과 17장에 나오는 바다와 땅으로부터 올라온 짐승들이 로마 교황의 제국이라는 확신을 갖게 했다. 때로 이전 해석자들은 교황들 혹은 황제들을 짐승과 동일시했는데, 루터는 더 나아가서 교황권 자체를 짐승과 음녀와 동일시했으며, 터키군들이 무모하게 유럽에 진군한 행위를, 마지막 때에 성도들을 위협할 것으로 예상되었던 곡과 마곡일 것이라고 주장했다 (20:8).

그러나 루터의 가장 의미 있는 논평은 요한계시록의 표상의 기능에

---

3) "Preface to the Revelation of ST. John [I]," in *Luther's Works*, vol. 35, trans. Charles M. Jacobs and E. Theodore Bachman (Philadelphia: Fortress, 1960), 398-99.

관하여 묻는 것이었다. 자주 소홀히 취급되는 그의 책의 두 번째 서문에서, 루터는 요한계시록을 디코딩하는 데서부터 어떻게 요한계시록이 독자들에게 경고와 위로의 메시지를 주는지를 묻는 데로 관심을 변경시켰다. 경고로, 요한계시록은 교회가 많은 환란과 이설들로 특징지어질 것이나, 이것을 인식하기가 어려울 것이라고 말해준다. 루터가 이전 서문에서 기술한 역사에 관한 개관은 그러한 핍박이 한 시대에 국한된 독특한 것이 아니며, 지상에 있는 교회 생활을 특징짓는다는 사실을 알려주었다. 그러므로 요한계시록은 독자들에게 이러한 일을 당할 때에 절망에 빠지지 않아야 한다고 경고한다. 약속으로, 요한계시록은 독자들에게 "복음의 말씀이 우리들 가운데 순수하게 남아 있고 우리가 이것을 사랑하고 소중히 여긴다면, 우리는 모든 것이 최악의 상황에 처하게 될 때에라도 그리스도가 우리와 함께 하신다는 사실을 의심하지 않을 것이라"는 확신을 준다. 그러므로 "그리스도는 모든 역병과 짐승들과 악한 천사들을 간파하고 그리고 그것들을 넘어서 계시나, 그럼에도 불구하고 그는 그의 성도들과 함께 하실 것이며, 최후의 승리를 가져다주실 것이다."[4] 이 마지막 논평은 요한계시록의 메시지를 무시하거나 그 내용을 암호로 간주하지 않고, 이 책을 읽도록 하는 데 도움을 준다.

미국의 복음주의와 사회 변혁

16세기 종교 개혁기와 이어지는 시기에 나타났던 요한계시록의 해석들은 상당히 다양하다. 요한 칼빈(1509-1564)은 요한계시록에 관하여 생각 깊은 침묵을 유지하면서, 이 책을 제외한 다른 모든 신약성서의 책들에 대한 주석들을 집필했다. 그러나 개혁 전통을 따르는 다른 많은

---

4) *Luther's Works*, 35: 409-11.

사람들은 좀 더 과감하게 요한계시록의 환상들에서 미래에 대한 암시들을 찾아냈다. 요한계시록을 과거 역사에 대한 기록으로 읽기보다는 미래에 관한 메시지로 읽는 사람들 가운데에는 두 가지 경향이 나타났다. 첫 번째 경향은 하나님 나라가 환란과 대변동을 지나서 도래할 것으로 예견한다. 이러한 견해에 근거해 요한계시록을 해석한 사람들을 때로 '전천년주의자들'(premillennialists)이라 불렀는데, 그 이유는 그들은 천년왕국이 지상에 임하기 이전, 그리스도가 재림하실 때까지 지상에 환란이 있을 것이라고 예견했기 때문이다. 이 견해를 따르는 몇몇 현대적인 사고들은 이후의 두 장에서 다루게 될 것이다. 두 번째 경향은 하나님의 나라가 복음주의와 사회 변혁을 통해 점진적으로 임하게될 것으로 예견하는 것이다.

후자의 견해에 근거해 요한계시록을 연구하는 사람들을 '후천년주의자들'(postmillennialists)이라 부른다. 그 이유는 그들은 천년왕국이 시작된 후에 그리스도가 도래할 것으로 기대했기 때문이다.[5] 요한계시록 19장 11-21절에 따르면, 천년왕국 시대에 앞서 일어나는 전투에서 흰 말을 타고 하나님의 말씀의 칼을 가진, 그리스도가 승리를 거둔다. 후천년주의자들은 그리스도가 그를 따르는 자들의 복음적인 행위들을 통해 말씀의 칼을 휘두를 것으로 기대한다. 그러므로 그들은 요한계시록 19장에 나오는 환상은 아마겟돈 전쟁이나 그리스도의 재림과 관련된 것이 아니라 교회의 선교 활동과 관련이 있다고 결론을 내렸다. 천년왕국의 시작 시에 일어날 '첫 번째 부활'(20:5-6)은 육체적인 부활이 아니라 ─믿음 안에서 새 생명으로 일깨우는─영적인 부활이다. 천년왕국 직

---

5) Nancy Koester, "The Future in Our Past: Post-Millennialism in American Protestantism," *Word @ World* 15 (1995): 137-44; Grenz, *Millennial Maze: Sorting Out Evangelical Options* (Downers Grove, IL: InterVarsity, 1992), 65-89.

후에 그리스도께서 오셔서 죽은 자를 육체적으로 일으키실 것이다 (20:11-15). 그 중간에, 왕국은 겨자씨가 자라고 누룩이 빵 덩어리를 부풀게 하듯이 서서히 그리고 지속적으로 임한다(마 13:31-33).

후천년설은 식민지 시대의 미국에 널리 퍼졌다. 최초로 북미에 건너간 많은 영국인들은 하나님이 세상을 구원하실 때, 환란을 통해 세상이 구원함을 받는다는 속죄의 우주적인 이야기로 요한계시록을 이해했다. 마치 개개인이 은혜를 체험하기 이전, 심판 아래서 고통을 겪은 것처럼 받아들였다. 18세기의 저명한 미국인 신학자 요나단 에드워드(Jonathan Edwards, 1703-1758)는 하나님이 속죄에 관한 그의 계획을 실행하실 때 그리스도인들을 도구로 사용하실 것인데, 그리스도의 왕국이 보편적이 될 때까지 그들의 역할이 점차 온 세상에 확대될 것으로 믿었다. 에드워드는 자신의 시대에 일어났던 부흥에서 목격했던 것처럼, 천년왕국이 성령의 부어주심을 통해 시작될 것으로 기대했다. 예를 들면, 에드워드는 다섯 번째 대접(계 16:10)을 '짐승'인 교황을 고뇌하게 하는 종교개혁으로 평가했다. 1700년대 중반경에 쓴 글에서, 에드워드는 나라들이 그리스도에게로 개종하는 데 250년이 걸릴 것이라고 기술했는데, 이 때문에 그는 천년왕국이 2000년경에 시작될 것으로 기대했다.

후천년설에 대한 가장 열렬한 지지자들 중의 한 사람은 경건한 복음주의자인 찰스 피니(Charles Finney, 1792-1875)였다. 그는 자신의 열정을 미국인들을 개종시키며, 노예제도 폐지와 절제를 활성화시킴을 통해 사회를 변혁시키고자 하는 데 바쳤다. 피니는 천년왕국을 자비로운 행위의 시대로 상상했으며, 사람들이 다른 사람을 향해 선한 의지를 보이면 천년왕국을 앞당길 수 있으나, 완고한 이기주의를 고집하는 자들은 천년왕국의 도래를 지연시킨다고 주장했다. 19세기 후반기에는, 후천년설과 관련된 이상들이 사회 복음 운동에 흡수되었는데, 이 운동은 복음주의와 개인적인 개종을 강조하지 않았으며, 특별히 요한계시록 20 장에 언급된 '천년왕국'이란 용어에 별로 관심을 두지 않았다.

Ⅲ. 묵시적 열광, 실망 그리고 비극

분파주의 그룹의 구성원들은 오랫동안 요한계시록을 그리스도가 오실 시기에 관한 실마리를 제공하는 한 자료로 생각하여 관심을 가졌다. 아래에서 살펴볼 그룹들은 카리스마를 가진 한 개인이 성경 본문들에 대한 하나의 명료한 해석을 발전시키고 가까운 미래에 세상이 종말을 고할 것이라고 예견하여, 자신을 추종하는 집단들을 모으는 형태의 예들이다. 텍사스의 웨이코(Waco)에서 발생한 다윗파(Davidian)의 비극적인 결말에 관한 뉴스 보도뿐만 아니라 하나님이 특별히 144,000명을 선택하였다고 강조하며 집집마다 다니면서 전도하는 여호와의 증인들(Jehovah's Witnesses)과 종말이 도래했다는 허황된 기대에 고무된 그룹들에 대한 기억들은, 요한계시록이 의미하는 바가 무엇인지와 주류로부터 떨어져나간 종교 그룹들과 요한계시록이 어떠한 관련이 있는지에 대한 호기심과 망설임을 동시에 일깨워주었다.

윌리암 밀러와 제칠일안식교

미국에서 일어난 가장 중요한 종말 운동 중의 하나는 1812년의 전쟁 용사인 윌리암 밀러(William Miller, 1782-1849)의 설교로부터 시작되었는데, 그는 1816년에 이신론(deism)으로부터 기독교로 개종했다. 그는 뉴욕 주에 정착했으며, 다니엘서와 요한계시록을 집중적으로 연구한 후에 다니엘서 8장 14절에 따라 예루살렘이 회복되어 '성소가 정결하게 될 때까지' 2300일이 걸릴 것이라고 주장했다. 만일 예루살렘의 회복에 대한 선포가 주전 457년에 되어졌고 하루가 천 년을 상징하는 것으로 생각하고 계산한다면, 에스겔 4장 6절에 암시된 것처럼, 세상의 종말은 2300년 후인 1843-1844에 임하게 될 것이라고 확신했다. 밀러는 침례교 평신도 설교자가 되어 대중적인 연설과 수많은 저술을 통해 자신의 메시지를 전했다.

그때가 가까움에 따라 수천 명의 사람이 그 운동에 빠져들었으며, 이로 인해 안식교인들과 기존 교회 사이에 긴장이 증가되었다. 결국 밀러는 자신의 계산에 약간 변화를 주어, 1843년 3월 21일부터 1844년 3월 21일 사이에 그리스도가 재림하실 것이라고 선포했다. 밀러가 정한 날이 되어도 그리스도가 눈앞에 재림하지 않게 되자 그 그룹은 크게 실망을 했다. 이 운동의 지도자들은 자신들이 성서의 예언들에 계시된 그때를 잘못 이해했다는 사실을 인정했다. 그들은 이를 다시 계산한 후에 정확한 날짜가 1844년 10월 22일이 될 것이라고 결론지었다. 그들이 예견한 그날 또한 지나갔을 때, 그 운동은 두 번째 심각한 위기에 직면했으며 이들의 가르침을 따르는 많은 사람들은 크게 실망했다. 이에 대한 반응으로 많은 사람들이 그 운동을 떠났다.

밀러의 그리스도의 재림 '시간'에 관한 주장은 틀림이 없으나 그리스도의 재림 '방법'에 대한 이해가 옳지 않았다고 주장하는 사람들이 있었다. 그들은 성서의 예언은 그리스도가 가시적으로 지상에 임한다는 사실을 전하는 것이 아니라 히브리서 8장 1-2절에 묘사된 것처럼, 하늘 성소를 정결하게 하기 위해 그리스도가 무형으로 임하신다고 말씀한 것이라고 결론을 내렸다. 이 견해를 지지하는 사람들은 이것이 정확하게 1844년에 일어났다고 말하며, 충성스러운 신앙인들은 여전히 미래의 '확정되지 않은' 때에 그리스도가 가시적으로 임하실 것을 예견할 수 있다고 주장했다. 황홀경을 경험했던 엘렌 화이트(Ellen White, 1827-1915)라고 부르는 한 여성이 이 영적인 견해를 지지하는 상당수의 밀러의 추종자들을 모아서 또 다른 한 그룹을 형성했는데 이들이 제칠일안식교도들(the Seventh-Day Adventists)이다.

찰스 테이즈 러셀과 여호와의 증인

큰 실망 이후 수십 년 동안, 그리스도의 재림에 관한 새로운 날짜들이 계속적으로 제안되었다. 한 그룹은 중요한 날짜가 1874년이라고 주장했으나 그해 역시 대변혁이 없이 지나갔다. 러셀(Charles Taze Russell, 1852-1916)이라는 한 남자가 1874년, 그리스도가 영적으로 임하신다는 주장을 퍼뜨리기 시작했다. 곧 이때에 천년왕국이 시작하며 1914년, 지상에 하나님의 나라가 임함으로 절정에 도달한다는 것이다. 러셀은 조직화된 성경 연구와 'Watch Tower Tract Society'를 통해 자신의 견해를 널리 전파했다. 임박한 종말 사상에 심취한 그는 "지금 살아 있는 수백만의 사람은 죽지 않을 것이다"라고 선포했다. 1914년에 제1차 세계대전이 일어나자, 러셀의 추종자들은 굉장한 흥분에 휩싸였다. 그러나 러셀은 전쟁의 결과를 보지 못하고 1916년에 사망했다. 그 이후 수십 년 동안, 러셀의 추종자들은 자신들을 중심으로 여호와의 증인을 조직했으며, 1914년이 하나님의 계획의 중심이 되는 해라는 주장을 계속했다.

1914년이라는 추정들은 부분적으로 누가복음 21장 24절을 근거로 한 것이다. 이 구절에서는 "예루살렘은 이방인의 때가 차기까지 이방인들에게 밟히리라"고 경고하고 있다. 여호와의 증인은 이방인의 때가 주전 607년에 시작했다고 가르쳤는데, 그해는 이스라엘이 포로가 되었던 때라고 그들이 (잘못) 생각한 시기이다. 다니엘 4장 25절에 따르면, 이

방 왕 느부갓네살은 그가 하나님을 통치자로 인정할 때까지 칠 년 동안 수모를 당한다. 이 칠 년의 기간은 '이방인의 때'를 예견한 것으로 보인다. 한 해를 360일로 계산하는 월력에 따르면 칠 년은 2520일이다. 만일 하루가 일 년을 상징한다면(참조, 겔 4:6), 이방인의 때는 주전 607년에 시작하여 주후 1914년에 끝이 나며, 2520년 동안 지속될 것이다.

요한계시록은 여호와의 증인의 사고 형성에 중심적인 위치를 차지해왔다. 아마도 그들의 가장 유명한 가르침은 144,000명의 성도가 하나님의 왕들과 제사장들로서 하늘의 특별한 장소를 갖게 될 것이라는 사상이다. 이 사상은 요한계시록 7장 4-8절과 14장 1-5절로부터 가져온 것이다. 몇몇 여호와의 증인들은 144,000명이 누구인지는 1914년에 확인된다고 가르쳤으며, 반면 다른 편의 사람은 그때를 넘어서 모임이 지속된다고 가르쳤다. 어떤 경우든, 여호와의 증인은 적극적인 선교 활동을 통해 지지자들을 모았다. 그 이유는 요한계시록 7장 9-14절에서 비록 144,000명이 가진 특별한 지위에 속하지 않는다 할지라도, 이 다른 사람들 곧 아무도 셀 수 없는 큰 무리가 지상에 임하는 하나님의 나라의 혜택을 공유하게 될 것이라고 말씀하고 있다고 믿었기 때문이다.

웨이코에서 일어난 비극: 다윗파

다윗파(Branch Davidians)는 1993년, 텍사스 웨이코 인근에 있는 그들의 집단 거주지를 연방 경찰이 공격함으로 인해 국가적인 관심을 끌기까지 거의 알려지지 않은 안식교도들이었다. 다윗파의 창시자요, 제칠일안식교도인 휴테프(Victor Houteff, 1955년 사망)는 1929년경에 요한계시록에 나타난 일곱 인은 세상의 마지막 날에 대한 하나님의 계획의 비밀을 포함하고 있다고 확신했다. 그는 하나님 나라 도래 이전에 한 그룹인 144,000명을 불러 모아야 한다고 생각했다(계 7:1-8; 14:1-5). 1935

년, 그 그룹을 위한 임시 모임 장소로 웨이코 근처에 갈멜산센터를 설립한 휴테프는 그의 추종자들이 결국에는 다윗 왕조를 창설하게 될 장소인 팔레스타인으로 가야 한다는 생각을 했다. 1955년 휴테프가 사망한 후, 그의 아내는 요한계시록 11장 1-3절 등과 같은 본문들에 근거하여 예언했다. 그 예언의 내용은 이 구절들에 언급된 1260일인, 1959년 4월 22일에 하나님이 팔레스타인에 왕국의 설립을 준비하기 위해 개입하실 것이라고 하는 것이다. 자신들의 집을 팔고 사업을 처분하고, 미국과 캐나다에서 온 다윗파 신도 900명은 갈멜산에 모였으며, 그들은 자신들이 곧바로 거룩한 땅으로 올려질 것이라고 기대하였다. 그의 예언이 실패했을 때, 그 그룹은 좌절했으며 다윗파로 알려진 분파가 갈멜산센터의 통제를 떠맡았다.

1981년, 베르논 하우웰(Vernon Howell, 1993년 사망)이라 하는 카리스마적인 인물이 이 그룹에 합류했으며, 결국에는 그 그룹의 지도자가 되었다. 그는 자신을 다윗 코레쉬(David Koresh)라고 칭했다. 코레쉬는 바벨론을 물리치고 주전 539년, 유대인들의 예루살렘으로의 귀환을 허락한 페르시아 왕인 '고레스'의 히브리어 형태이다. 이사야 45장 1절에서 고레스 혹은 코레쉬를 하나님의 '기름부음을 받은 자'(헬라어로, 그리스도)라고 불렀기 때문에, 다윗 코레쉬는 '그리스도'에 대한 많은 신약성서의 언급들은 예수님이 아니라 마지막 때의 전사를 가리킨다고 주장했다. 예를 들면, 오랜 기간의 하나님의 계획을 담고 있는 두루마리의 인을 떼기에 합당한 어린 양은 예수가 아니라 코레쉬 자신이라고 주장했다. 또한 그는 첫 번째 인을 뗄 때 등장했던 흰 말을 탄 용사가 자신이라는 의견을 내놓았다(계 5:2). 자신보다 앞선 고레스처럼, 코레쉬는 자신이 '바벨론'의 대적자라고 상상했는데, 그는 '베벨론'이란 용어를 연방 정부 요원들과 외부인들을 가리키는 데 사용했다.

코레쉬는 '다윗의 열쇠'(계 3:7)에 호소함으로써 자신의 신분을 발전시켰는데, 그는 시편에서 의미하는 바를 취하였다. 요한계시록과 같이, 시편 45편은 진리를 위해 싸우는 정복자 왕에 관해 말하고 있다. 공주와 결혼하고 자식들을 낳은 한 왕에 대한 시편의 언급들은 자신의 추종자의 이전 아내들을 통해 자식들을 낳아야 한다는 코레쉬 자신의 주장을 뒷받침하는 데 사용되었다. 이것이 '어린 양의 혼인 잔치'의 환상이다(계 19:9). 일부다처제에 관한 근거 없는 주장과 아동을 학대하는 행위들을 좌시할 수 없었던 연방 정부는 1993년 2월 28일, 그들의 거주지를 급습하였다. 다윗파는 저항했으며, 그의 지지자들 중 상당수가 죽임을 당했다. 다시 연방 정부 요원들이 공격을 감행했을 때, 코레쉬는 나섯 번째 인에 관한 요한계시록의 설명과 자신의 경험을 연결시켜 이 공격을 이해하려 했다. 중심어는 굵은 글씨체로 되어 있다.

다섯째 인을 떼실 때에 내가 보니 하나님의 말씀과 그들이 가진 증거로 말미암아 **죽임을 당한** 영혼들이 제단 아래에 있어 큰 소리로 불러 이르되 거룩하고 참되신 대주재여 땅에 거하는 자들을 심판하여 우리 피를 갚아 주지 아니하시기를 **어느 때까지** 하시려 하나이까 하니 각각 그들에게 흰 두루마기를 주시며 이르시되 **아직 잠시 동안 쉬되** 그들의 동무 종들과 형제들도 자기처럼 **죽임을 당하여** 그 수가 차기까지 하라 하시더라 (계 6:9-11).

위의 본문이 '죽임을 당한 자들'을 언급하고 있기 때문에, 코레쉬는 이 언급과 몇몇 다윗파들이 죽임을 당한 첫 번째 연방 정부의 공격을 연결시켰다. 그의 저항이 '어느 때까지' 지속될 것인가 하고 물었을 때, 코레쉬는 요한계시록 6장 11절이 그에게 '잠시 동안' 그들의 집단 거주지에 남아 있으라고 말씀하고 있다고 하며 항복하기를 거절했다. 죽음의 전망이 그 그룹을 단념시키지 못했는데, 그 이유는 요한계시록의 한 구절에 예언된 것처럼 그들은 자신들이 다른 사람들에게 죽임을 당할 것으로 예상했기 때문이다. 그들의 관점에서 보면 이 장면은 하나님이 말씀하셨던 것처럼, 성도들을 박해하는 바벨론의 행위를 보여주는 것이다. 협상가들이 요한계시록을 사용하여 코레쉬에게 그의 동기가 잘못된 이해에서 나온 것이기 때문에, "많은 백성과 나라와 방언과 임금에게 다시 예언해야 한다"(계 10:11)고 설득했다. 코레쉬는 동의했으며, 일곱 인에 관한 주석을 쓴 후에 항복하겠다고 제안했다. 연방 정부 요원들은 코레쉬의 이 제안을 지연 술책으로 해석하고, 4월 19일 공격을 감행했다. 그 집단 거주지에 불이 나서 그 그룹의 구성원 대부분이 사망했다(Tabor, "The Waco Tragedy").

Ⅳ. 휴거, 고난 그리고 아마겟돈

위에서 살펴본 그룹들은 일정 기간 동안 대중의 관심을 사로잡았다. 그러나 그들의 신앙은 그들 자신의 공동체 외에는 별로 알려지지 않았다. 현대 복음주의적 경향에 폭넓게 유포된 종말 신앙의 다른 형태는 상황에 있어서 상당한 차이가 있다. 그것의 주요 특징들은 라헤이(Tim LaHaye)와 젠킨스(Jerry Jenkins)의 *Tribulation Force*의 표지에 요약되어 있다: "대변동의 순간에 수백만 명이 지상에서 사라질 것이다. 남아 있는 자들은 전쟁과 기근과 역병을 경험하게 되는데, 이 자연 재앙이 너무도 심해서 네 사람 중 한 사람만이 살아남을 것이다. 적그리스도의 대적자들과 그의 새로운 세계 질서는 더 악화될 것이며", "지구는 가장 무질서한 일곱 해를 경험하게 될 것이다."

이 논쟁들은 1800년대 초, 넬슨 다비(John Nelson Darby, 1800-1882)라고 하는 영국 작가에 의해 발전된 사상 체계를 대변한다. 다비는 플리머스 형제 교회(the Plymouth Brethren)로 알려진 소그룹에 합류했으나 그의 생각은 스코필드(Cyrus Scofield)가 *The Scofield Reference Bible*에 포함시킨 연구 기록들을 통해 폭넓은 청중들을 확보했는데, 그 책은 1909년에 처음 출판되었다. 보다 최근 라헤이와 젠킨스의 총서인 린지(Hal Lindsey)의 *Late Great Planet Earth*는 '그리스도와 공중에서 만나는 체험'(휴거, rapture)과 '고난'(tribulation)과 '아마겟돈'(Armageddon)이란 단어들이 많은 미국인들이 흔히 사용하는 용어가 되는 데 도움을 주었다. 이 책은 수백만 부가 팔렸다.

이 견해를 지지하는 사람들은 '세대주의자들'(dispensationalists)이라 부르는데, 그 이유는 일반적으로 그들이 세상 역사를 지상에 임하는 그리스도의 천년왕국으로 절정에 이르게 될 일련의 기간 혹은 '세대'로 나누기 때문이다. 그들은 또한 '전천년주의자들'(premillennialists)이다. 그 이유는 그들이 천년왕국이 시작되기 전 그리스도가 임하실 때까지 세상의 상태는 악화될 것이라고 주장했기 때문이다. 그들은 예언이란 앞서 기록된 실제적인 역사이기 때문에, 성경에 기록된 예언적인 구절들은 마지막 때에 문자대로 이루어질 것이라고 주장했다. 그들은 또한 성경의 한 권의 책에 전체 원고의 내용이 포함되지 않았기 때문에 퍼즐 조각들을 모아 전체의 그림을 완성하듯이, 성경의 여러 책의 다양한 부분들에서 가져온 구절들을 함께 연결해서 이해해야 한다고 주장한다.

이 접근법의 기본 원리는 이스라엘과 교회 사이의 분명한 구분이다. 세대주의자들은 전통적으로 이스라엘에 관한 구약성서의 예언들이 영적으로 교회의 생활에서 성취되기보다는 유대 민족 역사 가운데 문자적으로 성취될 것이라고 주장했다. 하나님은 아브라함의 자손들에게 "애굽 강에서부터 큰 강 유브라데까지" 뻗어 있는 왕국을 약속하셨다 (창 15:18). 그러나 1세기의 유대인들이 이를 거절했을 때, 하나님은 땅에 관한 그의 약속의 성취를 연기하셨다. 주로 이방인들로 구성된 교회가 태동하게 되었다. 때로 세대주의자들은 교회가 신비스럽게 하늘로 들려 올려질 것으로 믿는다. 이 사건 후에 이스라엘에게 지상의 정치적 왕국을 주시고자 하는 하나님의 마지막 행보가 시작될 것이다.

마지막 때를 알려주는 문서

이 시나리오의 중심 본문은 다니엘 9장 20-27절이다. 이 본문은 종말의 때가 오기 전에 지나가게 될 일흔이레에 대해 기술한다(한 해의 한 주는 칠 년과 동일하다). 다비의 계산에 의하면, 이 일곱 해의 기간 중 하나를 제외하고 나머지 모두는 그리스도의 때 이전에 지나갔다. 유대인들이 그리스도를 거절한 후에, 하나님은 칠 년의 기간을 남겨둔 상태에서 예언의 시계를 멈추게 하셨다. 마치 심판이 종료 7초를 남겨놓고 농구 게임을 멈추게 하는 것과 같다. 게임의 시계가 돌아가고 게임이 진행되기를 기다리며 농구 게임의 중간 휴식 시간에 선수들과 관중들이 그랬던 것처럼, 과거 2000년 동안 사람들은 자신들의 활동들을 진행해 왔다. 그러므로 1세기부터 현재까지의 모든 시간은 다니엘 9장 26절과 9장 27절 사이의 틈(gap)이다.

> [24]네 백성과 네 거룩한 성을 위하여 일흔 이레를 기한으로 정하였나니 허물이 그치며 죄가 끝나며 죄악이 용서되며 영원한 의가 드러나며 환상과 예언이 응하며 또 지극히 거

룩한 이가 기름 부음을 받으리라. [25]그러므로 너희는 깨달아 알지니라. 예루살렘을 중건하라는 영이 날 때부터 기름 부음을 받은 자 곧 왕이 일어나기까지 일곱 이레와 예순 두 이레가 지날 것이요 그 곤란한 동안에 성이 중건되어 광장과 거리가 세워질 것이며 [26]예순 두 이레 후에 기름 부음을 받은 자가 끊어져 없어질 것이며 장차 한 왕의 백성이 와서 그 성읍과 성소를 무너뜨리려니와 그의 마지막은 홍수에 휩쓸림 같을 것이며 또 끝까지 전쟁이 있으리니 황폐할 것이 작정되었느니라.

2000년 혹은 그 이상의 교회 역사

[27]그가 장차 많은 사람들과 더불어 한 이레 동안의 언약을 굳게 맺고 그가 그 이레의 절반에 제사와 예물을 금지할 것이며 또 포악하여 가증한 것이 날개를 의지하여 설 것이며 또 이미 정한 종말까지 진노가 황폐하게 하는 자에게 쏟아지리라 하였느니라 하니라.

전천년 세대주의자들은 하나님이 시계의 움직임을 다시 시작하실 것이라는 사실을 암시하는 표적들을 보기 위해 중동지방에서의 발전들을 주시해왔다. 19-20세기에 유럽에서 발생한 박해에 이어 유대인들의 팔레스타인으로의 이주는 대단한 흥분을 자아내었다. 1948년 이스라엘의 현대 국가 형성과 1967년 이스라엘에 의한 동쪽 예루살렘의 점령은 많은 사람들로 하여금 하나님이 이스라엘 국가를 보호하시며, 현재 황금 사원이 세워진 이전 성전 터에 성전이 재건될 여건이 형성될 것이라는 믿음을 갖게 했다. 세계 정치에 더하여, 세대주의자들은 요한계시록에 예언된 대로 전 세계적인 재난을 가져올 핵무기뿐만 아니라 적그리스도로 하여금 지구에 대한 지배를 허용하게 할 가능성이 있는 컴퓨터 기술에서 종말이 가까웠다는 징조를 찾았다. 비록 일반적으로 세대주의자들은 마지막 사건들이 일어날 날짜를 예언하는 행위는 피하고 있지만, 때에 관하여 린지는 마치 종말이 이스라엘의 현대 국가가 설립된 이후 40년이 지난 1988년에 임할 것처럼 말했다. 후에 Y2K컴퓨터 문제가 전 세계적인 혼란을 야기시킬 것이라는 공포는 그랜트 제프리 (Grant Jeffrey)로 하여금 컴퓨터 네트워크가 2000년 1월 1일 붕괴된다면, 국가들이 혼동의 물결을 일으킬 수 있는 지구의 경제를 지배하는 자에게 자신들의 권한을 넘겨주게 될 수도 있을 것이라는 우려를 하게 했다. 이 위기를 구실로, 이 인물은 적그리스도의 세상 정부를 설립하여, 자신의 힘을 결집시킬 수 있는 긴급 법률을 제정할 수도 있었을 것이다.6) 그러나 큰 사고 없이 2000년이 시작되었다.

하나님의 시계가 다시 작동하기 시작했다는 표식은 신실한 그리스도인들로 하여금 휴거를 기대하게 하였다. '휴거'라는 용어는 바울이 데살로니가전서 4장 16-17절에서 진술한 것처럼, 공중에서 주님과 만나기 위해 그리스도인들이 들려 올려지는 현상을 묘사한다. 1세기 그리스도인들은 이 용어를 바울이 마지막 때에 임하는 그리스도의 재림을 언급한 것으로 이해했기 때문에, 금세기 상당수의 사람들은 이 용어가 그리스도의 재림 이전에 발생하게 될 환란을 면하게 하기 위해 성도들을 지상으로부터 들려 올리는 현상을 가리키는 것으로 받아들였다. 이 사상의 대중적인 모습은 옷과 안경, 콘택트렌즈, 가발과 보석 등은 그

---

6) Grant Jeffrey, *The Millennium Meltdown: The Year 2000 Computer Crisis* (Wheaton, IL: Tyndale House, 1998), 155-59. Y2K문제는 컴퓨터에 언급된 날짜들이 공통적으로 그해의 마지막 두 숫자만을 기록하는 데서 발생한 것이다. 천 년이 바뀌었을 때, 그 날짜를 정확하게 인식하지 못하는 컴퓨터는 오작동을 하게 된다.

대로 남아 있는 상태에서 성도들의 육체는 사라지게 되는데, 이로 인해 환란의 공포에 직면하게 될 불신자들과 건성인 그리스도인들이 놀라움에 휩싸이게 된다는 것이다. 이 사상의 지지자들은 요한계시록 1장 1절에서 3장 22절까지 자주 나오는 '교회'라는 단어가 22장 16절에 가서야 다시 등장한다는 점을 증거로 제시하고 있다. 그들은 교회 자체가 환란 기간 동안에는 사라지게 될 것이라고 결론 내린다. 요한계시록의 중심 장들에서는 환란 기간 동안에 지상에서 고통을 당하는 '성도들'을 언급한다. 그러나 환란 전에 휴거될 것이라는 주장을 지지하는 사람들은 이 '성도들'은 환란 이전에는 신실한 믿음을 갖지 않았으나 환란 기간 동안에 믿음을 갖게 될 자들을 가리킨다고 대답한다.

적그리스도로 알려진 세상 지도자(요1 2:18), '불법의 사람'(살후 2:3-4), 짐승(계 13:1-8)이 환란 기간 동안에 단일 세상 정부를 세울 것으로 예상되었다. 그는 세상에서 자신의 영향력을 행사하는 데 도움을 받기 위해 열 국가로 이루어진 한 그룹을 세울 것이다. 제2차 세계대전 후, 많은 사람들은 유럽 시장공동체가 이 열 국가 연합이 될 것으로 예상했다. 비록 지금은 열 국가 이상이 이 모임에 가입했음에도 불구하고, 세대주의자들은 적그리스도가 유럽 국가 내에 특별히 강한 세력을 가진 열 국가 혹은 아마도 미국 내의 열개 주로 구성된 한 그룹과 동맹을 맺을 것이라고 여전히 생각하고 있다. 짐승의 지지자들 중의 하나가 지구 경제를 통제하기 위해 컴퓨터를 이용하여, 강제적으로 모든 사람들에게 서로 간의 소통을 위해 짐승의 '수'를 사용하도록 요구할 것으로 예상된다. 몇몇 사람들은 요한계시록 13장 18절에서 확인되는 숫자인 666이 사회보장번호나 신용카드 숫자와 동등한 것이라고 주장한다. 다른 사람들은 국가 간의 상품 코드들은 6이라는 비밀 숫자적 토대에 근거한 것이라고 주장해왔다.

환란 이전에 참된 신자들이 하늘로 들려 올려질 것이기 때문에, 짐승은 지상에서 자신의 정책들을 지원하기 위해 새로운 우주적 종교를 진척시키고자 할 것이다. 이 새로운 종교의 대리인은 음녀로 그려지며(계 17:1-18), 그녀는 하나의 세계 종교를 붙잡도록 하기 위해 사람들로 하여금 자신들의 믿음을 포기하도록 유혹하며 강요할 것이다. 세계교회연합은 때로 이 음녀의 지지자로 간주되기도 한다. 그럼에도 불구하고 하나님은 진리를 배우는 기회를 제공하지 않는 상태로 사람들을 버려두지 않을 것인데, 그 이유는 그가 예루살렘에서 선포하도록 하기 위해 두 증인을 지명하실 것이기 때문이다. 그들은 순교를 당한 후 다시 생명을 얻기에 앞서 모세와 엘리야가 행한 것과 같은 기적들을 행함으로 자신들의 메시지가 참되다는 증거를 제시할 것이다(11:1-13). 144,000명의 유대인 그룹이 기독교로 개종할 것이며(7:1-18; 14:1-5), 그들은 다른 국가들에 속한 수많은 사람들을 믿음으로 인도할 것이다(7:9-17).

환란은 칠 년 동안 지속될 것으로 예상되는데, 그 기간의 마지막 '주'는 다니엘 9장 27절에 언급되어 있다. 이 이레의 절반 동안에, 성전을 재건하며 희생 제의를 회복시키는 데 필요한 평화와 안정을 가져다줄 것이라 생각해서 이스라엘은 적그리스도와 외교적인 협정 혹은 '계약'을 맺게 될 것이다. 그러나 3년 반 후에 이것이 '죽음의 계약'임이 입증될 것이며(사 28:15), '야곱의 환란의 때'가 도래할 것이다(렘 30:7). 그 이유는 적그리스도가 성전을 더럽히고 참된 예물의 봉헌을 금지시킴으로 유대인들을 배반할 것이기 때문이다(마 24:15; 단 9:27).

'아마겟돈'은 환난의 마지막 단계에서 일어날 것으로 예상되는 기폭제의 역할을 하는 갈등들을 가리키는 이름이다. '아마겟돈'(계 16:16)이란 단어의 의미는 아마도 '므깃도의 산'이며, 이 단어를 문자적 지리적인 의미로 받아들인 자들은 이곳이 이스라엘 북쪽에 있는 '므깃도'라고 불리는 장소를 가리킨다고 추정한다. 이 전투를 묘사한 대중적인 그림들은 다양한 퍼즐 조각들을 연결시키는 것과 관련된다. 공통 시나리오는 곡의 나라(겔 38-39장)이며 중동의 통제권을 얻기 위해 이스라엘을 공격하는 북쪽 왕(단 11장)을 러시아와 동일시한다. 러시아인들이 남쪽의 왕들—아랍 연맹으로 추정되는—과 동맹을 맺고, 동쪽에서 온 왕들—이만만의 중국 군대로 여겨짐—과 협정을 맺을 때 이 갈등은 세계 전쟁으로 확산된다(계 9:13-19; 16:12). 그 전투는 그리스도가 재림하여 요르단(사 63:1-6)과 므깃도(계 16:2-16)와 여호사밧의 골짜기(욜 3:1-2, 9-17)와 예루살렘(슥 12:1-19)에서 그의 적들을 패배시키며, 전쟁터에는 시체가 남아 있게 될 때 정점에 이르게 된다(겔 39:18).

아마겟돈 전쟁이 끝난 후에 천년왕국이 시작되며, 사탄은 천 년 동안 결박을 당한다(계 20:1-6). 이 왕국은 구약성서의 예언 중에 상당 부분이 성취되는 때로 묘사된다. 사람들은 장수할 것이며, 평화롭게 지내며 거주할 집을 지으며 자신들의 포도원의 열매를 먹게 될 것이다(사 65:20-21). 자연계의 질서가 변형되어 "이리와 어린 양이 함께 먹으며", "사자가 소처럼 짚을 먹을 것이다"(사 65:25). 열방들은 "그들의 칼을 쳐서 보습을 만들고 그들의 창을 쳐서 낫을 만들 것이며", 전쟁을 포기할 것이다(사 2:4; 미 4:3). 천년왕국이 끝난 후에 사탄은 옥에서 놓임을 받게 되고, 결국은 패망하게 될 것이며, 최후 심판을 받으며 영원한 세상이 시작될 것이다.

많은 사람들은 이 체계(system)가 호소력이 있다고 인정해왔다. 다가올 사건에 관한 어두운 면은 세상이 증가하는 폭력과 도덕적인 부패를 향해 미끄럼질하며, 현대 군사적 기술은 핵으로 인한 대파국의 상황에 처하게 될 것이며, 가난과 환경 파괴는 돌이킬 수 없는 상황에 이르게 될 것이라는 인식들과 관련이 있다. 그러나 이러한 위기들은, 세대주의

자들의 이론 체계를 지지하는 자들에게 하나님의 목적들이 실행될 것이라는 확신을 줄 뿐만 아니라 성서의 다양한 구절들에서 발췌한 내용들을 엮어놓은 대본을 따름으로써 하나님의 목적들이 어떻게 한 단계씩 실행될 것인지를 그들로 하여금 예상할 수 있게 한다. 휴거에 관한 가르침은 믿음으로 나아오는 사람들에게 이제 종말 때의 참사들이 일어나기 전에, 그것을 피할 수 있을 것이라는 희망을 품을 수 있게 한다.

대본이 가진 문제들

세대주의적 전천년설이 지닌 사람들의 마음을 끄는 호소력에도 불구하고, 이 주장은 여러 문제들을 내포하고 있다.

첫째, 이 이론 체계는 요한계시록과 별로 관계없는 예언 성취에 관한 기계론적인 견해를 피력한다. 다비의 가설은 하나님은 다니엘 9장 26절을 통해 주신 예언들을 지속적으로 성취하신다고 주장한다. 그런데 9장 27절의 성취 없이, 2000년 이상의 기간 동안 그 시계가 멈추었다. 반면 문맥을 고려하여 이 두 구절을 읽을 때, 이 두 구절은 분명히 동일한 기간을 말하고 있는 것으로 보인다. 다비의 결론은 그 말씨에 의존했을 뿐만 아니라 다니엘 9장 25절의 King James와 New International 판에서 찾아볼 수 있는 구두법에 의존한다. 그러나 그의 예측은 New American Bible과 Today's English Version과 The New Revised Standard와 다른 번역본들에서 사용한 구두법에 의해 와해된다.[7] 반대

---

7) 다니엘 9장 25절은 일곱 이레(=49년)과 예순두 이레(=434년), 합하여 483년을 언급한다. 그리고 King James와 New International Versions는 예루살렘 성벽의 재건에 관한 명령과 기름부음 받은 자인 예수님의 오심 사이에 483년이 경과한다고 말한다. New Revise Standard와 대부분의 최근 번역본들은 기름부음을 받은 자는 단순히 포로기 이후, 49년에 나타나게 된다고 한다. 그러므로 이 기름부음을 받은 인물은 여호수아 혹은 스룹바벨(스 3:2, 슥 4:14) 혹은 아마도 고레스(사 45:1)일 것으로 추정한

로 요한계시록은 자주 구약성서를 부연하나 '문자적'(verbatim)으로 이 것을 인용하지는 않는다. 요한은 하나님이 구체적으로 어떻게 그 일을 행할 것인지를 밝히지는 않으나 분명히 그가 하신 약속을 성취하실 것 이라는 사실을 알려주기 위한 한 방법으로 그의 책에 구약성서의 예언 들을 엮어 넣었다.

두 번째, 다니엘서나 요한계시록은 휴거에 대해 언급하지 않는다. 세대주의자들은 때로 밧모 섬에 있는 요한에게 하나님이 "이리로 올라 오라"(계 4:1)고 하신 명령에서 휴거의 근거를 찾으려고 노력한다. 그러 나 그 문맥에 근거하여 판단할 때, 하나님의 명령은 요한을 일시적 환 성 상태의 승천으로 부르시는 깃이다. 이깃은 모든 신자들을 하늘로 모 아들이는 현상을 언급한 것이 아니다. 요한계시록 4-19장에 나오는 환 란의 장면들에 '교회'라는 단어가 사라지는데, 이를 참된 신자들이 사라 진다는 의미로 간주하는 것은 억지이다. 요한계시록의 중심 장들은 어 린 양을 따르며, 고난을 당하는 성도들을 언급한다(계 13:7, 10; 14:12; 17:6). 그런데 그것을 고난을 당하는 충성스러운 신앙인들의 그룹 내에 고난이 시작된 이후에 개종한 그리스도인들만 포함된다고 생각할 이유 는 전혀 없다.

셋째, 이스라엘과 교회의 구분은 정당한 이유가 있는 것은 아니다. 신약성서 저자들은 이스라엘의 이야기가 그리스도인 공동체 내에서도 계속된다고 가정한다. 바울은 하나님의 백성을 감람나무로 묘사한다. 이방인들은 그리스도를 향한 자신들의 믿음에 근거하여 나무에 접붙임 을 받는다(롬 11:13-24). 그리스도 안에서, 유대인과 이방인을 나누고 있

다. 434년의 남은 기간은 예루살렘의 재건과 주전 2세기에 일어난 셀주커스의 박해 기간이다. 대부분의 학자들은 이때 다니엘서가 기록되었다고 생각한다.

는 장벽이 무너지며, 두 민족은 더 이상 율법이나 인종에 근거하여 분리되지 않는다(엡 2:11-22). '이스라엘'이란 용어는 아브라함에게 허락된 축복들을 공유하는 모든 사람들을 포함하는 데로 확대된다(갈 6:16).

마지막으로 그 가설은 문자적인 의미와 상징적인 의미를 혼동하고 있다. 세대주의자들은 통례적으로 성서의 예언들은 문자적으로 받아들여져야 한다고 주장하며, 앞서 기록된 역사처럼 생각한다. 그러나 그들 자신의 읽기에서는 자주 문자적인 의미의 개념을 곡해한다. 예를 들면, 위에서 언급한 것처럼 다니엘서의 문자적 읽기는 다니엘 9장 26절과 9장 27절 사이에 2000년 이상의 시간적인 간격이 있다고 생각하기는 어렵다. 일반적으로 세대주의자들은 요한계시록 11장 1-2절에 나오는 '성전'에 대한 언급을 문자적으로 받아들여서, 미래의 어떤 시점에 예루살렘에 건설될 성전 건물을 가리킨다고 추정한다. 반면 그들은 요한계시록 11장 4절에 언급된 감람나무와 촛대들은 인류를 상징한다고 주장한다. 그들은 요한계시록 13장 18절에 언급된 짐승의 숫자는 문자적으로 경제에 대한 전산화된 통제력과 관련이 있다고 주장한다. 반면 그 짐승이 문자적으로 일곱 머리들과 일곱 뿔들을 가질 것이라고는 가정하지 않는다. 비록 요한계시록 13장 1절이 그러한 방식으로 그것을 묘사하고 있지만 그러하다(일반적으로 적그리스도는 교활하지만 매력적인 모습으로 그려진다). 에스겔은 '곡'과 동일시되는 러시아인들이 이스라엘을 공격할 것이라고 예언한 것으로 해석되었다. 그러나 에스겔 39장 3절에 의하면 하나님이 대적자들의 활과 화살을 파괴하실 것이라고 말씀하는데, 세대주의자들은 이 구절이 실제로는 러시아 항공기와 미사일들의 파괴를 언급하고 있다고 가정한다. 아래에서 설명될 요한계시록의 해석은 이 책의 메시지의 상징적인 측면들에 특별한 관심을 갖게 한다.

V. 요한계시록의 역사적 연구

최근 학계의 요한계시록 해석 방법은 위에서 살펴본 미래적 방법들과는 상당한 차이가 있다. 이 차이를 알 수 있는 한 가지 좋은 방법은 이 책이 소개하고 있는 방법에 관심을 갖는 것이다. 미래적인 해석을 하는 사람들은 요한계시록이 마치 "요한은 21세기에 대한민국에 살고 있는 그리스도인들에게 편지하노니"로 시작하는 것처럼 이 책을 읽으려는 경향이 있다. 요한계시록을 근본적으로 마지막 시대에 살고 있는 사람들을 위한 책으로 추정하면서 말이다. 그러나 오늘날 대부분의 학사들은 요한계시록이 "요한은 아시아에 있는 일곱 교회에 편지하노니" (계 1:4)로 시작하고 있다는 점에 주목한다. 이 진술을 문자적으로 취하면, 요한계시록은 근본적으로 이 책이 기록된 당시 사람들을 위한 책이며, 주후 1세기 소아시아(오늘날의 터키 땅)에 거주하는 기독교 공동체에 전하기 위해 기록되었다는 것이다. 만일 미래적인 해석을 하는 사람들이 요한계시록의 메시지가 마지막 날이 다가올수록 보다 더 분명하게 드러날 것이라고 가정한다면, 많은 학자들은 이 견해에 반대하는 의견을 개진할 것이다. 요한계시록의 메시지가 요한 자신의 시대에 살고 있는 사람들에게 가장 분명했을 것이라고 추정한다면, 그들은 최근 신문의 표제나 뉴스에 의해서가 아니라 고대 세계의 언어와 문학을 연구함으로 이 책을 이해할 수 있는 실마리를 찾을 수 있을 것이다.

요한계시록과 묵시 문학

학자들이 요한계시록을 대하면서 묻는 가장 근본적인 질문들 중의 하나는 '요한계시록은 어떤 종류의 문학작품인가?'이다. 사람들이 한 본문에 대해서 갖는 가정들은 그들이 그 본문을 읽는 방법에 영향을 준다. 사람들은 역사책을 읽는 것과 동일한 방식으로 공상과학 소설을 읽지 않으며, 신문의 1면 기사를 읽는 것과 동일한 방식으로 신문의 연재만화에 접근하지 않는다. 마찬가지로 요한계시록이 근본적으로 미리 기록된 세상의 종말에 관한 역사라고 가정하는 사람들은 그러한 방식으로 이 책을 읽을 것이나, 요한계시록이 마지막 때를 위한 기록이 아니라 다른 형식의 문학 작품이라고 가정하는 사람들은 이 책을 전혀 다른 관점에서 읽을 것이다.

요한계시록은 '묵시'(apocalypses)로 알려진 다른 글들과 동일한 그룹에 속하는 책으로 분류할 수 있다. '묵시'라는 용어는 헬라어 *apokalypsis* 에서 파생된 것으로 '계시'(revelation)라는 의미이다. 요한계시록 1장 1절에 나오는 이 단어는 요한계시록과 같은 특징을 가진 고대 글들의 범주를 지시하는 데 사용된다. 요한계시록과 유사한 글들을 비교함으로, 학자들은 이 책이 기록될 때 염두에 둔 청중들에게 그 내용이 어떻게 전달되었는지를 알아보기 위해 노력을 했다. 성경에서 요한계시록과 거의 같은 장르에 속하는 책은 다니엘서이다. 다니엘서는 바벨론과 페르시아 궁중에 살았던 다니엘과 그의 친구들에 관한 이야기들로 시작하며, 짐승들, 전쟁들의 환상들과 하늘 구름 가운데 인자의 임함 그리고 죽은 자의 부활 등의 이야기로 끝을 맺는다. 다른 묵시서들 중에는 에녹1서, 에녹2서, 바룩2서, 바룩3서, 아브라함의 묵시와 다른 글들뿐만 아니라 제2에스라 3-14장이 포함된다. 이 책은 에스라 4서라고 부르기도 하는데, 위경 혹은 외경에 속한다.

묵시는 내러티브로 구성된 문학 형태로서, 거기에 기록된 초월적인 실체에 대한 계시는 천사나 다른 세상적인 존재에 의해 인간 수신자에게 전달된다. 일반적으로 계시는 초자연적인 세상의 정체를 드러내며, 마지막 때에 임할 구원을 강조한다. 묵시는 다른 세상으로의 여행, 환상, 예언자가 본 것을 해석하는 데 도움을 주는 천사와의 대화를 포함한, 다양한 방법들로 주어지는 계시들을 묘사한다. 또한 선견자에게는 하늘의 책이 주어진다. 묵시는 일상의 세상이 신비롭다고 가정하기 때문에, 계시는 초자연적인 근원으로부터 온다. 선견자들은 독자들에게 천사들과 사탄의 숨겨진 세상에 관해 말하는데, 이들의 행동들은 사람들의 생활에 영향을 준다. 또한 그들은 사악한 자의 최종, 미래의 심판에 대해 이야기한다.

이 요소들 중의 몇몇은 그 자체로는 묵시로 분류하기 어려운 본문들에도 나온다. 예를 들면, 이사야 24-27장은 종말로 연결되는 죽은 자의 심판에 관해 이야기하며, 복음서들은 마지막 때의 환란에 관해 말하고 (마 24:1-51; 막 13:1-37), 바울 서신은 죽은 자의 미래의 부활과 사망의 정복에 관해 말하며(고전 15:1-58; 살전 4:13-18), 사해 사본에는 선한 세력들과 악한 세력들 사이에 있을 최후의 투쟁이 언급되어 있다. '묵시 문학'은 내러티브적 형태로 이 요소들을 함께 모아 전달한다는 점에서 이러한 문서들과는 차이가 있다(J. J. Collins, *Apocalyptic Imagination*, 2-9).

포괄적으로 말하면, 묵시 문학에는 두 가지 형식이 있다. 이 문학 작품들 중의 일부는 주로 선견자가 다른 사람들이 접근할 수 없는 것들을 보기 위해 어떻게 안내자인 천사의 인도를 받아 천상적 영역을 통해 올리어지는가를 전해주는 천상의 여행을 이야기한다. 예를 들면 "Book of Watchers"는 에녹에게 어떻게 우주의 근원이 보여졌으며, 하늘의 별들을 감금한 감옥과 죽음의 영들이 있는 장소에 임할 마지막 날의 심판에 대한 예견이 주어졌는지를 말해준다(에녹1서 17-36장). 다른 묵시서들은 역사의 움직임에 초점을 맞추는데, 이 책들에서는 비극적인 대변동으로 이끌려가는 기간들로 시간을 분류한다. 이 대변동은 이스라엘 땅의 회복과 세상의 변화를 포함한 구원의 때로 이어진다. 바룩2서 53-74

장은 아브라함의 때부터 마지막 때의 환란으로 이어지는 역사의 기간
들을 대변하는 교호하는 어둠과 광채 나는 바다에 관해 말한다. 그때에
는 질병과 공포는 사라지고, 세상은 기쁨으로 가득 차게 될 것이다. 에
스라4서의 선견자는 현 시대를 죄와 슬픔이 지배하는 시기로 이해한
다. 그러나 그는 구원이 장래에 임하게 될 것이라는 사실을 깨닫게 된
다. 그때에 메시아가 4천 년 동안 다스릴 것이요, 그 후에 부활과 최후
의 심판이 임한다.

묵시 문학에 관한 지식은 요한계시록의 독자들로 하여금 이 책이 전
해주는 일종의 기대들을 확인하는 데 도움을 준다.

첫째, 오늘날 독자들은 때로 요한계시록에 흥미를 갖는데, 그 이유는
이 책이 다른 성서의 책들과 비교해볼 때 독특성을 가진 신비로운 글로
보이기 때문이다. 그러나 요한 시대의 독자들은 요한계시록이 다른 본
문들과 공통된 특징들을 포함한 기존 문학적 형식으로 기록되었다고
인식했을 것이다. 하늘 여행을 기술하는 묵시 문학처럼, 요한계시록은
천사적 존재가 자신에게 해석해줄 환상들을 받기 위해 요한이 어떻
게 하늘 세계로 올리어졌는지에 관해 이야기한다(예를 들면, 계 4:1; 5:5;
7:13-14). 역사의 움직임에 초점을 맞춘 묵시서들처럼, 요한계시록은 하
나님의 능력과 투쟁하고 있는 이 시대의 세력들을 묘사하기 위해 상징
적인 언어를 사용한다. 예를 들면, 다니엘이 환상을 보았는데, 그 환상
에서는 계속되는 네 왕조를 사자, 곰, 표범, 뿔 가진 짐승들로 묘사한다
(단 7:1-8). 다른 묵시서에 의하면, 에스라는 열두 날개와 세 개의 머리를
가진 독수리의 환상을 보았는데, 이것은 다니엘서에 언급된 네 번째 국
가로 알려졌다(제2에스라 11:1-12:3; 12:11). 결국 요한계시록은 다니엘서
의 네 짐승의 특성들을 죽임을 당했다가 살아난 일곱 머리를 가진 한
짐승과 연결시킨다(계 13:1-4).

둘째, 요한계시록의 사상 세계는 독특하다기보다는 다른 묵시 문학의 사상 세계들과 여러 면에서 유사하다. 이 글들에서는 전형적으로 현 세상이 죄와 악과 죽음의 권세에 지배받고 있다고 이해한다. 그러나 그 글들에서는 사악한 자들이 결국 패배를 당하거나 하나님에 의해 심판을 받을 것이며, 세상은 축복과 기쁨의 상태로 변형될 것으로 예견한다. 마찬가지로, 요한계시록은 하나님의 대적자들이 그리스도에 의해 패배를 당할 때까지 성도들에 대항하여 전쟁을 하는 짐승과 그의 하수인들인 사탄적 세력들을 상상하고 있다. 그 후에 죽은 자들이 일으킴을 받으며, 심판을 받게 되고 새 하늘과 새 땅이 이루어질 것이며, 성도들은 영광 가운데 영원히 통치하게 될 것이다. 특별한 시나리오들은 다양하며, 두 묵시서는 정확히 동일한 방식으로의 역사의 움직임을 상상하지 않는다. 그러나 강조된 메시지는 상당히 유사하며, 구원의 근본 메시지는 다가올 일을 기술하는 시나리오들에 언급된 그 세부적인 내용만큼 중요하다.

셋째, 사람들이 일반적으로 묵시서를 저술하는 이유는 독자들에게 현 시대가 악의 통제하에 있음에도 불구하고, 하나님은 신실하시다는 확신을 주며, 하나님을 대적하는 세력들에게 굴복하기보다는 하나님께 충성되게 남아 있으라고 권면하려는 데 있다. 묵시서 저자들은 하나님의 목적들의 미래적 실현에 관심이 있으나, 미래적 사건을 단순히 예견하기보다는 권고와 확신을 더 중요하게 생각한다. 우리는 이것이 계시록에서도 역시 사실임을 발견하게 될 것이다. 요한계시록 2장 이하에서, 우리는 요한이 진술한 편지를 쓰는 이유들과 예언에 대한 언급들에서 요한계시록이 마지막 때에 일어나게 될 사건들의 특별한 순서보다는 그의 독자들로 하여금 하나님을 신실하게 섬기도록 하는 데 더 많은 관심을 가지고 있음을 알게 될 것이다.

요한계시록은 또한 시간을 선형적 순서로 진행되는 기간들로 나누는 묵시서들과는 차이가 있다. 바룩서 53-74장에서는 역사의 시기들을 아담으로부터 종말의 때까지 개괄하며, 에녹1서 93장 1-10절과 91장 11-17절의 '주간의 묵시'(Apocalypse of Weeks)에 나오는 역사의 시기들에 대한 개요 역시 마찬가지이다. 다니엘서는 일련의 왕국들에 대한 반복되는 환상들로 이 접근 방법에 다양성을 제공한다. 다니엘 7장에서, 사자와 곰과 표범과 뿌리 달린 짐승은 바벨론, 메데, 바사 그리고 헬라 왕들을 상징한다. 다니엘 8장에서, 두 뿔 가진 숫양은 메데와 바사 왕들을 상징하며, 숫염소는 헬라 왕을 대변한다(8:20-22). 이 반복에도 불구하고 각각의 환상은 세상 권세의 흥왕과 퇴락을 거쳐 순서적으로 움직인다.

그러나 요한계시록은 역사를 개관하기보다는 연대기적 순서로 명확히 분류되지 않은, 환상들의 중복된 순환 주기들을 꿰뚫어보도록 독자들을 인도한다. 우리는 이것을 곧 보게 될 것이다. 이에 근거하여 우리는 요한계시록이 선형적 형태로 미래의 사건들을 계시하는 것이 아니라 경고의 메시지와 권면의 메시지를 번갈아 전함으로 성도들의 인내를 증진시키고자 계획된 것임을 알게 된다. 요한계시록은 또한 통례적으로 에녹과 바룩 혹은 에스라와 같은 고대 인물의 이름을 채택하는 다른 묵시서들과는 차이가 난다. 이러한 이름들은 이 본문들이 저자 자신의 시대, 수 세기 전에 구성되었다는 인상을 남긴다. 그러나 요한계시록은 믿음 안에서 요한이 '형제'로 인정하며, 분명히 알고 있는, 그 당시의 그리스도들을 위해 요한 자신의 이름으로 기록되었다(계 1:9).

요한계시록과 로마 제국

역사적 연구는 자주 요한계시록이 주후 1세기에 살았던 그리스도인들로 하여금 로마 제국에 저항하도록 권고하는 문서라는 데 관심을 두었다. 환난(2:9-11)과 우상에게 바쳐졌던 음식을 먹는 문제(2:14, 20)는 아마도 소아시아 여러 도시에게 행해졌던 황제 제의에 참여하라는 압력들에서 유래한 것으로 여겨진다. 요한은 일곱 언덕 위에 세워진 도시인 로마의 권력에 의해 흘려진 성도들의 피를 기억한다(6:9-11; 17:6, 9; 18:24). 요한 자신은 아마도 기독교에 대한 헌신 때문에 로마와 불편한 관계에 놓이게 되었고 밧모라 하는 섬에 유배를 당했을 것이다(1:9-11). 비록 요한계시록에서 우리는 조심스럽게 로마의 지배를 수용하는 신앙인들, 곧 자신들의 믿음을 양보하는 몇몇 그리스도인들의 모습을 찾아볼 수 있기는 하지만, 요한은 권세를 잡은 자들에게 억압을 당하는 때에라도, 하나님과 그리스도와 그리스도인 공동체를 향해 보다 더 적극적인 헌신을 보이도록 권고하기 위해 이 책을 썼다.

요한계시록은 가이사가 아니라 하나님이 세상의 주인이심을 강조한다. 하나님의 하늘 궁정의 화려함은 로마 왕궁의 화려함이 하나님의 참된 통치권을 모방한 것에 불과함을 보여준다(4:1-11). 어린 양이 하나님의 두루마리의 봉인을 떼었을 때, 말을 탄 활을 가진 자가 등장한다. 그의 모습은 로마 제국의 국경을 위협했던 페르시아 전사들과 닮았다. 그리고 다른 말을 탄 자는 로마가 제공해줄 것이라고 주장했던 '평화'를 빼앗아 간다(6:1-4). 성도들을 박해하는 짐승은 다른 네로로 여겨지는 반면, 짐승의 왕은 황제 숭배와 같은 우상 숭배를 종용한다(13:1-18). 짐승을 탄 음녀는 일곱 언덕 위에 세워진 도시—로마 제국이 분명하다—이며, '바벨론'이라 불리는데, 그 이유는 바벨론이 첫 번째 성전을 파괴했고 로마가 두 번째 성전을 파괴했기 때문이다(17:1-18). 반면 요한계시록은 로마인 '바벨론'이 멸망할 것이라고 경고하며, 하나님의 목적이 성취될 것이라는 확신 가운데, 그리스도인들로 하여금 이들로부터 자신들을 분리시킬 것을 요청한다(18:4).

이 역사적인 통찰은 요한계시록의 최초 독자들이 이 책의 몇몇 상징들을 어떻게 해석했으며, 비그리스도인들이 주도권을 잡고 있는 세상 속에 살아가는 그리스도인들에게 직접적인 결과들을 가져다주었던 헌신을 이 책에서 어떻게 권고하는지를 보여준다. 그러나 역사적인 연구가 내포한 문제는 현재 독자들이 그와 같은 고대 본문을 현대 세계와 어떻게 관련시킬 수 있는지 보여주는 데 어려움을 갖는 것이다. 2-7장에서 살펴볼 요한계시록의 해석은 두 가지 방식으로 일반적인 역사적 접근법을 수정한다. 한 가지 방식은 요한계시록이 한 주제만이 아니라 1세기의 생활과 현대 생활 사이의 주목할 만한 유사성이 있는 다양한 주제들을 전하고 있다는 점을 강조하는 것이다. 다른 하나는 요한계시록의 표상이 한 시대만이 아니라 다양한 시기에 적합한 연상들을 어떻게 불러일으키는지를 고려하는 것이다. 요한계시록의 표상들은 '초시간적'이 아니라 그것들이 여러 세대들에 적용할 수 있음을 보여준다.

VI. 침묵 혹은 노래?

요한계시록에 대한 접근방법들을 좀 더 자세히 살펴보고자 하는 목적은 소위 주류 교회들이 요한계시록을 어떻게 이해했는지를 알아보려는 데 있지 않다. 그 이유는 이들이 그것들에 대해 큰 관심을 두지 않았기 때문이다. 이들 교회들에 속한 그리스도인들은 자주 요한계시록을 하나의 확대된 가족에 속하는 괴짜인 구성원들을 위해 따로 준비해둔 일종의 불안한 침묵을 간직한 책으로 취급한다. 마태복음과 마가복음,

누가복음과 요한복음 역시 설교와 가르침이 그 내용의 중심이라는 사실이 널리 알려져 왔다. 반면에 요한계시록이 영감을 받아 기록된 종말에 대한 견해를 수록한 책이라는 일부 그리스도인들 사이에 인정되는 주장은 주류 교회에 속한 그리스도인들을 움츠리게 한다. 그 책과의 모든 연결성을 부인하고자 하는 의도는 아니지만, 주류 교회에 속한 많은 그리스도인들은 요한계시록을 다른 가족들과 화목하지 못하고 소외감을 가지고 살아가는 친척들과 같은 경향의 책으로 취급한다. 그들은 가족 모임에서 필요 이상으로 이 책의 내용을 이야기하거나 이 책에 관심을 갖는 것을 즐겨하지 않는다.

주류 교회에서 요한계시록을 사용하는 한 가지 수단은 『개정판 공동성서일과』(The Revised Common Lectionary)이다. 이 성구집에 수록된 여러 개신교와 로마 가톨릭 모임들에서 매주 읽어야 할 성서 구절들의 목록에는 요한계시록의 구절들이 포함되어 있다. 비록 요한계시록이 22장으로 되어 있으나, 이 성구집에서는 그중에서 단지 짧은 여섯 개만을 읽어야 할 구절로 선택한다. 이 구절들 가운데는 예수님과 하나님을 알파와 오메가로 칭하는 서론과 결론 부분의 인사와 성도들이 영광 가운데 거하는 모습을 묘사하는 네 장면이 포함되어 있다. 이 본문들은 매 삼 년마다 한 번씩 부활절 이후 주일들에 읽도록 되어 있다. 그리고 때로 동일한 본문들 중 하나가 11월에 있는 모든 성인들의 날 혹은 그리스도 왕의 주일에 읽도록 되어 있다. 성구집은 관례적으로 짐승과 음녀를 언급한 구절들은 피하며, 설득력 있는 설명 없이 일곱 인과 다른 재앙들에 대한 언급도 건너뛴다. 상당히 엄한 경고가 요한계시록의 마지막 부분에 있는 인사말에 끼어들어 있는데, 이 표현들도 정해진 읽기에 빠져 있어서 예배를 드리는 자가 그 말씀을 듣지 못하도록 한다.[8] 요한계시록에 묘사된 훨씬 기괴한 표상들이나 혼란을 주는 표상들로 인해 사람들이 당황하거나 혼돈을 일으키게 될 가능성을 최소화하는 본문들을 선택한 것이다.

문제는 많은 사람들이 이 몇몇 장면들만이 아니라 요한계시록에 대해 더 많이 알고 있다는 데 있다. 그리고 사람들이 묻는 질문들의 대다수는 성구집에 포함되지 않은 구절들로부터 온 것이다. 질문들이 주어졌을 때, 공동된 반응은 사람들이 대중문화로부터 접하게 되는 보다 사색적이며 감각적인 사상들은 간단히 처리하고, 로마 권력을 비판하는 문서로 요한계시록이 어떻게 읽혀져야 하는지를 보여주는 데 관심을 갖는 것이다. 그 결과로 많은 사람들은 요한계시록이 오늘날의 독자들을 위해 가치 있는 책이라는 인식을 갖는 데 어려움을 겪는다.

요한계시록에 대한 상이하고 흥미를 자아내는 관점은 요한계시록으로부터 가져온 구절들을 모든 형태의 그리스도인들이 찬양과 예전에서 접하게 되는 방식을 고려할 때 분명해진다. 주류 교회에 속한 그리스도인들은 요한계시록을 읽지 않을지 모르나, 그 대신 요한계시록을 가사로 한 노래를 자주 부른다. 요한계시록은 전통적인 작품으로부터 현대의 합창곡에 이르기까지 여러 노래들과 찬송들에 영감을 주었다. 요한계시록으로부터 가져온 말씀들은 여러 예전에서 접할 수 있다. 예배자들은 자주 본문을 읽어서가 아니라 음악을 통해서 요한계시록에 나오는 표상들에 익숙해진다. 간단한 요한계시록으로의 음악 여행을 통하여 우리는 여섯 환상군 각각이 그리스도인들의 예배에 지속적으로 사용된 찬송들과 상징들에서 어떻게 정점에 이르는지를 확인할 수 있다.

계시의 책에서는 하나님과 그리스도가 알파와 오메가요, 처음과 마

---

8) 그룹 C에 속하는 부활절 이후 주일들에 읽도록 주어진 본문은 계 1:4-8; 5:11-14; 7:9-17; 21:1-6; 21:10, 22-22:5; 22:12-14, 16-17, 20-21이다.

지막이요, 시작과 마침이라는 선포들이 그 틀을 형성한다(1:8, 17; 21:6; 22:13). 이 선포는 요한계시록의 구조와 조화를 이룬다. 그 이유는 이 책이 하나님의 현존과 부활하신 그리스도에게로 독자들을 인도하는 환상들로 시작하고 끝을 맺기 때문이다. 이 내용을 전달하는 찬송은 "Of the Father's Love Begotten"이다. 가사는 주후 4세기에 작성되었으며, 오늘날에는 일반적으로 13세기 성가의 멜로디로 노래한다.

첫 번째 환상군은 요한이 부활하신 그리스도를 만났을 때로부터 시작하는데, 그는 요한에게 소아시아에 있는 일곱 교회에 편지를 하라고 명한다. 차례로 일곱 교회에 전해진 소식을 들은 후, 요한은 하나님의 하늘 보좌가 있는 방으로 인도함을 받는다. 거기에서 그는 유리 바다 곁에 있는 하나님의 보좌를 본다. 그 보좌는 금으로 된 관을 쓴 이십사 장로와 네 생물에 의해 둘려 쌓여 있었다. 네 생물의 얼굴은 사자, 송아지, 독수리 그리고 사람의 얼굴과 닮았다. 생물들이 "거룩하다, 거룩하다, 거룩하다, 주 하나님 곧 전능하신 이여" 하며 찬양할 때, 장로들이 보좌 앞에 자신들의 관을 드린다(4:8-10). 레지널드 헤버(Reginald Heber, 1723-1826)가 작곡한 전통적인 찬송인 "거룩 거룩 거룩"은 이 본문을 운

문으로 번역한 많은 찬송가 중의 하나이다.

거룩, 거룩, 거룩, 전능하신 주여!
이른 아침 우리 주를 찬송합니다.
거룩, 거룩, 거룩, 자비하신 주여!
성 삼위일체 우리 주로다.

거룩, 거룩, 거룩! 모든 성도들이 주를 찬양합니다.
유리 바다 앞에 자신들의 금 면류관을 벗어던지네,
그룹들과 스랍들이 주님 앞에 엎드리네.
전에도 계시고 이제도 계시고 장차 오실 주 앞에.

하나님을 찬양하는 하늘의 코러스들은 요한이 어린 양을 본 후에도
계속된다. 일찍이 죽임을 당한 것 같으나 여전히 살아 계신 어린 양이
두루마리의 일곱 인을 떼기 위하여 하나님의 손으로부터 그 두루마리
를 취한다. 네 생물과 이십사 장로가 어린 양 앞에 엎드려 찬양한다
(5:8-10). 그들은 어린 양이 "능력과 부와 지혜와 힘과 존귀와 영광과 권
능"을 받으시기에 합당하다고 노래하는 천사들의 무리와 함께 한다
(5:11-14). 어린 양이신 그리스도를 찬양하는 이 장면에 영감을 받은 찬
송 중의 하나는 에드워드 페로네(Edward Perronet, 1726-1792)의 "주 예수
이름 높이어"이다. 두 번째 구절은 요한계시록 6장 9-11절에 나오는,
제단 앞에 있는 순교자들의 모습을 묘사한다.

주 예수 이름 높이어 다 찬양하여라.
천사들이 그 앞에 엎드려

금 면류관을 드려서
만유의 주 찬양
(후렴)

당신의 하나님의 순교자들이 그에게 영광을 드리네
그의 제단으로부터 부름을 받는 자여
예수의 사람들을 높이세
만유의 주 찬양
(후렴)

어린 양이 일곱 인을 뗄 때에, 정복과 폭력과 경제적인 어려움과 죽음을 가져다줄 네 명의 말을 탄 자가 등장한다. 그리고 요한은 순교자의 환상과 지상에 거하는 모든 사람들이 멸망당하게 될 것이라고 위협하는 다른 환상을 본다. 그러나 천사는 요한에게 하늘에 거하는 많은 무리들의 환상을 보여줌으로 그 위협을 중단시킨다. 그들은 흰 옷을 입고 손에 종려 가지를 들고 있었다. 그들의 찬송의 내용(7:10-12)은 웨슬리(Charles Wesley, 1707-1788)에 의해 부연되었으며, 3절과 4절의 가사는 다른 사람이 덧붙였다. "Ye Servants of God":

보좌에 앉으신 하나님이 우리를 구원하시네!
모두 다 소리를 높이세, 아들을 찬양하세
천사들이 예수님을 찬양하네
그들의 얼굴을 땅에 대고 어린 양께 경배하네.

우리 모두 그에게 영광을 드리며 그의 권한을 그에게 드리세

영광과 힘과 지혜와 능력

영광과 축복을, 위에 있는 천사들과 함께

한량없는 큰 사랑에 감사하세.

하늘의 찬양은 더 많은 위협의 환상들을 불러오는데, 수많은 천사들이 땅과 바다에 재난을 가져올 나팔들을 분다. 재난의 공포가 심해짐에 따라, 천사는 요한에게 두루마리를 먹으라고 내어줌으로 마지막 심판을 향한 움직임을 다시 중단시킨다. 요한은 두루마리를 먹는다. 그리고 성전과 짓밟히는 거룩한 성으로 대변되는 고통받는 믿음의 공동체의 환상을 본다. 하나님의 증인들이 증거하며, 순교를 당하고 일으킴을 받는다. 그 후에 그들이 하나님께 영광을 돌린다. 이십사 장로에게 예배하라고 요청하는 천사의 선포(계 11:15)는 헨델(Georg Friedrich Handel, 1674-1748)의 할렐루야 코러스에 나온다.

다음 환상군은 하늘로부터 쫓겨난 후 지상에서 성도들을 박해하는 사탄을 보여준다. 사탄은 어린 양의 대적자인, 머리가 일곱 달린 큰 짐

승을 통해 자신의 영향력을 확산한다. 심판의 환상들이 이어지는데, 성도들을 모으며 하나님의 진노의 포도주 틀에 던져진 포도를 밟는 데서 절정을 이룬다(14:19-20). 이 환상군의 종결 직전에 나오는, 이 심판의 환상의 한 구절은 하우(Julia Ward Howe, 1819-1910)에게 영감을 주어 "공화국 찬가"(Battle Hymn of the Republic)를 작곡하게 했다. 미국 남북전쟁의 초기인 1861년에 작곡한 이 곡에 그녀는 요한계시록으로부터 가져온 이미지들과 그 자신이 발견했던 갈등의 이미지들을 함께 엮어 넣었다. 요한계시록처럼, 그녀의 찬송은 강한 헌신을 요청한다:

나의 눈은 오실 주님의 영광을 보아왔다.

그는 진노의 포도를 저장했던 포도주들을 밟으신다.

그는 가공할 만하게 날카로운 칼의 운명을 결정하는 빛을 느슨하게 하신다.

그의 진리는 계속 된다.

영광, 영광 할렐루야! 영광, 영광, 할렐루야!

영광, 영광, 할렐루야! 그의 진리는 계속된다.

이 환상군의 종결 부분에서 하늘 보좌가 있는 방을 잠깐 되돌아본 후에, 새로운 환상들은 땅에 임하는 재앙을 묘사한다. 요한은 머리가 일곱 달린 짐승을 타고 있는 음녀 바벨론을 본다. 그 짐승은 음녀를 멸망시키며, 그녀가 무너진 후에 땅의 왕들과 상인들이 음녀의 사라짐을 슬퍼한다. 그러나 하늘로부터 축하의 음성들이 다시 들린다. 바벨론의 포악한 통치가 끝이 났기 때문에 기뻐하며 '할렐루야' 찬송한다(19:6). 다시 헨델의 "할렐루야 합창"에 그 내용이 나온다.

바벨론의 패망은 짐승과 그의 추종자들의 패배로 이어진다. 사탄은 천 년 동안 결박을 당하고, 성도들은 부활하여 그리스도와 함께 통치한다. 비록 사탄이 잠시 놓임을 받아 한번 더 나라들을 속이나, 그는 속히 그리고 결정적으로 패배한다. 모든 죽은 자들이 부활하며, 마지막 심판이 임한다. 요한은 마침내 새 하늘과 새 땅을 본다. 거기에서 새 예루살렘이 어린 양의 신부로 하늘로부터 내려온다. 새 예루살렘의 장면들은 필립 니콜라이(Philipp Nicolai, 1556-1608)의 장엄한 곡 "Wake, Wake, for Night Is Flying"로부터 온화한 선율의 "Jerusalem, My Happy Home", 그리고 로버트 로우리(Robert Lowry, 1826-1899)의 "Shall We Gather at the River"까지 여러 찬송가들에 영감을 주었다. 그 승리의 감동은 윌리엄 하우(William How, 1823-1897)의 "For All the Saint"의 마지막 소절에 잘 표현되어 있다.

땅의 넓은 경계로부터, 바다의 먼 해변으로부터
진주 문을 통하여 수많은 초대받은 자들이 지나가네
찬양하라, 아버지와 아들과 성령을 할렐루야! 할렐루야!

요한계시록으로부터 가져온 상징들이 기독교 음악과 예배에 어떻게 사용되는지를 살펴보는 것은 요한계시록의 현대 독자들을 위해 고무적인 일이 될 수 있다. 요한계시록을 노래의 가사로 사용함으로, 음악가들은 이 책이 생생한 믿음의 전승에 필수적인 중요한 자리를 차지하는 데 도움을 주었다. 요한계시록을 펼쳤을 때 사람들이 접하게 되는 가장 큰 장벽들은 이 책에 나오는 상징들로 인해 혼란을 겪거나 그릇된 길로 빠지지나 않을까 하는 두려움이다. 그러나 수 세대 동안 믿음의 공동체들은 하나님과 어린 양을 찬양할 때 그들이 사용해왔던 언어의 일부가 요한계시록으로부터 가져왔다는 사실을 알게 되면 이 책에 대해 가졌던 이러한 불안은 다소 해소할 수 있게 될 것이나. 또한 차츰 많은 사람들이 요한계시록이 그리스도의 재림의 날을 열망하게 하는 광란에 빠지도록 자극하는 데 관심이 있는 것이 아니라는 점을 인식하게 되었다. 요한계시록 4-5장에 근거하여 찬송하기를 즐겨하는 사람들은 그들의 팔에 이 책을 끼고 있기보다는 하늘 합창에 자신들의 목소리를 더하기를 좋아한다. 또한 그들은 '하나님께 경배'하는 것(19:10; 22:9)이 무엇을 의미하는지를 알아보기 위해 사색하는 데 시간을 보내기보다는 실제로 예배에 참여한다. 찬송은 소망과 기쁨과 신실함을 강조하는 구절들을 높이 세운다. 독자들은 요한계시록에 나오는 하나님의 심판에 관한 많은 경고들을 무시하지 않아야 한다. 그러나 예배의 장면들은 독자들로 하여금 약속의 관점에서 경고를 해석하도록 하는 데 도움을 주며, 하나님의 목적이 구원의 즐거움을 가져다주는 것에 있다는 사실을 받아들이는 데도 도움을 준다.

Ⅶ. 과감한 포워드

그렇다면 위에서 개괄한 놀랄 만한(혼란스러운) 견해들을 근거로, 우리가 어떻게 요한계시록을 읽는 것이 좀 더 바람직하겠는가? 이 책의 의미를 찾고자 하는 이전 시도들을 살펴보는 것은 우리로 하여금 요한계시록에 포함된 신비들을 벗겨내는 다른 열쇠를 찾았다고 하는 주장을 수용하는 데 신중을 기하게 하지만, 그러나 이것들은 밧모섬의 요한이 그의 책에 포함시켰던 환상들을 통해 여행을 시작하고자 할 때에 염두에 둘만한 가치가 있다.

이에 대한 하나의 근본적인 통찰은 우리로 하여금 요한계시록이 전반적으로 그 자체에 진실성을 가진 책으로 기꺼이 받아들일 수 있게 해준다. 위에서 언급한 몇몇 접근 방법들은 요한계시록의 구절들이 조각그림 퍼즐의 조각과 유사하다는 가정을 하게 하며, 우리의 작업이 여러 책으로부터 가져온 조각들을 맞추어 하나의 완성된 그림을 만드는 것이라는 생각을 하게 한다. 전체적으로 요한계시록을 받아들이는 것은 요한계시록 1장의 서론에서부터 22장의 종결 부분에 나오는 마지막 복까지에서 전하고자 하는 메시지를 따르는 것을 의미한다. 다니엘 9장에서 데살로니가전서 4장, 그리고 요한계시록 6장 등등으로 건너뛰는 대신 말이다. 이 방식대로 읽으면, 요한의 메시지는 설득력이 있다. 또한 이것은 앞에서 개괄적으로 살펴본 여러 주목할 만한 해석들과는 상당히 차이가 있다.

전체적인 요한계시록의 읽기는 이 책이 비선형적 방식으로 진행되고 있다는 사실을 알려준다. 이러한 통찰은 주후 3세기로 거슬러 올라갈 수 있다. 그 당시 빅토리우스는 현존하는 가장 오래된 요한계시록에 관한 주석을 썼다. 수많은 최근의 해석자들은 이 접근방법이 상당히 도움이 된다는 사실을 깨닫게 되었다. 이 책의 개요는 나선형처럼 보이는데, 각각의 고리는 일련의 환상들로 구성되어 있다. 교회들에 보내는 일곱 편지(계 1-3장), 일곱 인들(계 4-7장), 일곱 나팔들(계 8-11장), 수많은 환상들(계 12-15장), 일곱 재앙들(계 15-19장) 그리고 또 다른 수많은 환상들(계 19-22장), 하나님의 승리를 축하하는 환상들은 각 환상군의 마지막 부분에 나온다(4:1-11; 7:1-17; 11:15-19; 15:1-4; 19:1-10; 21:1-22:5). 이 책의 나머지 장들의 개요를 파악하는 데 도움을 주는 이 형태는 아래와 같은 모습으로 묘사할 수 있다(A. Y. Collins, *Apocalypse*, ix-xiv).

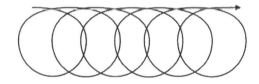

전체로써 요한계시록을 읽은 사람들은 때로는 자신들에게 위협이 되기도 하고 때로는 확신을 주기도 하는 환상들을 접하게 된다. 나선의 밑바닥에 있는 환상들이 점진적으로 강화됨에 따라, 정복과 폭력과 어려움과 죽음으로 상징되는 말을 탄 사람들과 대면하게 되고, 하늘과 땅과 바다의 징조와 하나님과 그리스도에게 예배하는 자들을 억압하는 정복할 수 없을 것처럼 보이는 대적자들로 인하여 독자들의 안전이 위협당하게 된다. 그럼에도 불구하고, 갈등의 소용돌이에 갇혀 견딜 수 없게 될 때마다, 청중들은 하나님과 어린 양과 하늘의 찬양대 앞으로 옮겨지게 된다. 이 환상들은 나선의 꼭대기에 있다. 위협적인 환상들과 확신을 주는 환상들은 각기 다른 역할을 한다. 그러나 이 환상들의 목적은 동일하다. 곧 청중들이 계속적으로 하나님을 신뢰하고 하나님께 신실하게 남아 있도록 하려는 데 있다.

요한계시록은 평안하다는 거짓된 안정감이 전달해주는 근거를 폭로하고, 독자들로 하여금 하나님과 어린 양을 찬양하는 하늘 무리들과 연합하게 하려는 의도를 가진다. 위에서 제시한 악보는 예배에 관한 요한계시록의 축제적인 장면으로 우리의 관심을 돌리게 하며, 우리로 하여금 이 장면들이 우리에게 하나님의 구원 사역의 목적을 보여주는 데 관심이 있다는 사실을 기억하게 한다. 요한계시록의 예배 장면들에 영감을 받아 구성된 수많은 노래들과 찬송들은 세상 속에 흩어져 사는 기독교 공동체들의 입술을 통해 계속적으로 불리고 있으며, 이 책을 읽지 않았던 사람들까지를 포함한 수많은 사람들로 하여금 이 메시지를 직접 경험하게 한다. 독자들은 요한계시록에 나타난 수많은 위협적인 상징들을 접하게 될 것이나, 음악적인 장면들을 마음에 간직한 독자들은 이 책의 목적을 예시해주는 장면들을 기억하게 될 것이다. 만화경 같은 환상군들을 통해 전개되는 움직임은 혼동을 야기할 수 있지만, 자신들의 마음에 "할렐루야 합창곡"의 선율을 염두에 둔 독자들은 이야기가 진행되는 방향을 기억할 것이다.

마지막으로, 우리는 요한계시록을 '요한이 아시아에 있는 일곱 교회'(1:4)를 위해 기록한 책으로 인정하며, 이 책의 전후 관계를 살펴볼 것이다. 또한 요한계시록이 오늘날 신문의 표제와 어떠한 관련이 있느냐고 묻는 대신에, 우리는 이 책이 요한 자신의 시대의 그리스도인들의 상황과 어떻게 관련되는지를 물을 것이다. 이 접근방법은 요한계시록을 1세기에 한정시키려는 의도가 아니라, 현대 독자들에게 신실한 신앙을 유지하기 위해 필요한 것이 무엇인지를 전해주려는 데 그 목적이 있다. 인식해야 할 바는 요한계시록이 마지막 때에야 밝혀지는 비밀 기호들의 모음집이 아니라, 처음부터 열린 책으로 지상에 살아가는 그리스도인들에게 전하기 위해 의도된 책이라는 사실이다. 요한계시록이 이 책의 첫 번째 독자들에게 전해진 방법을 살펴보는 것은 이 책이 오늘날의 독자들의 상황에 지속적으로 의미 있는 메시지를 전하는 적절한 방법이 무엇인지에 대해 탐구하도록 해준다.

다음 장은 이러한 과정을 추적하는 데 도움이 될 것이다. 왜냐하면 요한계시록의 처음 부분에 나오는 일곱 교회에 주는 메시지들은 이 책을 받는 모든 독자들이 동일하지 않음을 보여주기 때문이다. 요한계시록은 박해의 위협에 처해 있는 그리스도인들뿐만 아니라 자신들의 성공을 보며 만족감에 빠져 있는 자들과 주변 문화에 동화되기 위하여 자신들의 믿음의 주장을 기꺼이 양보하려는 경향이 있는 사람들에게까지 전해진다. 이 책을 받는 첫 번째 독자들의 스펙트럼을 살펴보는 것은 어떻게 고대의 메시지가 지속적으로 전달되는지를 고려하는 하나의 도전적인 방법이다.

2장

그리스도와 교회들

– 요한계시록 1–3장

요한계시록은 2막(act)으로 된 한편의 드라마이다. 이 책의 전반부(계 1-11장)는 독자들을 소아시아의 골짜기와 언덕으로부터 높은 하늘로 인도하는데, 그곳에서는 찬양의 코러스들이 하나님의 하늘보좌가 있는 방에 울려 퍼진다. 네 명의 말을 탄 자가 천둥 같은 말굽소리와 하늘로부터 별들이 떨어지며, 아래 세상으로부터 올라온 잔인한 군대들이 대대적으로 파멸을 당하는 장면을 보여주는 환상들은 격렬한 모험과 특별한 효과들의 맛을 즐기려는 사람들에게 짜릿함을 약속한다. 두 증인들은 길에서 죽임을 당하기 전, 담대하게 진리를 증거하기 위해 악의 세력들과 싸운다. 11장의 마지막 부분의 막이 내려짐에 따라 그들의 정당성이 입증되며, 사탄 제국의 하수인들이 반격하기 전에 하나님의 군대가 재편성된다.

막이 올려지고 공연이 시작되기 전에, 극장 안은 어두워지며 관중들에게 메시지를 전하기 위해 홀로 무대 위를 거니는 요한에게 하나의 스포트라이트가 집중된다. 요한은 서두에서 독자들이 '계시'와 '예언'을 접하게 될 것이라고 암시하면서, 자신의 메시지를 편지 형태로 일곱 교회에 전달한다. 그에게 글을 쓰도록 촉구했던 상황들을 진술한 후에, 요한은 그의 청중을 첫 번째 환상군을 통해 이끌어 가는데, 이 환상들에서는 이 일곱 교회를 순서대로 논했다(계 1-3장). 일곱 머리 달린 괴물을 찾고자 하는 사람들은 이 책에서 일곱 교회에 주는 메시지들을 발견하게 될 것이다. 이 장들은 이 책의 가장 중요한 부분에 속하는데, 그 이유는 이 부분이 이후의 환상들을 이해할 수 있는 정황을 마련해주기 때문이다. 그것들은 요한의 환상들이 하늘에 유포되는 것이 아니라 땅에 거하는 기독교 공동체들이 직면한 문제들을 다루고 있음을 분명히 해준다. 서론의 장들을 진지하게 받아들임으로써, 독자들은 이 책의 뒷부분에 나오는 환상들이 믿음의 싸움을 하는 사람들의 상황에 어떻게 전달되는지에 대해 보다 나은 질문을 할 수 있게 될 것이다.

Ⅰ. 계시−예언−편지(1:1-8)

계시

성서의 마지막 책은 스스로를 '계시' 또는 헬라어로 '*apokalypsis*'(묵시)로 소개한다(계 1:1). 이 단어의 의미는 알려지지 않았을 어떤 것을 은밀히 보여준다는 것이다. 비록 '계시'라는 단어가 단순히 '감추어진 것의 덮개를 벗기다'는 뜻이 있으나, 신약성서 저자들은 이 단어를 '하나님의 능력의 현현'(롬 2:5), '그리스도의 재림'(고전 1:7; 벧전 1:7), '성령의 영감받은 소식'(고전 14:6)이라는 좀 더 역동적인 의미로 사용한다. 바울이 자신이 선포한 복음이 '예수 그리스도의 계시'를 통해 온 것이라고 주장할 때(갈 1:12), 그는 부활하시고 영광을 받으신 그리스도와의 만남을 염두에 두고 있다. 유사하게 요한계시록의 저자가 그의 책을 '예수 그리스도의 계시'라고 칭할 때, 이는 그가 영화롭게 된 그리스도로부터 온 것이라고 이해했던 소식을 가리킨다. 이 소식은 그리스도가 하나님으로부터 받았던 것이며, 천사를 통해 전해진 것이다(계 1:1-2).

현대 독자들은 요한이 받은 계시를 중재 없이 직접 접할 수 없으며, 오직 요한이 기록했던 본문을 통해서만 만날 수 있다. 그러므로 우리는 이 계시를 기록된 형태 곧 문학 작품으로 만난다는 의미가 무엇인지 물어야 한다. 비밀 이야기들을 읽는 독자들은 그들에게 전달된 '계시'가 마지막 장에서 본문의 비밀들을 밝혀줄 것으로 기대한다. 그와 같은 이야기들에 전반적으로 흩여져 있는 단서들은 자주 결론이 곧 내려질 것이라는 긴장감을 조성함으로써 독자들로 하여금 거짓 자취들을 따라가게 하며, 단지 분명한 대답들은 잘못된 것들임을 알려준다. 결국, 셜록 홈즈는 도둑의 신분을 밝히고, 어떻게 증거의 퍼즐 조각들을 완전한 모양으로 조립하는지를 보여줌으로써 그 비밀을 해결한다. 그런데 이와 동일한 '계시'를 찾을 수 있을 것으로 기대하면서 성서의 마지막 책을 읽는 사람들은 자주 당황하게 된다. 그 이유는 이 환상들이 비밀을 드러내기보다는 감추며, 그것들을 해명해주기보다는 혼란을 가져다주기 때문이다. 이전 장에 요약되었던 다소 어리둥절하게 하는 견해들은 그 문제를 입증해준다.

계시가 요한에게 '의미가 있었기'(signified) 때문에 많은 도전들이 생겨났다(1:1). 비록 많은 번역들이 '의미 있다'를 단순히 '알게 한다'라고 읽지만, 영어의 '의미 있다'는 단어처럼, 헬라어 '세마이네인'(semainein)'은 '표적'(헬라어로 semeion)이라는 뜻을 가진 한 단어와 관련이 있다. 요한계시록의 표적들과 상징들은 몇몇 독자들에게는 그 메시지를 계시하는 반면, 다른 사람들에게는 숨기는 일종의 암호와 같은 기능을 한다는 옛 이론이 있다. 요한이 자신의 책을 상징적인 언어로 기록한 이유는 당시 밧모섬에 있는 감옥에 갇혀 있어서 로마의 검열관들의 시선을 피해야 할 필요가 있었기 때문이라는 것이다. 이 책에 나오는 기괴한 환상들은 비기독교인들을 혼란스럽게 했었을 것이지만, 다른 그리스도인들은 그 메시지를 이해할 수 있었을 것이라는 가설이다. 현대적인 의미에서, 전시에 적들은 그 메시지를 해독할 수 없으나 암호문을 소지한 동료들은 그것들을 해독할 수 있도록 하기 위해 암호를 사용하는 데에 비교할 수 있다는 것이다. 이 설명은 다채롭지만, 확신하건데 받아들이기 어렵다. 예를 들면, 요한이 일곱 머리 달린 짐승이 일곱 언덕을 대변한다고 말했을 때(계 17:9), 단지 매우 우둔한 검열관만이 짐승이 일곱 언덕 위에 세워진 도시인 로마를 상징한다는 사실을 발견하는 데 실패할 것이다.

우리가 자주 접하는 몇몇 문서들 역시 때로 암호와 같은 역할을 하는 상징들을 포함하고 있는데, 그 본문들에 포함된 표상들은 일어난 일의 의미하는 바를 효과적으로 전달하기 위해 단 한 가지만을 지시했을 것이다. 예를 들면, 지도에 나오는 부호들의 경우, 지도의 제작자들은 한 부호는 학교를 나타내고 다른 부호는 우체국을 표시한다는 사실을 알려주기 위해 그 페이지의 구석에 통례적으로 부호의 의미를 설명해 둔다.

요한계시록에서 사용된 것과 같은 종교적 상징들은 보다 복잡한 방식으로 전달된다. 그 상징들은 다양한 의미를 함축하고 있다. 그것들은 미래적인 사고의 여지를 남기지 않는 지식을 전달하기보다는 독자들로 하여금 지속적으로 그 의미를 숙고하도록 유도한다. 죽임을 당하신 어린 양의 표상(계 5:6)은 요한계시록에 나오는 중요한 표상들 중의 하나이다. 그 표상은 해독하는 데 어려움이 없다. 그 이유는 독자들은 쉽게 어린 양이 예수님이며, 그분이 십자가에 달리셨다는 사실을 알 수 있기 때문이다. 그리스도를 어린 양으로 묘사함으로, 이 책은 그분의 신분을 감추지 않고 그리스도에 관한 어떤 것들을 나타내거나 '알려준다'. 이 표상은—희생과 속죄, 유월절과 자유, 정결과 무죄 등—여러 관련성들을 환기시키는 역할을 함으로써 그리스도가 의미하는 바에 대한 독자들의 이해를 증진시킨다.

상징들은 또한 감정과 의지에 영향을 줌으로써 독자들을 감동시키는 데 도움이 된다. 죽임을 당한 어린 양에 대한 표상은 이 이미지에 내포된 희생적인 의미들을 의도적으로 분석하지 않더라도, 어린 양이 지시하는 분을 향한 독자들의 동정심을 일깨우는 데 도움이 될 수 있다. 역으로, 일곱 머리와 열 뿔을 기진 포악한 짐승의 형상과 그것들의 입으로부터 쏟아져 나오는 하나님을 모독하는 말들은 짐승이 의미하는 바가 무엇인지를 이해하고자 노력하지 않더라도, 직관적인 적대감을 일깨울 수 있다. 사람들은 정확하게 짐승이 무엇인지를 이해하지 못한다고 해도, 즉시 자신들이 이 짐승과 관련되지 않아야 한다는 생각을 갖게 될 것이다. 요한계시록이 표상을 통해 '알게 하고자' 하는 것은 '설득'의 요소이다. 이 책은 독자들에게 지식을 전달하려는 의도로 기록되기보다는 그들의 '헌신'(commitments)을 강화시키려는 데 관심이 있다. 이 표상들은 비록 독자들이 각각의 세부적인 의미를 정확히 이해하지 못한다고 할지라도, 그들로 하여금 악과의 관계를 끊고 하나님과 그리스도에게 헌신하고자 하는 확신을 갖도록 이끌었을 때 그것들이 전달하고자 하는 바를 효과적으로 이행한 것이다.

예언

요한계시록은 그 자체를 '예언'이라고 밝힌다(1:3). 예언의 책으로서의 이 책의 특징은 간접적으로 서문(1:1-3)과 구약성서의 몇몇 예언서들에 나오는 서문들(렘 1:1-2; 겔 1:1-3; 암 1:1) 사이의 유사점들에 의해 보강된다. '예언'이란 용어는 독자들에 따라 상당히 다른 의미로 받아들여진다. 예언에 대한 협소한 견해를 취하는 몇몇 사람들은 근본적으로 미래 사건들을 전해주는 영감 받은 예견으로 이것을 제한한다(예를 들면, 행 11:27-28). 요한계시록이 독자들을 종말에 일어날 사건들로 한 단계씩 인도하는 책이라고 인정하기를 원하지 않는, 다른 한편에 선 사람들은 이것을 거의 모든 종류의 담대한 설교를 포함한 예언의 개념으로 확대한다. 요한계시록 자체로부터 드러나는 예언에 대한 견해는 위의 두 견해와 얼마간의 유사성이 있으나, 둘 중 어느 한 범주에도 온전히 들어맞지 않는다.

요한계시록은 예언자들을 특별히 하나님과 부활하신 그리스도와 성령의 영감을 받은 사자들(messengers)로 인정한다. 다른 말로 하면, '예언'은 기독교 설교를 가리키는 보편적인 용어가 아니라 '하나님과 교통하는 특별한 형태'이다. 요한은 자신이 "하나님의 영에 감동되어 환상들을 받았다"고 진술한다(계 1:10; 4:2; 17:3; 21:10). 요한은 하나님으로부터 온 말씀(1:8; 21:5-8)과 영화롭게 된 그리스도(2:1-3:22)의 말씀을 일인칭 단수로 전달한다. 그러나 일곱 교회에 속한 충성스러운 신앙인들 모두를 예언자들로 생각하지는 않는다(22:9). 예언에 대한 이러한 견해는 예언자들이 성령의 감동을 받아서(예를 들면, 미 3:8; 겔 2:2), 혹은 주님의 말씀이 그들에게 임해서(렘 1:4) 예언한 것으로 이해하는 이스라엘 전통과 유사점들이 있다. 동일한 모습은 믿음의 공동체에 속하는 개인들의 삶에 하나님의 영이 임재하시고 활동하시는 것에 관해 말하는 초기 그리스도인들에게서도 찾아볼 수 있는데(행 2:38; 고전 12:7), 계속해서 예언을 성령의 사역에 관한 특별한 현현이라고 한다(행 13:1; 15:32; 고전 12:10, 29).

요한의 메시지의 내용은 한편, 그의 환상이 새 하늘과 새 땅에까지 확대되기 때문에 '미래'와 관련이 있다(21:1). 그러나 요한의 예언은 미래에 국한되지 않는다. 만일 분명히 밝혀진 것처럼, 요한계시록 전체가 '계시'로 생각된다면(계 1:3; 22:7, 10, 18, 19), 요한은 예언을 다가올 사건들에 대한 예견, 그 이상인 것으로 이해했을 것이다. 예를 들면, 요한계시록 2-3장에 나오는 일곱 교회에 전한 소식들에는 죄에 대한 책망과 회개로의 부름과 권면의 말씀이 포함되어 있다. 교회들에 주어진 경고들은 미래의 재난들에 대한 단순한 예견이 아니라 조건적인 형태로 주어진다. 곧 그 경고는 '회개하지 않으면 실행될' 것이다(2:5, 16; 3:3). 약속은 예견이리기보다는 '이기는' 자들을 축복하시는 '하나님의 공약'의 표현이다(2:7, 10-11, 17, 26-28; 3:5, 12, 20-21). 유사한 경고들과 약속들은 이 책의 다른 곳에서도 찾아볼 수 있다. 구원과 축복의 예언적 선포들도 마찬가지이다(14:13; 19:9; 22:7). 예언에 대한 이러한 견해는 요한계시록에 국한된 것은 아니다. 구약성서의 예언서들은 구원과 심판에 관한 조건적인 하나님의 계시와 비난과 권고의 메시지들뿐만 아니라 미래 사건들에 대한 언급들을 포함한, 자료의 비교되는 범위를 망라한다(Aune, *Prophecy*, 274-88).

참된 예언의 기준은 결국 예언자의 메시지가 하나님께 대한 믿음을 증진시키는가 아니면 사람들을 하나님으로부터 멀어지게 하느냐에 달려 있다. 이것은 요한계시록이 참된 예언과 거짓된 예언을 구별하는 방법이다. 거짓 예언자들의 그룹에는 별명이 '이세벨'이라 하는 여자도 포함된다. 그녀는 사람들로 하여금 우상들에 드려진 제물을 먹게 하고 행음하게 하였기 때문에 비난을 받았다(2:20). 요한계시록은 그녀가 미래에 대해 잘못 말했기 때문이 아니라 사람들을 하나님으로부터 멀어지게 하는 가르침을 주었기 때문에 거짓 예언자라고 주장한다. 뒤에 나오는 환상들은 기적들을 행하는 능력을 가진 것으로 보이는 짐승을 거짓 예언자로 묘사한다. 다시 거짓 예언자는 잘못된 예언 때문이 아니라 사람들로 하여금 거짓된 신을 섬기도록 권고했기 때문에 책망을 받는다 (13:11-18; 16:13-14; 19:20). 참된 예언자들의 그룹에는 박해의 시기에 '예언한' 두 '증인'이 포함된다(11:3). 이 예언자들은 자신들의 대적자들을 불로 소멸시킬 수 있으며, 엘리야가 행했던 것처럼, 비를 내리지 못하게 할 능력도 가지고 있다. 그리고 그들은 물을 피로 변하게 하며, 다른 재앙들을 가져올 수도 있다. 이는 선지자 모세가 행했던 것과 같다. 그러나 그들이 '베옷'을 입었다는 사실은 그들의 근본적인 역할이 백성들을 '회개'에로 부르는 것임을 암시한다. 미래를 예언하는 그들의 능력에 관해서는 말할 필요가 없다. "예수의 증언은 예언의 영이라"(19:10)고 말하는 것은 예언적 메시지의 완전함이 그리스도에 대한 증언과 관련되어 있음을 강조한다.

하나님이나 그리스도에 대한 믿음의 고백을 참된 예언을 위한 시금석과 동일시하는 것은 광범위한 성서 전승의 한 부분이다. 신명기의 한 유명한 구절은 거짓 예언자들이 때로 이적을 행하며, 실제로 다가올 일들을 예견한다는 사실을 인정한다. 그러나 그 본문은 성공적인 예언이 반드시 그 예언자가 합법적임을 입증하는 것이 아니라고 경고하다. 만일 예언자의 말이 사람들로 하여금 거짓 신들을 따르도록 종용한다면, 사람들은 그 예언자에게 관심을 두어서는 안 된다. 그 이유는 예언자의 메시지가 궁극적으로는 거짓이기 때문이다(신 13:1-5). 초기 그리스도인들은 이와 유사한 식별의 문제에 직면했다. 요한1서의 저자는 그리스도인들에게 "오직 영들이 하나님께 속하였으나 분별하라, 많은 거짓 선지자가 세상에 나왔다"고 경고한다(요일 4:1). 독자들이 예언자들을 식별하는 방법에 대해 상의할 때, 저자는 미래를 예견하는 능력에 관해서는 아무런 언급도 하지 않는다. 그 대신 참된 예언은 '그리스도에 대한 공동체의 고백'과 일치하는 것이라고 강조한다(요일 4:2-3; 참조. 고전 12:1-3).

요한계시록의 서론은 요한이 원하는 바가 사람들이 그의 예언의 말씀에 대한 반응으로 그것을 '지키기'를 원하는 데 있다고 진술하는데(계 1:3), 그것은 청중들의 근본적인 의무와 관련이 있다. 만일 요한이 일차적으로 미래에 관한 지식을 전달해주려는 의도를 가졌다면, 우리는 1장 3절에 그의 책을 '이해하는' 사람들에게 주어지는 축복에 관해 말할 것으로 기대했을 것이다. 그러나 '지키다'는 말은 회개 그리고 그리스도와 일치된 삶의 태도와 관련이 있다(2:26; 3:3). 이 단어는 하나님의 명령에 순종하며(12:17; 14:12) 그리스도와의 교제를 부인하는 것을 원치 않는다는 의미를 함축한다(3:8). 요한계시록의 예언의 메시지를 '지키는' 것은 '하나님께 예배하는' 것이다(22:9).

한 편의 편지

요한은 자신의 예언을 편지 형식으로 전달한다. 고대 세계에 속한 사람들은 편지를 쓸 때 오늘날에 편지를 할 때 그러한 것처럼, 일련의 표준적인 요소들을 포함시켰다. 현대 편지들은 일반적으로 그 장의 맨 위편에 수신자의 주소가 적혀 있다. 그리고 날짜로 이어진다. 현대의 편지들은 '사랑(존경)하는(Dear)……'과 같은 형식으로 시작한다. 그리고 발신자의 이름을 쓴 후, 올림(Sincerely yours)과 같은 표현으로 결론을 맺는다. 고대의 편지들은 그 자체의 상투적인 머리말과 결론을 가진다. 일반적으로 서두에는 발신자와 염두에 둔 수신자를 밝히고 인사말을 한다. 이 상투적인 요소들은 요한계시록 1장 4-5절에서처럼, 바울 서신의 시작 부분에 통례적으로 나온다. 요한계시록은 "주 예수의 은혜가 모든 자들에게 있을 지어다"(계 22:21)라는 인사로 결론을 맺는다. 이것은 바울 서신들의 결론들과 유사하다(예를 들면, 갈 6:18; 빌 4:23; 살전 5:28).

편지들은 초기 그리스도인들에 있어서 설교를 위한 매체들의 역할을 했다. 바울은 자신의 편지가 교회에서 큰 소리로 읽힐 것으로 기대했다(살전 5:27; 골 4:16). 그리고 요한계시록은 또한 큰 소리로 읽혔다. 서론은 "이 예언의 말씀을 읽는 자와 듣는 자들…… 복이 있다"(계 1:3)고 말씀한다. 요한계시록이 편지이며, 무리들에게 큰 소리로 읽히도록 기록되었다는 점을 인식하는 것은 현대 독자들로 하여금 그것의 의사소통이 일어나는 방식을 상상하도록 하는 데 도움을 준다.

발신자

이 편지의 저자는 자신을 '요한'이라고 밝히는데(1:4), 그 이름은 또한 1장 1절, 1장 9절, 22장 8절에도 나온다. 일반적으로 동의하는 사항은 저자가 필명이나 위명을 사용하지 않고 자신의 이름으로 이 편지를 썼다는 것이다. 그러나 저자는 더 이상의 자신의 신분을 확인할 수 있는 정보를 우리에게 제공하지 않는다. 몇몇 초기 그리스도인들은 이 책의 저자가 예수님의 열두 제자 중의 한 사람인 세베대의 아들 요한이라고 추정한다. 그러나 이 주장이 사실일 가능성은 거의 없다. '요한'은 평범한 이름이었다. 그리고 요한계시록의 저자는 자신이 지상에서 사역하는 동안에 예수님을 직접 만났다고 주장하지 않으며, 예수님의 가르침과 기적들 혹은 다른 행위들에 대해서도 언급하지 않는다. 그가 언급한 유일한 그리스도와의 만남은 환상을 통해 일어난 것이다. 후에 요한은 열두 사도에 대해서 언급한다(21:14). 그러나 자신이 그들 가운데 있다고 주장하지는 않는다. 요한계시록은 사도 요한과 자신의 책을 연결시키지 않기 때문에, 우리는 그가 열두 제자 중의 한 사람일 것이라는 가정 없이도, 그가 요한이라 하는 초기 그리스도인이라고 확인할 수 있다.

수신자들

이 편지는 '아시아에 있는 일곱 교회'에 보내졌다(1:4). 이 편지는 에베소와 서머나, 버가모, 두아디라, 사데, 빌라델비아, 라오디게아에 있는 그리스도인 공동체에 전달하기 위한 목적으로 기록된 공적인 편지이다. 이 교회들의 중요성은 요한계시록 2-3장에 강조되어 있다. 특별히 이 편지는 이 교회들의 상황에 관심을 두고 있다. 그런데 이 일곱 교회가 저자가 의도한 수신자가 된 이유가 무엇인지는 분명하지 않다. 그이유는 소아시아의 로마 속주는 현재 터키 서쪽 지방의 대부분을 포함하고 있으며, 요한계시록이 기록될 당시 이 지역에는 골로새(골 1:1)와 히에라폴리스(골 4:13)와 드로아(행 20:5)와 다른 도시들도 있었기 때문이다. 요한계시록에 자주 일곱이라는 숫자를 사용한 것은 이 일곱 교회가 전체 교회를 대표한다는 사실을 암시하기 위함이다. 그 이유는 일곱이라는 숫자는 완전수이기 때문이다. 요한계시록은 일곱의 특별한 교회들에 보내졌으나 전체 교회에 적용할 수 있는 메시지를 포함하고 있는 예언적인 성격의 공적 편지이다.

인사

바울의 편지처럼, 요한계시록은 인사로 시작한다. "너희에게 은혜와 평강이 있을 지어다"(계 1:4b). 그레코-로마 시대의 편지들에 공통되게 나오는, '문안한다'(chairein)는 인사 대신에 바울과 요한은 '은혜'라는 뜻의 '카리스'(charis)로 인사한다. 이 용어는 히브리인들의 인사말인 '샬

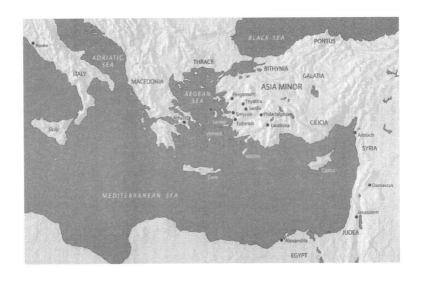

롬'(shalom)을 연상시키는 '평화'라는 단어와 연결시켜 생각할 수 있다. 바울은 때로 하나님 혹은 그리스도의 특성을 신학적으로 확인하는 인사말을 사용한다. "우리 하나님 아버지와 주 예수 그리스도로부터 은혜와 평강이 있기를 원하노라 그리스도께서 하나님 곧 우리 아버지의 뜻을 따라 이 악한 세대에서 우리를 건지시려고 우리 죄를 대속하기 위하여 자기 몸을 주셨으니 영광이 그에게 세세토록 있을 지어다. 아멘"(갈 1:3-5). 요한은 하나님과 그의 보좌 앞에 있는 일곱 영과 그리스도와 충성된 증인으로 자신의 인사말을 확대시킨다(계 1:4-5).

요한의 인사에 표현된 신학이 그의 메시지를 주도한다. 요한은 하나님을 '이제도 계시고 전에도 계셨고 장차 오실 이'라고 부른다(1:4). 구약성서에 익숙한 대부분의 독자들은 이 인사말을 듣고 모세가 하나님에게 '이름이 무엇이냐 하리이까' 물었을 때 하나님은 모세에게 '나는 스스로 있는 자'라고 대답했던 상황을 기억했을 것이다(출 3:14). 70인역 성서 독자들은 또한 그들의 문화에서 다른 신들에게 바쳐졌던 도발적인 주장들을 전해 들었을 것이다. 예를 들면, 일부의 사람들은 "제우스는 이전에도 계셨고, 이제도 계시고 이후에도 계실 분이다"라고 고백했다(Pausanias, *Description of Greece* 10.12.10). 요한은 이러한 특성들은 한 분이신 참 하나님께만 속한다고 주장한다. 그는 모세의 선례를 따라, 하나님의 현존에 대한 고백으로 시작한다("이제도 계신 분"). 그리고 하나님의 미래적 실체에 대해 말하는 대신에, 하나님의 미래에 '오심'에 대해 말한다. 그 이유는 하나님은 예수 그리스도의 재림을 통해 오실 것이기 때문이다. 이와 같은 방식으로 하나님의 신분을 밝히는 것은 짐승을 대적하는 뒤쪽의 논쟁들을 위한 준비이다. 이 짐승의 특징 중의 하나는 악마와 같은 형태로 하나님의 능력을 모방하는 것이다. 그 짐승은 "지금은 없으나 장차 무저갱으로부터 올라온다"(계 17:8).

그리스도는 "충성된 증인으로 죽은 자들 가운데 먼저 나시고 땅의 임금들의 머리가 되신 분"으로 소개되며(1:5), 그의 죽음과 부활 그리고 주되심이 강조된다. 비록 헬라어의 '증인(martyrs)'이란 단어가 요한이 계시록을 기록할 당시에 '순교자'를 가리키는 기술적인 용어는 아니었으나, 그리스도의 충성은 결국 그를 죽게 한다. 그러므로 그리스도는 그들의 증언에 충성하도록 다른 사람들을 소환하는 진실성을 가지고 있다. 때로 그들이 죽음의 대가를 치르기도 하지만 그러하다(2:13; 11:3; 17:6). 그 이유는 그가 이미 그 자신을 죽음에 내어주셨기 때문이다. 결국 그리스도의 부활은 죽음이 충성스러운 신앙인들의 마지막이 아니라는 확신을 준다. 그 이유는 그리스도가 죽음 이후에 부활을 경험하게 될 많은 사람들의 첫 열매가 되시기 때문이다. 마지막으로 그리스도는 땅의 통치자들의 손에 죽임을 당했으나, 그의 부활을 통하여 그들을 다스리실 것이다. 그들의 일시적인 권세는 그리스도의 영원한 능력에 굴복하게 된다. 그러므로 요한은 독자들에게 하나님의 뜻을 거역하는 더

악한 권세들에 굴복하지 말고 그리스도에게 절대적인 헌신을 다하도록 요청할 수 있다.

그리스도의 죽음과 통치에 함축된 의미는 서론의 마지막 부분의 두 가지 다른 관점으로부터 고려된다. 첫째, 1장 5b-6절의 찬양은 충성스러운 신앙인들이 그리스도에게 어떻게 응답하는지를 보여준다. 요한은 일인칭 복수를 사용하여, 전 공동체가 "우리를 사랑하사 그의 피로 우리 죄에서 우리를 해방하시고 그의 아버지 하나님을 위해 우리를 나라와 제사장으로 삼으신" 그분에게 영광을 돌리라고 권면한다. 공동 찬양은 요한계시록의 뒤편에 나오는 하늘 예배 환상들의 중심이 될 것이다 (5:9-14; 7:9-17; 11:15-18; 15:3-4; 19:1-8). 그들이 찬양하는 이유는 그리스도의 죽음이 하나님의 사랑을 나타내기 때문인데, 하나님의 사랑은 요한계시록의 회개(3:19)와 구원의 약속(3:9), 그리고 서로 사랑하라는 권면 (2:4, 19)을 위한 부르심과 경고들을 위한 전제이다. 그리스도의 죽음은 하나님의 나라에서의 생명을 얻게 하기 위해 사람들을 죄로부터 자유롭게 한다. 그러나 이 자유는 믿는 자들이 자신들의 욕망을 채우기 위하여 다른 사람에 대한 헌신으로부터 자유롭게 된다는 의미는 아니다. 그것보다 자유는 하나님과의 새로운 관계를 맺게 된다는 것인데, 그로 인해 그들이 하나님의 제사장들로 섬김을 받는 권위를 갖게 된다.

둘째, 1장 7절의 경고는 그리스도의 죽음과 주되심의 주제를 지속적으로 생각하게 하지만, 이때에는 일종의 위협이다. 경고의 말씀들은 구약성서 구절들로부터 자유롭게 가져온 것이다. 요한은 자주 그의 환상들을 설명할 때에 구약성서의 구절들을 언급하거나 부연한다. 그러나 구약성서 구절들을 정확히 인용하지는 않는다(Beale, *Book of Revelation*, 77).

계 1:7	구약성서
볼지어다.	나는 인자와 같은 이를 보았다.
그가 구름을 타고 오시리라	하늘 구름을 타고 와서(단 7:13)
각 사람의 눈이 그를 보겠고	그들은 그를 볼 것이다.
그를 찌른 자들도 볼 것이요	그들이 그 찌른 바를 바라보고(슥 12:10)
땅에 있는 모든 족속이	온 땅에 있는 족속이
그로 말미암아 애곡하리니.	따로 애통하되.(슥 12:12)

여기서 그리스도의 죽음은 죄로부터 자유롭게 됨의 근거가 아니라 그리스도가 십자가에서 '찔림'을 당하도록 이끈 세력에 대항하는 방식을 염두에 둔 것이다. 마찬가지로 그의 주되심은 하나님의 나라에 속한 자들의 편에서 볼 때 축하할 일이 아니라, 심판과 슬픔을 경험하게 한다. 공동체의 찬양(계 1:5b-6)과 족속들의 애곡(1:7) 사이의 대조는 사람들로 하여금 어정쩡한 중간 상태에 머무를 가능성을 배제한다. 사람들은 그리스도에게 응답하게 될 것이다. 문제는 그들이 충성스러운 신앙인들이 드리는 찬양에 동참할 것인지 아니면 그 사회의 나머지 사람들이 겪는 괴로움에 동참할 것인가 하는 것이다.

1장 8절에서, 하나님이 직접 말씀하신다. "나는 알파와 오메가라 이제도 있고 전에도 있었고 장차 올 자요 전능한 자라." 요한계시록에서 하나님의 음성이 직접화법으로 기술된 곳은 이 구절과 21장 5-8절뿐이다. 두 구절 모두의 메시지는 동일하다. 곧 '하나님은 알파와 오메가이시다'라는 내용이다. 요한계시록의 시작과 마지막 부분에 하나님의 음성을 소개한 것은 이 말씀을 특별히 강조하기 위함이다. 만일 하나님이 시작이시요 마지막이시라면, 하나님은 이 책의 중심이시다. 요한계시록에서는 네 말을 탄 자가 시작이며, 대심판이 마지막이라고 말하지 않고, 하나님이 시작이시요 하나님이 마지막이라고 말씀한다. 우리는 환상들이 하나님과 그리스도로부터 하나님과 그리스도에게로 이동해감으로써 이 책의 구조를 통해서 이 점을 강화시킨다는 사실을 알게 될 것이다.

Ⅱ. 살아 계신 분의 임재(1:9-20)

1막의 장막이 올려질 때, 청중들은 내레이터가 자신을 "나 요한은 너희의 형제라"고 소개하는 음성을 듣게 될 것이다(1:9). 요한은 자신을 권위적인 용어—선지자 혹은 다른 인물—를 사용하여 소개하지 않고 독자들과 자신의 관계를 나타내는 용어를 사용하여 소개한다. 그는 그들의 형제이다. 요한은 자신이 "하나님의 말씀과 예수를 증거함으로 인하여" 밧모섬에 있을 때 환상들을 보았다고 말한다(1:9). 밧모는 육지로부터 물길로 37마일 떨어져 있는 조그만 섬이다. 길이가 10마일이요, 너비가 6마일 정도 되는 이 섬은 에게 해로부터 발흥한 언덕들과 산마루로 이루어진 골이 깊은 들쑥날쑥한 해안선을 가지고 있다. 요한은 자신이 밧모섬에 있게 된 이유가 무엇인지 구체적으로 설명하지 않는데, 아마도 그는 자신의 그리스도 선포 때문에 거기로 추방당했을 것이다. 사람들이 '예수 안에' 있기 때문에 경험한 '환난'과 '참음'(1:9)에 대한 언급과 "하나님의 말씀과 예수에 대한 증언"(6:9) 때문에 당한 고난에 대한 설명은 요한이 강제로 밧모섬에 머무르게 되었을 가능성을 짐작하게 한다. 밧모라 하는 섬이 속한 군도는 당시에 정치범들을 추방시킨 장소들이었다(Pliny, *Natural History* 4.69-70; Tacitus, *Annals* 4.30). 이것은 밧모섬 역시 이러한 목적으로 사용되었을 가능성을 짐작하게 한다. 추방은 마술과 천문학을 포함한 여러 범죄들에 대한 징벌의 공통된 형태였다. 아마도 로마는 요한의 예언이 사회 질서를 위협한다고 생각했기 때문에 밧모섬에 그를 보냈을 것이다.

요한은 자신의 메시지가 "성령에 감동 되어" 있을 때(계 1:10) 가졌던 환상적 체험에서 온 것이라고 말한다. 요한계시록의 최초의 독자들은 참된 영적인 체험이 이 책에 강조되었다고 인정했을 것이다. 구약성서는 선지자들이 받았던 환상들을 언급하고(예를 들면, 사 6:1-13; 렘 1:11-19; 겔 37:1-14), 신약성서는 베드로(행 10:10)와 바울(행 16:9)이 체험했던 환상들에 대해 이야기하는데, 바울은 자신이 셋째 하늘에 이끌려갔다고 말한다(고후 12:2-3). "성령에 감동되어"라는 구문은 단순히 요한이 '무아지경 상태'(in a trance)에 있었다는 의미일 수 있다. 계시가 진행됨에 따라, 영적인 활동이 하나님의 영과 연결될 것이다. 이와 같이 성령은 교회들에 부활하신 그리스도의 말씀을 전달한다(계 2:7, 11, 17, 29; 3:6, 13, 22). 하나님의 일곱 영은 어린 양 그리스도와 관련이 있으며(5:6), '예언의 영'은 '예수의 증언'을 전달한다(19:10).

요한은 "네가 보는 것을 두루마리에 쓰라"(1:11)는 음성을 듣는다. 그러나 그가 쓴 것은 그가 보고 들었던 것에 대한 단순한 기록, 그 이상이다. 요한이 자신에게 말한 음성을 향해 돌아섰을 때, 그는 신적인 인물을 보았는데 그의 모습은 인간의 언어로 정확히 묘사하기가 불가능했다. 요한은 말한다: "그의 머리와 털의 희기가 양털 **같고**…… 그의 눈은 불꽃**같고** 그의 발은 풀무불에 단련한 빛난 주석 **같고** 그의 음성은 많은 물소리 **같으며**…… 그의 얼굴은 해가 힘 있게 비치는 것 **같더라**"(1:14-16). '처럼' 혹은 '같이'라는 단어를 반복적으로 사용한 것은 요한이 일상적인 언어의 범주에 속하지 않는 어떤 것을 묘사하고 있음을 말해준다. 그는 신적인 영역에 속하는 어떤 의미를 독자들에게 전해주기 위해 일상적인 인간 경험으로부터 가져온 유비를 사용했다.

구약성서는 요한이 자신이 경험한 환상을 전달하기 위해 사용했던 몇몇 용어들을 미리 준비해놓고 있다. 성서에 친숙한 독자들에게, 요한계시록 1장 13절의 '인자 같은' 이에 대한 이야기는 다니엘이 이 세상 사람들을 초월한 영역에 속한 "하늘 구름을 타고 온 인자 같은 이"를 어떻게 이해했는지를 회상시킨다(단 7:13; 참조. 계 1:7). 다니엘은 세마포 옷을 입고 그의 허리에 우바스 순금 띠를 띤, 천상적인 존재를 보았다고 말한다. 그의 "얼굴은 번갯빛 같고 그의 눈은 횃불 같고 그의 팔과 발은 빛난 놋과 같고 그의 말소리는 무리의 소리와 같았다"(단 10:5-6). 상당히 많은 이 표상들을 반복하고 수용함으로, 요한은 영광을 받으신 그리스도에 관한 그의 환상이 이전 세대들에게 알려진 것과 연속성이 있음을 암시한다.

영화롭게 되신 그리스도는 선포한다: "나는 처음이요 마지막이라"(계 1:17). 그의 말씀은 하나님이 선포하신 방식을 되풀이한다. "나는 알파와 오메가라"(1:8). 이것은 헬라어 알파벳의 처음 글자와 마지막 글자를 사용한 것이다. 여기뿐만이 아니라 이 책의 마지막 부분에서도 다시, 그리스도(22:13)는 자신을 신적인 용어를 사용하여, 하나님과 동등한 '알파와 오메가'요, '처음과 마지막'이라고 밝힌다(21:6). 구약성서에서 하나님은 자신을 가리켜 "나는 처음이요 마지막이라 나 외에 다른 신이 없느니라"고 말씀하셨기 때문에 그리스도께서 하신 이 말씀은 우리를 당황하게 한다(사 44:6; 참조. 48:12). 구약성서의 예언자들처럼, 요한계시록은 하나님 외의 다른 존재에게 예배하는 행위를 금지하며, 독자들에게는 천사들(계 19:10; 22:8-9)과 거짓 신들(13:4)에게 예배하지 말라고 경고한다. 그러므로 이것은 요한이 그리스도를 하나님과 동등한 예배의 선택적인 대상으로 고려하지 않았음을 분명히 해준다. 어린 양은 그 자신의 보좌에 앉지 않았으나, 하나님과 함께 하나님의 보좌에 모습을 드러낸다(7:17; 22:1, 3). 요한은 그리스도가 능력과 위엄과 영광을 공유하며, 한 분이신 참 하나님과 같은 존재라고 선포한다.

요한계시록은 단순히 지식을 전달하지 않고 독자들로 하여금 살아계신 분과 대면하게 한다. 하나님과 그리스도를 알파와 오메가요, 처음이요 마지막이라고 부르는 것은 이 책의 문학적인 구조와 일치한다. 요한계시록의 첫 번째 환상은 한 사건의 환상이 아니라 한 인물에 대한 환상이다. 십자가에 달려 죽으신 후 부활하신 그리스도이다. 그는 "내가 전에 죽었었노라 볼지어다 이제 세세토록 살아 있다"(1:18)고 말씀한다. 요한계시록의 마지막 환상은 독자들을 새 예루살렘으로 인도할 뿐만 아니라 하나님과 그 어린 양의 보좌로 인도한다(22:3). 이 때문에 이 책의 메시지에 기대되는 응답은 "아멘 주 예수여 오시옵소서"(22:20)이다.

놀랍게도 최초의 계시는 미래의 사건에 속하는 것이 아니라 현재적 실체에 속한다. 승천하신 그리스도가 이미 금 촛대로 대변되는 교회들 가운데 현존해 계신다. 알브레히트 뒤러(Albrecht Dürer)의 목판화는 이 광경을 가시적인 형태로 표현했다. 이 환상은 이해하기 어려운 방식으로 승귀하신 그리스도의 임재를 보여준다. 이의 메시지는 교회들이 혼자가 아니고 그 가운데에 구원자요 심판이신 그리스도를 모시고 계심을 말해준다. 그리스도의 임재를 이같이 드러낸 것은 독자들의 입장에서, 불안에 떨지 않고 담대한 확신을 갖도록 하기 위함이다. 위험에 처한 자들에게, 그리스도의 임재에 대한 인식은 확신을 갖게 한다. 그러나 그리스도로부터 멀리 떨어져 있기를 원하는 자들에게 그리스도의 개입은 불안감을 줄 수 있다.

알브레히트 뒤러, 촛대들 혹은 교회들 가운데 계신 그리스도(계 1:12-20).

Ⅲ. 모든 독자들이 동일하지 않다(2:1-3:22)

현대 독자들은 자신들이 어떠한 상황에서 이 책을 대하느냐에 따라, 요한계시록의 메시지를 다르게 듣는다. 북아메리카에 거주하는 부유한 그리스도인들은 요한계시록의 악을 향한 타협 없는 비난과 정의에 대한 요구로 인해 자주 혼란을 경험한다. 반면, 라틴아메리카에 거주하는 가난한 그리스도인들은 이 책의 가치를 인정하는데, 그 이유는 이 책에서 그들은 자신들을 착취하는 세력들에게 저항하라는 음성을 듣기 때문이다(Schüssler-Fiorenza, *Revelation*, 10-12). 유사하게, 이 책을 받은 첫 번째 독자들 역시 다양했다. (1) 한쪽 끝에는 그 사회의 다른 구성원들이 그들을 향해 보이는 강한 적대감으로 인해 고통을 당하는 그리스도인들이 있었다. (2) 중간 그룹에서, 우리는 지도력에 대한 내적인 갈등을 겪고 있는 교회들을 찾아볼 수 있다. 그들은 비기독교 문화를 어느 정도까지 수용해야 할 것인지에 대해서도 고민한다. (3) 다른 극단에는 순조롭게 발전해가는 공동체들에 만족하며 편안하게 생활하는 그리스도인들이 있다. 이 차이들에도 불구하고, 모든 공동체들이 그들의 헌신의 토대를 침식할 우려가 있는 풍조들에 영향을 받는다는 점에서는 비슷하다. 그들은 박해를 통해 무자비한 위협을 받든지 아니면 자신들의 믿음의 근거를 부패시킴을 통해서 점차적으로 영향을 받는다.

각각의 교회는 사적(privately)으로가 아니라 개별적(individually)으로 편지를 받았다. 그렇게 추정하는 이유는 모든 메시지가 모든 교회들이 읽기에 적합하기 때문이다. 모든 교회들에 주는 메시지는 아래의 근본적인 형태를 따른다.

- 그리스도로부터의 인사

- 책망과 권면의 말씀
- 들으라는 요청과 이기는 자에게 주는 약속

그리스도로부터 전해진 서두 인사에는 각 교회의 '사자'(angel)에게 편지하라는 요한에게 준 명령이 포함되어 있다(2:1, 8, 12, 18; 3:1, 7, 14). 비록 몇몇 사람들은 '사자'가 실제로는 교회에 편지를 읽어주는 지역교회 지도자일 것이라고 주장해왔으나, 이러한 주장을 수용하는 데는 어려움이 있다. 그 이유는 요한계시록의 다른 곳에서 '사자들'은 천상적 존재이기 때문이다. 사자들을 표현하는 이 독특한 형태는 각각의 교회에 천상적인 대표자들이 있다는 주장을 가능하게 한다. 그럼에도 불구하고, 메시지들 자체는 교회 구성원들을 직접적인 대상으로 하고 있다.

각각의 교회에 전해진 소식에는 1장 12-20절에 묘사된 영광을 받으신 그리스도의 환상으로부터 가져온 특징들이 언급되어 있다. 이러한 장치는 반복적으로 독자들로 하여금 자신들의 상황을 그리스도와 관련하여 생각하도록 강요한다. 논란이 되는 것은 관점의 문제이다. 예를 들면, 혹자는 공동체를 평가할 때 그 사회에 속한 다른 사람들과 비교한 그 구성원들의 사회 혹은 경제적 상태를 기준으로 한다. 이러한 관점에서 판단할 때, 서머나 교회의 그리스도인들은 가난하지만(2:9), 라오디게아 교회의 그리스도인들은 부유하다(3:17). 그러나 그리스도와의 관계에 있어서, 그 상황은 역전된다. 서머나 교회의 그리스도인들은 실제로 부유한 반면, 라오디게아 교회의 그리스도인들은 가련하고 가난하다(2:9; 3:17). 그 메시지는 반복적으로 개시 환상과 연결되어 있기 때문에, 그들은 독자들이 그리스도와 관련하여 그들의 상황을 보고 있다고 주장한다.

각 단락의 마지막 부분에 나오는 약속들은 충성스러운 신앙인들을

'이기는 자들'로 묘사한다. 이 군사적인 은유는 각 교회의 충성스러운 신앙인들이 충성되게 남아 있기 위한 투쟁에 관여하고 있다는 가정을 하게 한다. 우리는 정복의 개념을 두 가지 다른 방향에서 고려할 수 있다. 한편으로, 요한계시록은 전쟁을 조장하고 죽이고 사람들을 핍박하는 '정복자'인 말을 탄 자와 짐승들에 관해 이야기한다(6:2; 11:7; 13:7). 다른 한편으로, 어린 양이신 그리스도와 그를 따르는 자들은 믿음의 시련에 의해 악한 세력들을 '정복한다'(5:5; 12:11). 처음에는 폭력의 승리이다. 그리고 다음으로는 믿음의 승리이다. 이것은 독자들에게 요청된 충성된 인내의 이김이다. 정복의 은유는 독자들이 자신들의 상황들을 바라보는 인식을 변화시키고자 한다. 박해를 받는 자들은 죽음에 이르기까지 충실하게 남아 있음으로 자신들의 대적자들을 '정복한다'. 반면 자기만족에 빠져 있는 교회들에 있어서 이기는 첫 번째 단계는 평안을 추구하는 자신들의 생각이 자신들의 헌신을 부패시킨다는 사실을 깨닫게 하는 것이다.

동화(Assimilation)의 문제

일곱 교회 중 세 교회, 곧 에베소, 서머나, 두아디라 교회는 그리스도인들의 믿음과 행위의 용인되는 형태와 용인되지 않는 형태에 관한 내적인 갈등과 관련이 있다. 한편에서 보면, 그 논쟁들은 지도력의 문제와 관계있다. 에베소 교회의 거짓 사도들과 버가모 교회의 거짓 교사, 그리고 두아디라 교회의 자칭 선지자에 대한 반대, 다른 편에서 보면, 니골라 당으로 알려진 그룹들과 연결되어 있는 반론의 여지가 있는 가르침들은 그리스도인들이 어느 정도까지 이교 행위들을 수용할 것인가 하는 문제를 제기하게 한다. 요한은 그리스도인들로 하여금 우상에게 드려진 제물을 먹도록 종용하고 부도덕적인 행위를 하도록 유혹하는 자들에 반대하면서, 그리스도인들의 분명한 정체성을 확립하라고 권고한다.

에베소 교회(2:1-7)

교회를 상징하는 금 촛대 사이를 다니시는, 부활하신 그리스도(1:13, 20; 2:1)는 먼저 소아시아의 주요 도시 중의 하나인 에베소에 있는 교회에 편지한다. 에게 해로 흘러드는 카이스터(Cayster) 강이 흐르는 해변에 있는 이 도시는 상업과 정치의 중심지였다. 기둥들, 대리석 길 그리고 거대한 건물들은 주요 도로들과 광장들을 아름답게 꾸며주었다. 이 도시의 경기장에서는 운동 경기들이 열렸으며, 극장에서 행해진 경기는 2만 4천 명 이상의 관중이 관전할 수 있었다. 풍요신 아데미를 섬기는 거대한 신전은 고대 세계의 불가사의한 건축물 중의 하나로 평가되며, 예배자들로 인산인해를 이루었다. 이 도시는 로마의 신들을 섬기는 신전과 신격화된 율리우스 시저의 신전으로 인해 잘 알려졌으며, 1세기 말에는 도미티아누스 황제를 섬기는 신전이 새로이 건설되었다. 이곳에는 주민들의 대부분을 차지하는 이교도들과 나란히, 유대인 공동체와 그 기원을 적어도 1세기 중반 바울의 시대로 거슬러 올라갈 수 있는 그리스도인들의 모임이 있었다(행 18:24-19:41).

에베소에 있는 교회가 직면했던 중요한 도전은 거짓 가르침을 반대할 필요에 기인한 것이었다. 용납할 수 없는 그리스도인들의 행위와 용납할 수 있는 그리스도인들의 행위를 구별하는 것은 초기 그리스도인들이 감당하기에 참으로 어려운 과제였다. '보냄을 받은 자'라는 뜻의 '사도'라는 용어는 여러 순회 전도자들을 가리키는 데 사용되었다. 그들은 로마 제국 전역의 도시들을 다니며 가르치고 설교했는데, 주로 그 지역 기독교 공동체의 도움을 받았다. '사도들'은 베드로와 야고보, 요한 그리고 그 외에 초기에 예수님을 따르던 몇몇 사람들로 제한되지 않았으며, 바울과 바나바 등과 같은 선교사들이 이 그룹에 포함되었다(행 14:14). 자칭 '사도들'의 가르침은 때로 갈등을 야기시켰으며, 사도라고 주장하는 몇몇 사람들은 실제로는 사기꾼들이었다(고후 11:4-5; 디다케 11:3-6). 에베소에 있는 교회는 "자칭 사도라 하되 아닌 자들을 시험하여 그의 거짓된 것을 드러내라"는 권고를 받는다(계 2:2). 그들은 분명히 그리스도인들로 하여금 우상 숭배와 관련 있는 행위들을 수용하도록 조장하는 니골라 당의 가르침에 반대되는 강한 주장을 폈다(2:6; 참조 2:14-15).

동회에 저항하는 데서 발생한 불필요한 부작용은 교회가 처음 가졌던 사랑을 잃어버린 것이다(2:4). 에베소의 그리스도인들은 그들의 신앙의 고결함을 손상시키지 않고 그리스도인의 사랑의 길을 따라야 하는 도전에 직면했다. 그리스도는 그들이 변화하지 않으면 촛대를 옮길 것이라고 경고한다. 말하자면 그들은 기독교 교회의 일원이라는 신분을 상실하게 될 것이다. 이 경고는 하나님의 낙원에 있는 생명나무의 열매를 먹게 될 것이라는 약속과 함께 주어졌다(2:7). 이것은 22장 2절에 묘사된 바와 같은 하나님과 함께한 미래의 생명을 예견하게 한다.

버가모 교회(2:12-17)

그리스도는 자신이 좌우에 날선 검을 가졌다는 점을 상기시키면서, 버가모에 있는 그리스도인들에게 전하는 편지를 시작하는데, 이것은 그리스도가 심판하는 권세를 가지고 계신다는 의미를 내포한다(1:16; 2:12). 그리고 그는 교회가 '사탄의 권좌가 있는' 곳에 자리하고 있다는 점을 분명히 한다(2:13). 이 심판은 소아시아의 문화적이며 행정의 중심지 중의 하나였던 이 도시에 임한다. 이 도시는 평지보다 1천 피트 높은 성채에 건설되어 있어서 주변 지역을 압도한다. 대부분의 도시 공공 건물은 언덕의 비탈에 건설된 테라스에 자리 잡고 있었다. 그리고 그 정상에는 제우스 신을 위한 대규모의 제단이 있는 아크로폴리스가 있었다. 이 도시에는 유명한 도서관과 아우구스투스 황제를 위한 신전, 그리고 치료의 신인 아스클레피오스의 사당이 있었다. 법률적인 소송의 판결을 원하는 사람들은 심리를 위해 버가모에 거주하는 로마 총독 앞에 서야 했다. '사탄의 권좌'라는 별명은 좀 더 일반적인 용어로 교회를 위협하는 권력으로 이해하는 것이 적합하지만, 이교 신전 중의 하나를 언급하든지 아니면, 그 도시에 주둔한 로마인들을 가리킬 가능성이다. 이 위험은 안디바라 하는 그리스도인의 죽음으로 인해 가장 생생하게 드러났다(2:13).

요한계시록이 기록될 당시에는 그러한 폭력이 중심적인 문제는 아니었을 것이다. 대신 사람들로 하여금 "우상의 재물을 먹게 하고 또 행음하도록" 가르쳤던, 소위 '발람'이라 하는 선생을 용납한 데 대한 질책이 그 교회의 중요 관심사였다(2:14). 구약성서에서, '발람'은 이스라엘 백성들에게 저주하도록 모압의 발락 왕에게 고용된 점쟁이(soothsayer)였다. 발람의 나귀가 천사를 보았고, 그리고 천사가 말하기 시작했던 익살스러운 일련의 사건들 후, 발람은 결국 이스라엘을 저주하기보다는 축복하게 되었다(민 22-24장). 그런데 그 직후, 이스라엘 사람들은 모압의 이교적인 행위들에 참여하였으며 바알 신을 섬기고, 모압 여인들과 성적인 관계를 갖게 되었다(민 25:1-8). 발람은 사람들을 우상 숭배하고 행음하도록 유혹했다고 알려졌다(민 31:16). 버가모에서 선생들 중의 한 사람으로 불리어지는 '발람'은 공동체로 하여금 그의 행위를 따르도록 권고했다.

우상에게 드려진 고기를 먹는 문제는 그리스도인들이 어느 정도까지 이방 사회에 순응하거나 동화되어야 하는지와 관련이 있다. 이 논쟁은 버가모뿐만 아니라 다른 지역에서 거래되는 고기들 중의 상당 부분이 그레코-로마 신들에게 드려진 짐승들로부터 온 것이었기 때문에 발생한 것이다. 그리스도인들은 이교 제단에 드려진 고기를 먹는 것이 적절한지 그렇지 않는지를 결정해야 하는 여러 상황들에 직면해 있었다.

한 가지 상황은 도시 축제기간 동안 드려졌던 고기가 전 주민들에게 배분되었을 때 발생했다. 공적 축제는 고대 도시 생활의 중요한 부분이었다. 축제는 여러 신들을 섬기거나 황제와 그의 가족들의 기념일을 축하하기 위해 개최되기도 했으며, 전쟁에서의 승리를 축하하기 위해, 그리고 다른 여러 사건들을 기념하기 위해 열렸다. 도시를 통과하는 축제 행렬에는 관을 쓰고 자주색 옷을 입은 지방 고관들과 그 지역의 대제사장이 함께 참여했다. 참가자들은 향과 황제의 신상들과 지역 신들의 신상들을 가져갔다. 화환으로 장식한 황소가 도살장으로 가는 행렬에 함께 했다. 짐승들의 일정한 부분은 신 혹은 신들에게 드려졌으며, 나머지 고기들은 그 공동체에 속한 사람들에게 배분되었을 것이다. 그 후 운동 경기와 음악 경연이 시작되었다. 그 지역을 찾은 방문객들을 매료시킨, 그와 같은 축제들은 정부 관리들과 지역 단체들 그리고 때로는 황제 자신의 후원하에 열렸다(Josephus, *Jewish War* 7.16). 그러다 보니 자연스럽게, 그리스도인들에게도 그러한 축제들에 참여하도록 압력이 가해졌을 것이다. 몇몇 그리스도인들은 이 요구를 수용하여 그들과 함께 이 축제들에 참여했으나 다른 사람들은 이교 신들에게 드려졌던 음식을 먹은 행위는 그리스도인의 기본 원리를 침해한다고 판단하여 반대했다.

이야기된 상황은 시장에서 고기를 구입하는 것과 관계가 있었다. 몇몇 공동체들은 희생 제물을 드리는 사당을 소유하고 있었다. 예배자들이 다 소비하지 못한 고기는 일반 백성들에게 매매되었다. 자신들의 가정에서 사용할 고기를 필요로 하는 사람들은 그 짐승들이 신에게 바쳐지기 위해 도살당했을 것이라는 사실에 관계없이 시장에서 이 고기를 구입할 것인지 아니면, 거짓 예배 제도들을 지지하는 행동을 하지 않기 위해 그와 같은 고기를 소비하지 않을 것인지를 결정해야 했다(고전 10:25-30).

결국, 몇몇 그리스도인들은 이교 신들과 관련된 연회장에서 고기를 먹어야 하는지 하는 문제에 직면하게 되었을 것이다(고전 8:10). 그레코-로마 신들에게 봉헌된 신전들 내에 있는 식당들은 일곱에서 열 명 정도의 사람이 들어갈 만한 공간을 확보하였으며, 그곳에 참여한 사람들은 신에게 바쳐졌을 것으로 의심되는 고기를 함께 나누어 먹었다. 버가모와 같은 도시들에서 열린 사회적이며 상업적인 모임들은 자신들이 섬기는 수호신이 있었으며, 그들의 모임들에는 종교적인 요소들이 있었다. 사회적이며 상업적인 생활에서 비기독교인들과 교제를 나누어야 하는 그리스도인들은 이교 신의 신전에서 혹은 이교 신들에게 경의를 표하기 위해 드려진 고기를 먹는 문제를 포함한, 이 모임의 활동들에 참여하는 데 있어서 자신들의 재량의 한계가 어디까지인지 하는 문제들에 직면하게 되었다. 여기서 관심을 가져야 할 바는 동화의 문제이다: "경제적인 생존, 상업적인 이익 혹은 단순한 사회생활을 위해 그리스도인들이 수용할 수 있는 이교 관습들은 무엇인가?"(A. Y. Collins, *Crisis*, 88). 요한계시록은 '발람'과 같은 선생들이 이러한 종류의 고기를 먹도록 그리스도인들을 설득하기 위해 사용했을 법한 주장들이 무엇인지를 구체적으로 설명하지는 않는다. 그러나 그것들이 고린도의 몇몇 그리스도인들이 우상에게 드려진 고기를 먹는 행위를 정당화하기 위해 펼쳤던 주장들과 유사했을 것으로 짐작할 수는 있다. 바울의 설명은 그들이 그리스도인으로서 그들이 아는바, 오직 한 분 참되신 하나님이 계시며, 우상들에 의해 대변되는 신들은 참 신이 아니라고 주장했을 것이라고 가정하게 한다. 고린도인들이 이끌어낸 결론은 만일 우상 숭배가 진정 거짓이며, 우상에게 제물을 바치는 행위가 참된 종교적 의미를 함축하고 있지 않다면 그러한 고기를 먹는 사람들은 자신들이 실제로 다른 신에게 예배한 것이라는 염려를 할 필요가 없다는 것이다(참조. 고전 8:1-13).

독자들은 만일 회개하지 않으면, 그리스도가 오셔서 자신의 입의 검으로 그의 대적자들과 싸울 것이라는 경고를 듣는다. 곧 그리스도가 자신의 검으로 그들과 싸우실 것이라는 말씀이다(계 2:16). 이 경고와 결부시켜 생각해볼 수 있는 것은 믿음을 지키는 자들에게는 '감추인 만나'를 주어, 마지막 때에 메시아의 잔치에 참여하게 하겠다는 비밀한 약속이다(19:9). 비록 그리스도를 특징짓는 비밀스러운 이름 때문에(19:12), 흰 돌을 충성스러운 신앙인과 그리스도의 승리를 연결시키는 것으로 이해하기도 하지만, 그들이 받은 흰 돌이 무엇을 의미하는지는 분명하지 않다.

두아디라 교회(2:18-29)

두아디라는 버가모의 남동쪽의 완만하게 솟아 오른 언덕들에 둘러싸여 있는 넓은 계곡에 위치한 도시이다. 이 도시에 속한 교회의 그리스도인들에게 그리스도는 불꽃같은 눈과 주석 같은 발이라는 표현으로 자신을 계시한다. 중요한 상업의 중심지인 두아디라에는 도공들과 재단사들과 가죽 노동자들과 구두 만드는 사람들과 아마포 노동자들과 빵 굽는 사람들과 구리 장색들과 염색공들과 직물 상인들의 조합을 포함한 많은 상업 길드들이 있었다. 그 도시의 상업적인 특징은 바울이

빌립보에서 만난 자주색 옷감을 파는 두아디아로부터 온 상인인 루디 아라고 부르는 여인에게서 분명해진다(행 16:14).

두아디라 교회에 주신 메시지는 이 교회에 속한 그리스도인들에게 그들의 믿음과 섬김과 인내뿐만 아니라 사랑—사랑이 부족한 에베소 교회와 대조됨(계 2:4)—을 칭찬한다(2:19). 반면 이들은 자신들을 "행음하게 하고 우상의 제물을 먹도록" 가르친 자칭 선지자를 용납한 행위 때문에 책망을 받는다(2:20). 그 여자의 별명은 이세벨로서 엘리야와 엘리사 시대에 우상 숭배를 조장했던 유명한 이스라엘 왕비와 관련이 있다. 원래 왕비 이세벨은 예언자가 아니었지만, 바알 신을 섬기는 사백 오십 명의 선지자들과 아세라 신을 섬기는 다른 사백 오십 명의 선지자들을 후원했다(왕상 18:19). 동시에 이 여자는 하나님의 선지자를 심하게 박해했다(왕상 18:4). 한때 왕비 이세벨은 이교의 '음행과 술수들'을 퍼뜨리는 데 성공했던 것처럼 보인다(왕하 9:22). 그러나 선지자 엘리야와 엘리사의 활동의 결과, 그 여자는 비참한 종말을 맞았다.

두아디라에 활동했던 그 여자가 구약성서의 이세벨처럼 이교 종교적 행위들을 수용하도록 사람들을 가르쳤다. 버가모와 관련하여 기술된 방식으로 그러했다. 발람처럼, 이세벨이 '음행하도록' 사람들을 가르쳤다는 비난은 그 여자가 성적인 방종을 조장했기 때문에 주어진 것이다(계 21:8; 22:15). 그러나 이 문맥에서 저자는 아마도 종교적인 불신앙을 가리키는 데 성적인 은유를 사용한 것으로 보인다. 그 이유는 '음행'이 우상의 제물을 먹는 행위와 밀접하게 관련되었기 때문이다(2:14, 20, 21). 마찬가지로, 이세벨과 '행음'하는 자들은 그 여자의 가르침을 받아들인 자들이다(2:22). 이 은유는 구약성서에 선례가 있는데. 그곳에서 하나님과 이스라엘의 관계는 결혼과 같은 배타적인 관계로 비교되는 반면 이교 제의들과 관련된 것은 행음이다(호 1:2). 이 은유는 또한 사회적이며 경제적인 차원들을 가진다. 그 이유는 요한계시록에 언급된 행음은 바벨론인 음녀와의 좋은 관계를 장려함을 통해 부를 축척하는 것과 연결되기 때문이다(계 17:2; 18:3, 9).

요한은 이세벨의 가르침들을 모방하여 그 여자의 가르침에 대한 저항을 강화하고자 했다. 혹자는 그 여자가 '하나님의 깊은 것'을 가르친다는 주장을 하였다고 추정한다. 그러나 요한계시록의 메시지는 빈정거리듯이 그 여자의 가르침을 '사탄의 깊은 것'이라고 부름으로 그 말을 흉내 낸다(2:24). 우상 숭배를 귀신과 교제하는 것이라고 생각했던 바울처럼(고전 10:19-21), 요한은 우상 숭배와 사탄을 연결시킨다. 우상 숭배를 조장하는 세력이 두아디라 교회의 그리스도인들을 유혹했다. 요한은 사탄의 세력이 버가모에서 그리스도의 증인인 안디바를 죽이는 배후 세력이었으며, 서머나에서 그리스도인들을 옥에 던질 것이라고 위협했던 세력은 마귀였다고 주장한다(계 2:10-12). 이들 그리스도인들에게 주어지는 약속은 그리스도 자신인 '새벽 별'을 받게 될(22:16) 뿐만 아니라 만국을 다스리는 그리스도의 권세를 공유하게 될 것이라는(2:26-28; 20:4; 22:5) 약속을 포함한다.

박해의 문제

서머나와 빌라델비아 교회는 공공연한 적대감을 경험했다. 현대 독자들은 때로 그리스도 이후 첫 번째 세기들에 발생했던 그리스도인들을 향한 모든 박해들은 로마 제국이 통치하던 전체 기간 동안 그리스도인들을 향해 가해진 제국 정부의 대대적인 행동이었을 것이라고 추정한다. 우리는 로마 군인들이 그 도시의 그리스도인들이 사는 구역의 집집마다 돌아다니면서 그들의 집으로부터 충성스러운 신앙인들을 끌어내어 가장 가까운 로마 경기장에 있는 사자들에게 던져 죽이는 장면을 연상한다. 그러나 요한계시록이 기록되던 당시 조직적인 박해가 있었다는 증거는 거의 없다. 1세기에 발생한 박해는 제국 정부에 의해서라기보다는 지역 주민들이 선동한 것이었다. 규모에 있어서도 로마 제국 전역이라기보다는 좁은 지역에 한정되었다.

서머나 교회(2:8-11)

그리스도는 자신을 가리켜 '죽었다가 살아나신 이'라고 말씀하는데, 이 말씀은 '환난'과 '궁핍'으로 고통을 당하고 있는 서머나의 그리스도인들에게 용기를 주었다(2:8-9). 이 상태는 이 교회의 교인들은 주로 가난한 자들로 구성되었음을 암시한다. 다시 말하면 그들이 그리스도인이 되었을 때 이미 가난한 상태에 있었다. 또한 환난에 대한 언급은 그 가난이 적어도 부분적으로는 비기독교인들로부터 가해지는 괴롭힘에 기인한 것임을 말해주고 있다(참조. 히 10:32-34). 전반적으로 서머나 지역은 가난하지 않았다. 그 도시는 격조가 높고 번성했었다. 산의 경사면으로 뻗어내려 평지로 이어지는 곳에 세워진 그 도시는 그 지역에 물품들을 실어 나르는 항구와 연결되어 있었다. 사려 깊은 도시 계획의 산물인 서머나의 도로는 직선으로 뻗어 있었으며, 돌로 포장되었고 우아한 장막으로 경계가 나누어져 있었다. 그 도시는 아우구스투스 황제와 디벨리우스 황제에게 봉헌된 신전들을 자랑했다. 문화의 중심지인 이 도시에는 규모를 갖춘 도서관과 시인 호머(Homer)의 사당이 있었다. 그리스도의 눈에 보기에 서머나 교회의 그리스도인들이 믿음에 있어서는 '부요하다'고 요한이 선포했지만, 이 도시에 속한 그리스도인 공동체는 비교적 가난했다(계 2:9).

그리스도인들을 향한 적대감은 먼저 "자칭 유대인이라 하나 실상은 아닌 자들의 비방"에서 찾아볼 수 있다(2:9). 이것은 갈등이 누가 참된 유대인이냐 하는 질문과 관련된, 가족 간의 싸움에서 기인한 것임을 말해준다. 요한은 그리스도인 공동체를 비난하는 자들은 참된 유대인이 아니라고 주장하는데, 이 주장은 예수님에 대해 믿음의 고백을 하는 사람들이 이스라엘의 전승의 합법적인 대변자들이라는 의미를 함축하고 있다. 유대인 공동체에 머물러 있기로 결정하는 것은 매우 중요한 문제였다. 그 이유는 유대인들은 법적인 보호를 받았기 때문이다. 많은 비유대인들은 유대인들을 경멸감을 품고 대했으며, 그들이 이교 종교 예식들을 포함한 여러 형태의 도시 생활에 참여하지 않고 그들 자신의 신 외에는 다른 신들에게 경의를 표하지 않기 때문에 인간적으로 싫어했다. 그럼에도 불구하고, 유대인들은 황제 제의와 유사한 예전에 참여하는 것으로부터 면제되었다. 그 이유는 그들의 특별한 신앙들이 조상들의 전승의 일부로 인정되었기 때문이다(Tacitus, *Histories* 5.5).

한때 그리스도인들은 유대교 공동체 내의 하위 집단으로 인정되었다. 대부분의 경우 이들은 이교적 행위들에 대한 유대인들의 반감을 공유했다. 유대 공동체가 보다 엄격하게 이의 경계들을 정하고자 시도했을 때, 때로 예수님을 '주'요(17:14), '하나님의 아들'(2:18)이라 부르는 자들은 배제되었다. 비공식적인 단계에서, '비방'은 그리스도인들에게 굴욕을 주는 것이며, 대부분의 사람들이 필요로 하는 사회적인 긍정적 평가를 유린함으로 유대 공동체의 신앙과 차이가 있는 신앙들을 포기하도록 압력을 가했다. 비방으로 이러한 목적을 달성하지 못했을 때, 다른 사람들에게서 호의적인 평가를 받지 못하게 함으로 그들로 하여금 그리스도인으로서의 믿음을 포기하도록 종용했다. 이 비방은 그리스도인들을 옥에 가둘 수도 있고 죽일 수도 있는 힘을 가진 지역 권세자들 앞에서의 공적인 비난일 수도 있었다. 유대인 대적자들을 '사탄의 회'(2:9)라고 폄하하는 그리스도인들의 태도는 유대교의 보호벽으로부터 자신들을 배제시킨 상황과 관련이 있다. 이로 인해 그리스도인들은 생명 혹은 자유를 상실할 수 있는 위험에 처하게 되었다(Schüssler-Fiorenza, *Revelation*, 54-55).

그리스도인들은 그 도시의 권세자들 앞에서 비난을 받았으며, 감옥에 던져졌다. 지역 행정 장관들이 행동을 취하도록 유도하기 위해서는, 그리스도인들에게 사회질서를 위협한다는 죄목을 부과할 필요가 있었다(행 16:20-21; 18:14-15). 유대인들처럼, 그리스도인들의 종교적 확신들을 포기하도록 종용하는 이러한 공적 행위들과 사회적 상거래 행위는 '인간에 대한 증오감'을 드러내는 것으로 여겨졌다(Tacitus, *Annals* 15.44. 2). 당시 사람들은 점차로 유대인들의 특별한 종교적 신념들과 행위들을 용인하게 되었는데, 그 이유는 그것들을 유대인들이 자신들의 조상으로부터 물려받은 전통의 일부로 인정했기 때문이었다. 그러나 그리스도인들이 유대교 공동체로부터 분리되었을 때, 그들은 더 이상 자신들의 용인된 초연함(perceived aloofness)이 단순히 전승의 일부였다고 주장할 수 없게 되었다. 이제 그리스도인들은 '새롭고 잡다한 미신'을 증진시킨다는 죄목으로 고소당하게 되었다(Suetonius, *Nero* 16).

비난들의 결과로, 요한은 "마귀가 장차 너희 가운데 몇 사람을 옥에 던져 시험을 받게 하리니 너희가 십일 동안 환난을 받으리라"고 경고한다(계 2:10). 그 도시의 감옥에 수감된 죄수들은 불결하고 비좁은 공간에서 생활하게 되었다. 때로 창문이 없는 돌로 된 벽은 어둡고 숨 막히는 울타리의 역할을 했다. 낮 동안에 죄수들의 목에는 고리가 매어졌으며 손에는 수갑이 채워졌다. 밤에는 발에 차고를 채워 땅에 고정된 채 다리를 펴지 못한 상태에서 잠을 자야 했다. 급식의 양은 매우 적었다. 고대에는, 오늘날과 같은 형량이 선고되지 않았다. 권위자들에게 복종하도록 하기 위해 사람들을 감옥에 집어넣었는데, 사건들에 대한 심문에 있을 때까지 보호소에 두거나 벌을 줄 때까지 그곳에 가두었다.

"죽도록 충성하라"는 권면에는 안디바가 버가모에서 죽임을 당한 것처럼(2:13), 그리스도인들이 자신들의 믿음 때문에 처형당할 수 있다는 의미를 함축하고 있다(2:10). 당시 로마인들은 그리스도인들을 다루는 절차가 적힌 편람을 가지고 있지 않았다. 그러나 그때에 무슨 일이 일어났는지를 알아볼 수 있는 좋은 예는 요한계시록이 기록된 지 얼마 되지 않아 소아시아에서 직무를 수행했던 로마의 관리인 플리니(Pliny)의 편지에서 찾아볼 수 있다. 그 편지에서 플리니는 자신에게 고발된 그리스도인들을 어떻게 조치했는지에 대해 설명하고 있다. "나는 그 사람들이 그리스도인인지 아닌지, 그리고 그것을 인정하는지 그렇지 않은지에 대해 심문을 했으며, 그들에게 어떠한 형벌이 주어질 것인지를 말하면서, 두 번, 세 번 동일한 질문을 반복했다. 만일 그들이 자신의 주장을 버리지 않으면, 나는 그들을 처형하도록 명령을 내렸다. 그들이 인정하는 것이 무엇이든 상관없이, 나는 그들의 완고함과 흔들리지 않는 고집 때문에 처벌받아야 한다고 확신한다"(Pliny, *Letters* 10.96.3-4). 서머나의 그리스도인들에게 전해진 메시지는 환란과 죽음으로부터 벗어날 것이라는 약속이 아니라 충성스런 신앙인들은 '두 번째 사망'의 해를 받지 않을 것이라는 약속이다(계 2:11). 이 약속은 그들이 마지막 심판을 받지 않을 것이라는 의미를 함축하고 있다(20:14).

빌라델비아 교회(3:7-13)

빌라델비아는 풍요로운 농업 지역에 있었다. 주후 17년 지진으로 폐허가 된 후, 그 도시는 로마의 도움으로 재건되었으며, 도시의 이름을 '네오 가이사랴'(neocaesarea)라고 칭함으로 황제에 대한 감사를 표했다. 후에 베스파니안 황제(주후 69-79)의 가족 명을 받아들여 '빌라델비아 플라비아'(Philadelphia Flavia)라고 불리게 되었다. 그 교회는 '작은 능력'을 가졌다고 했는데(3:8), 이것은 그 교회의 규모가 상당히 작고 가난했음을 암시한다. 서머나의 그리스도인들처럼, 빌라델비아의 그리스도인들은 지역 회당의 구성원들에 의해 비난을 받았음이 분명하다(3:9). 혹심한 반대에도 불구하고, 교회의 구성원들은 그리스도를 부인하지 않았다. 아마도 상황은 서머나만큼 심각하지는 않았을 것이다. 그 이유는 그 메시지에 임박한 투옥이나 죽음에 관한 경고가 들어 있지 않기 때문이다.

그리스도는 자신을 "다윗의 열쇠를 가지신 이 곧 열면 닫을 사람이 없고 닫으면 열 사람이 없는 이"라고 밝힌다(3:7). 이 구절은 다윗의 집의 열쇠를 가진 종에 관해 기술한 이사야 22장 22절과 유사하다. 이 구절에서 말하고자 하는 바는 그리스도는 사람들을 하나님의 나라로 인도할 수 있는 분이라는 것이다. 문지기와 그들의 관계 때문에, 그리스도는 빌라델비아의 그리스도인들 앞에 "능히 닫을 사람이 없는 열린 문"을 두었다(계 3:8). 이 약속은 대적자들이 그들을 배제시키려 했으나, 그리스도는 그들을 위해 하나님 앞에 나아갈 수 있는 길을 열어두었다는 확신을 준다. 사회적인 관점에서, 그들은 국외자(outsider)였을 것이다. 그러나 그리스도를 통해 그들은 내부인(insider)이 되었다. 믿음을 굳게 지킨 자들에게는 하나님의 성전의 기둥이 되며, 최후의 구원을 시사하는 새 예루살렘의 이름을 갖게 될 것이라는 약속이 주어진다(3:12; 21:2).

안주(Complacency)의 문제

사데와 라오디게아에 있던 교회들의 상황은 위에서 살펴본 교회들의 상황과는 상당히 차이가 난다. 이 나머지 교회들에 주어진 메시지의 주목할 만한 특징은 어떤 분명한 위협이 있지 않다는 점이다. 유대인 고발자들이나 투옥될 것이라는 언급이 없다. 그들에게 이교적 행위들을 하도록 유혹한 거짓 사도들과 거짓 선지자들 혹은 니골라 당 등에 관해서도 전혀 말하지 않는다. 외견상 이 모든 교회들은 번성한 것처럼 보인다. 그런데 사데와 라오디게아에 있는 그리스도인들에게 준 메시지는 거의 전적으로 부정적이다. 이 교회들에게 닥치는 위험들은 공공연한 적대감에서 온 것이 아니라, 그들을 안주하게 하는 편안한 조건들로부터 온 것이다. 그들은 사회적 심판에 의해 위협을 당했다기보다는, 그리스도의 심판에 의해 위협을 받았다.

사데 교회(3:1-6)

그리스도는 소아시아의 첫째가는 도시들 중의 하나인, 사데에 있는 교회를 향해 말씀하실 때 자신을 하나님의 일곱 영을 가진 자로 소개한다. 초기에, 사데는 인근 강에서 발견되었을 것으로 알려진 황금을 팔아 벌어들인 부로 명성을 얻었다. 그리고 주후 1세기에, 사데는 주변 지역의 상업과 다산(fertility)으로 인해 번성함을 누렸다. 이 도시의 가장 오래된 구역에는 난공불락의 요새라는 인상을 주는 가파른 성채가 세워져 있었다(그러나 이 성은 갑작스러운 공격으로 인해 두 번이나 함락되었다). 아데미 여신의 신전들과 가이사 아우구스투스에게 봉헌된 신전이 그 도시의 종교 구역에 세워져 있었다. 주후 17년에 발생한 지진에 의해 파괴된 사데는 로마의 도움으로 재건되었으며, 황제 제의를 위해 새 신전을 건축하는 명예를 누렸다. 사데에 있던 유대 공동체는 번성했으며 영향력이 있어서, 자신들 만의 예배 처소와 제의적으로 정결한 음식을 공급 받을 수 있는 법적 권리를 누렸다(Josephus, *Antiquities* 14.259-61).

사데에 주어진 메시지는 외형과 실체를 대조한다. 요한은 그 교회가

"살았다 하는 이름을 가졌다(계 3:1)"고 말할 때, 그는 그리스도인 공동체가 다른 사람들의 눈에 보이는 상태를 언급한 것이다. 좋은 평판은 다른 사람들이 이 교회를 호의적으로 평가했다는 의미이다. 그러므로 만일 '죽음'이 가난과 환란과 관련되었다고 가정한다면(참조. 2:9-10), '살았다'는 평판은 사데 교회가 번창했으며 박해가 없었다는 점을 암시해 준다. 이 메시지는 부활하신 그리스도의 시각에서, 이 교회가 '죽었다'고 선언함으로 이러한 인식에 도전을 준다(3:1). 그 이유는 믿음의 관점에서, 그들은 '죽게 되었기' 때문이다(3:2).

사데에는 여러 문제들이 있었다. 경계심의 부족은 '일깨워'라는 요청이 반복되는 데서 알 수 있다(3:2, 3). 그리스도인들은 침입자가 들어올 것이라는 염려 없이 편안하게 잠을 잘 수 있는 가족의 구성원들에 속했다고 할 수 있다. 그들의 경우, 매우 위험스러운 침입자는 그들을 체포하기 위해 보내어진 대리자가 아니라 그리스도 자신이다. 그 이유는 그리스도가 이같이 경고하시기 때문이다: "내가 도둑 같이 이르리니 어느 때에 네게 이를는지 네가 알지 못하리라"(3:3; 참조. 16:15; 마 24:43; 눅 12:39; 살전 5:2; 벧후 3:10). 그리스도는 그들이 참된 안정이라고 혼동하는 헛된 안주를 빼앗아가기 위해 오신다. 두 번째 문제는 그들이 그리스도에 대한 불완전한 순종에 만족해 있다는 점이다. 이것은 자기기만의 한 형태이다. 많은 사람들은 그 교회를 '살아 있는' 것으로 생각했으나, 이것은 하나님을 향한 확고부동한 헌신의 기준에 거슬려 측정한 것이며, 그들의 노력들은 온전한 것과는 거리가 있었다(계 3:2). 케어드(Caird)는 사데에 있는 교회를 '해가 되지 않는 기독교의 완전한 모델'이라 평한다(A Commentary, 48). 셋째, 사데에 거주하는 많은 사람들은 "그들의 옷을 더럽혔다"(3:4). 비록 죄가 다양한 방식으로 이해되었지만, 더러움은 죄에 대한 공통된 현상이다. 요한계시록은 그리스도를 피 흘린 사람들의

'옷을 씻어 희게 한' 분이라고 증언한다(7:14). 죄와 더러움은 하나님과 그리스도의 화해의 관계를 포함한다.

사데의 그리스도인들에게는 경고와 함께 약속이 주어진다. 이기는 자는 '흰 옷을 입고' 그리스도와 함께 다니게 될 것이다(3:4-5; 참조. 4:4; 6:11; 7:9, 13). 순결을 의미하는 흰 옷은 축제 시 신성한 예식 때에 입었으며, 승리를 축하하는 로마 장군들이 입는 옷이었다. 그리스도는 또한 이기는 자는 생명책에서 결코 그 이름을 지우지 아니할 것이라고 약속하신다(3:5). 생명의 책은 하나님 나라의 시민권을 언급하는 한 방식이다. 후에 요한은 창세 이후로 생명의 책에 이름이 기록될 사람들에 관해 말할 것이다(13:8; 17:8). 사람들은 하나님의 은혜로운 행위에 의지하여 그 책에 이름이 기록된 것이다. 그들은 자신의 노력에 의해 그 책에 접근할 수가 없다. "내가 그 이름을 생명책에서 결코 지우지 아니할 것이라"(3:5)는 말씀은 본질적으로 약속이다. 몇몇 도시들은 시민 명부에서 형벌을 받은 사람들의 이름을 지웠다(Dio Chrysostom, *Discourses* 31.84.85). 그리스도는 "이기는 자—그 사회의 다른 사람들에 의해 유죄 판결을 받은 자들을 포함하여—는 그러한 이유 때문에 하나님 나라의 시민권을 잃지 않을 것"이라는 약속하신다. 반대로 그리스도는 인간의 법정들에서 그들이 받은 부정적인 판결을 뒤엎고 하나님 앞에서 그들의 이름을 시인하실 것이다.

라오디게아 교회(3:14-22)

그리스도는 라오디게아에 있는 교회에 자신을 "충성되고 참된 증인이시다"라고 소개한다. 그러한 점에서 이 교회는 자신의 참된 모습을 알지 못한 것으로 보인다. 메시지는 외적인 모습과 실체를 날카롭게 대조한다. 라오디게아인들은 이같이 말했을 것이다: "나는 부자라 부요하여 부족한 것이 없다"(3:17). 그들의 이 확신은 그들의 번성함에 근거한 것이다. 그것에 이어서 책망이 주어지는데, 그리스도의 메시지는 시민들이 가진 자부심의 공통된 근거들에 영향을 끼친 것으로 보인다. 라오디게아는 주후 60년에 지진이 일어나 심하게 파괴되었다. 로마는 그 도시를 재건하는 데 도움을 주고자 했다. 그러나 라오디게아는 로마의 제안을 거절하였다. 도시의 심한 파괴에도 불구하고 자신들의 힘으로 다시 일어설 수 있을 만큼 충분한 부 혹은 '황금'을 가지고 있었던 것이다. 그리스도는 그들에게 "불로 연단한 금을 사서 부요하게 하라"고 요구했다(3:18). 그리스도의 요구는 기독교에 대한 사회적 압박이 격렬했음을 짐작하게 한다. 그리스도는 그들에게 인내하는 자들은 황금으로 된 하늘의 관을 받을 수 있을 것이라고 약속한다. 라오디게아는 고품질의 옷감을 만들 때 사용되는 흑양모의 산지로 알려져 있다. 그러나 그리스도는 자신의 눈앞에서 사람들의 가식적인 모습이 벗겨지기 때문에 그들은 자기 앞에 '벌거벗은' 상태로 서 있다고 말씀한다. 죄의 정결과 신앙의 승리를 의미하는 흰 옷은 그 지역의 직물 공장으로부터 온 것이 아니라 그리스도로부터 온 것이다(3:17-18). 안약으로 알려진 지역에 위치한 라오디게아에는 중요한 의학교가 있었다. 라오디게아인들은 그리스도와 관련하여 자신들의 상태를 올바로 보지 못했기 때문에, 그리스도의 메시지는 그들의 진정한 모습이 어떠한지에 대해 알려준다(3:17-18; Hemer, *Letters*, 178-209).

라오디게아인들의 자부심에 손상 주는 것에 더하여, 그 메시지는 교회를 책망한다. 그 이유는 그들의 행위가 '차지도 않고 덥지도 않기' 때문이다(3:15). 따라서 그리스도는 "그를 입에서 내치리라"고 말씀한다(3:16). 몇몇 사람들은 그 지역의 물 공급 상태와 이 책망을 비교하였다. 근처의 도시인 히에라폴리스는 온천수로 유명하며, 골로새에서는 양질의 냉수를 얻을 수 있었다. 도수관을 통해 라오디게아에 공급되는 물은 그곳에 도착할 즈음이 되면 미지근하며 신선하지 않았다.

라오디게아 교회의 그리스도인들에게 주신 약속은 선포의 형식으로 되어 있다. 문 앞에 서신 그리스도는 계속해서 문을 두드리신다. 이것은 그리스도가 자신의 이름을 간직하기를 원하시는, 교회 밖에 서 계심을 암시한다. 그럼에도 불구하고, 그리스도는 인내하며 그들이 문을 열면 그들과 더불어 먹을 것이라고 약속하신다. 이 약속은 이기는 자는 그리스도 자신의 보좌에 함께 앉게 될 것이라는 약속과 함께 주어진다 (3:21; 22:5).

일곱 교회에 주어진 메시지는 요한계시록의 독자들이 다음 장들에서 펼쳐질 환상들이 무엇을 의미하는지를 숙고할 수 있는 상황을 조성해준다. 우리는 이 책의 첫 번째 독자들이 박해로부터 동화 그리고 풍요로움으로 인한 안주에 이르기까지의 포괄한 문제들에 직면해 있음을 알게 되었다. 이제 우리는 하늘 보좌가 있는 방과 네 말을 탄 자를 묘사하는 장면들과 다른 환상들이 자기만족에 빠져 안주하는 자들을 일깨우며, 박해를 받는 자들의 신앙을 강화시키고, 동화되고자 하는 유혹에 접한 자들의 믿음을 새롭게 하는 데 어떠한 도움을 줄 수 있을 것인지에 대해 묻게 될 것이다. 각각의 메시지의 마지막 부분에 주어진 약속들이 이어지는 환상들에서 잊혀버리는 것이 아니라, 우리로 하여금 요한계시록의 마지막 장들을 향하게 한다. 곧 충성스러운 신앙인들이 새 예루살렘에서 영생을 얻게 되는 때를 향하게 한다. 그러나 그 사이에 놀라운 일들이 요한의 메시지를 듣기 원하는 자들을 기다린다.

3장

펼쳐진 두루마리

- 요한계시록 4-7장

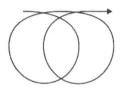

두 번째 환상군이 전개되면서, 하늘의 열린 문을 통하여 하나님의 음성이 요한에게 임한다. 그 음성은 새로운 것이 아니라 일곱 교회에 소식을 전했던 것과 동일한 나팔 소리 같은 그 음성이다(1:10; 4:1). 마찬가지로, 이 두 번째 군에 속하는 환상들은 새로운 논쟁을 불러일으키는 것이 아니라 일곱 교회에 주셨던 메시지에 드러난 믿음의 문제들을 다루고 있다. 이전의 환상군을 결론지으면서, 그리스도는 그리스도인 공동체가 자신에게 문을 열기를 기다리면서 문을 두드리고 계신다(3:20). 그러나 독자들이 그 음성에 응답하기 전에, 새로운 환상군이 시작되며, 요한에게는 이미 열려 있는 문이 보인다(4:1). 그 대조는 도발적이다. 그리스도가 공동체에게 자신을 향해 그들의 문을 열라고 요청한 것처럼, 요한의 단조로운 이야기를 통하여 그는 그들에게 하늘의 문을 여신다. 더욱이 그리스도가 이기고 하나님의 보좌에 앉은 것처럼, 이기는 자는 그리스도와 함께 보좌에 앉게 될 것이라는 말씀을 들은 후(3:21), 독자들은 이제 그리스도의 약속의 성취를 희미하게나마 감지하게 된다. 그들에게 하나님의 보좌의 환상(4:2)과 고난을 통하여 이기신 그리스도의 환상이 주어진다(5:5-6).

요한계시록 4-5장에 나오는 환상들은 독자들로 하여금 하나님과 그리스도에게 집중하게 한다. 이 두 장을 숙고한 사람들은 이 책의 핵심을 발견하게 된다. 그 이유는 여기에서 요한계시록의 근본적인 계시를 찾을 수 있기 때문이다. 보좌와 어린 양의 표상들에 근거하여, 독자들은 어떻게 하나님의 뜻이 십자가에 못 박히고 부활하신 그리스도를 통하여 이루어지는지를 알게 된다. 사실 상당수의 독자들은 이 장의 중요성을 간과하는 경향이 있다. '이 일 후에 일어날 일'들을 알아보기 위해, 그들은 신속히 재난의 징조를 보여주는 6장의 일곱 인으로 넘어간다. 그러나 요한이 '이 일 후에 일어날 일들'에서 만나는 첫 번째 환상은 재난의 환상이 아니라 예배의 환상이었다. 물웅덩이에 돌을 던지면 밖으로 퍼져나가는 물결이 일어나듯이, 보좌에 앉으신 하나님의 임재는 보좌 옆에 있는 네 생물로부터 시작하는 찬양의 물결을 일으킨다. 큰 파도가 장로들과 수많은 천사들, 그리고 마침내 하늘과 땅 위와 땅 아래 있는 모든 피조물에게로 퍼져나가며, 모든 생물이 하나님과 어린 양에게 드리는 찬양에 연합한다.

요한계시록 4-7장의 환상은 일종의 '군'(circle)이라고 부를 수 있는데, 그 이유는 시작과 끝이 하늘 보좌가 있는 방에서 드리는 예배이기 때문이다. 4장에서 하나님을 찬양하는 네 생물과 장로들 그리고 천사들의 모습이, 그리고 5장에서는 어린 양이 일곱 인들로 봉인된 두루마리를 받는 장면이 목격된다. 6장에서 어린 양이 첫 번째 여섯 인을 떼시니 위협적인 환상이 가차 없이 독자들의 안정감을 감퇴시키며, "누가 능히 서리요?" 외치는 모든 자들에게 연합하도록 압박한다(6:17). 마치 대답하는 것처럼, 요한은 독자들에게 하늘 보좌가 있는 방에 설 자격이 있는 구속함을 받은 자에 관하여 말한다. 그 방에서 그들은 네 생물과 장로들, 그리고 천사들과 함께 하나님과 어린 양에게 찬양의 노래를 드린다(7:10-12). 일곱 번째 인을 뗄 때, 경건한 고요함이 임한다(8:1). 이 환상군은 하나님과 어린 양 앞에서 시작되며 하나님과 어린 양 앞으로 되돌아간다.

Ⅰ. 전능하신 하나님(4:1-11)

총괄적으로 이것을 받아들일 때 독자들은 이 환상군을 여는 장엄한 장면의 힘을 최대로 감지할 수 있게 된다. 요한은 문을 통하여 하늘로 들어가 장엄한 보좌가 있는 방에 서 있는 자신을 발견하게 된다. 거기에는 전능하신 하나님이 하늘 법정을 주재하고 계신다. 선견자가 그 방에 들어가자, 그의 눈은 보좌를 향하게 되는데 그곳에는 하나님이 보석과 같은 광채를 발하고 계신다. 잘 닦아진 길이 펼쳐져 있으며, 보좌 앞에 수정 같은 바다가 있고 일곱 촛대의 불꽃이 방을 환하게 비추고 있다. 광채가 보좌로부터 나오며, 요란한 천둥소리가 뒤따른다. 전능하신분 앞과 주위에 네 생물이 있었다. 그들의 얼굴은 사람과 사자와 송아지 그리고 독수리와 같았다. 생물의 음성은 천둥 위로 비상하며, 전능하신 분에게 찬양을 드리는데, 그들의 노래는 자신들의 보좌에서 내려와 하나님의 보좌 앞에 엎드려 자신의 관들을 그 앞에 드리는 다른 참석자들에게로 이어진다.

하나님은 이 환상의 중심이시다. 수없이 늘어선 다른 천상적 존재들의 광채가 그를 향해 비추고 있다. 그러나 그의 모습은 직접적으로 묘사할 수가 없다. 이 때문에 요한은 하나님의 보좌와 함께 있는 번개와 무지개와 수정 같은 바다와 네 생물을 보았던 에스겔을 기억나게 하는 방식으로 하늘 궁전을 묘사한다. 에스겔은 보좌 위에 '인자의 형상'이 있었다고 말한다(겔 1:26). 요한은 하나님의 모습이 빛나는 보석들과 같다고 말하기 위해 잠시 멈춘다(계 4:3). 보좌로부터 나오는 천둥과 번개는 하나님의 능력을 나타내는 데 도움을 준다. 그러나 이 현상들이 가진 본래적인 위험은 거기에 사람들이 너무 가까이 접근하지 못하도록 방해를 한다(참고. 출 19:16). 요한은 인간과 하나님, 피조물과 창조주 사이의 차이를 중시한다. 보좌가 있는 방에 대한 그의 묘사에는 하나님의 신비로움과 초월성이 보존되어 있다. 이 때문에 독자들은 하나님은 단순한 인간이 아니라는 사실을 인지하게 된다.

하늘 보좌가 있는 방에서 일어나는 행위들은 모든 것이 질서 정연함을 보여준다. 모든 피조물이 창조주를 향해 있다. 인간이 중심에 있지 않다. 하나님이 중심이시다. 그리고 그 생명체들의 두 번째 원은 네 생물이 차지하는데, 그들 중 하나만이 사람의 얼굴을 한다. 다른 생물들은 사자와 송아지 그리고 독수리를 닮았으며(참고. 겔 1:10), 모두는 여섯 날개를 가지고 있다(사 6:2).[1] 전체 피조물을 대표하는 이 생물들은 모든 생명체로 하여금 그들의 창조주에게 예배하도록 인도한다. 그들이

---

[1] 주후 2세기 후반경의 그리스도인 작가들은 하늘 보좌가 있는 방의 네 생물을 네 복음서 저자와 동일시했다. 그러나 1세기 말에 요한계시록을 읽은 사람들은 이러한 방식으로 생물들을 이해하지 않았을 것이다. 그 이유는 그리스도인들이 네 권의 복음서를 정경으로 인정한 때가 그 이후이기 때문이다. 그러나 수 세기 후에, 복음서들을 가리킬 때 이 이미지들을 사용하는 것이 일반화되었다. 생물이 어떠한 복음서를 대변하는지에 관하여 모든 학자들이 일치된 의견을 갖지 않는다. 그러나 일반적인 견해는 아래와 같다: 마태복음은 예수님의 인간적인 기원을 추적하는 족보로 시작하기 때문에 인간의 얼굴을 한다. 마가복음은 예수님을 하나님의 능력을 가리키는 '하나님의 아들'이라 부름으로 시작하기 때문에 사자와 동일시된다. 누가는 희생제를 드리는 성전에서 그의 복음을 시작하기 때문에 송아지이다. 요한은 예수님의 천상적인 기원을 가리키는 하나님의 말씀으로 그분을 소개하기 때문에 독수리이다.

하나님을 인정하는 중요한 형태 중의 하나는 목소리를 높이는 것이며, 그 내용은 하나님은 지극히 '거룩한 분'이시라는 것이다(계 4:8). 하나님의 거룩성은 그의 '타자성'에 있다. 하나님을 다른 존재들과 구별하는 것은 능력과 정결함의 초자연적 특성이다. 하나님의 거룩성을 인지하는 자들은 또한 자신의 무력함과 더러움을 인식하게 된다(사 6:3-5). 네 생물은 하나님은 "거룩하시다"는 외침으로 그의 노래를 시작한다(계 4:8). 그리고 하늘 위에와 땅 위, 땅 아래와 바다 위에와 그 가운데에 있는 모든 피조물이 이 장면의 마지막 부분에서 하나님을 찬양할 때에, 네 생물은 '아멘'을 덧붙인다(5:14; Bauckham, *Theology*, 32-33).

천상적인 존재들의 다음 고리는 왕 같이 보이는 이십사 장로로 구성되어 있다(4:4). 해석자들은 그들이 야곱의 열두 아들과 열두 사도를 상징하느냐 아니면 한 그룹의 제사장적 인물들 혹은 다른 유형의 천상적인 존재를 상징하느냐를 결정하고자 했다. 그러나 그들을 단순히 '장로들'이라고 부름으로 요한은 그들의 신분에 대한 대부분의 질문들에 대답을 하지 않고 그대로 남겨둔다. 헬라어의 '장로'라는 단어인 *presbyteros*는 자주 유대의 지도자들(눅 7:3; 9:22)과 그리스도인 공동체의 지도자들(행 14:23; 딛 1:5; 약 5:14; 고전 5:1-2; 요일 3)을 가리키는 데 사용되었다. 장로들을 바라봄으로, 일곱 교회에 속한 독자들은 충성스러운 신앙인들에게 주어진 그리스도의 약속들의 결과를 볼 수 있게 된다. 그 전에 그리스도는 충성스러운 신앙인들이 흰 옷을 입을 것이며(계 3:5), 그들에게 면류관이 주어질 것이며(2:10), 그리스도의 보좌에 앉게 될 것이라(3:21)고 약속했다. 이 환상은 장로들의 그룹이 흰 옷을 입고, 면류관을 쓰고, 보좌에 앉아 있다고 기술함으로 그 약속을 강조한다.

이십사 장로는 네 생물로부터 시작된 찬양을 취하며, 이제 모든 피조물이 하나님께 의지해야 한다고 노래한다. 삼중적인 방식으로, 네 생물은 하나님을 "전에도 계셨고 이제도 계시고 장차 오실 이시라"고 노래함으로 하나님의 무한하심을 선포한다(4:8). 이제 이십사 장로가 다시 삼중적인 방식으로 하나님은 만물을 지으시고 만물이 주의 뜻대로 있었고 또 지으심을 받았다고 고백함으로 유한한 피조물은 영원하신 분을 의지해야 한다고 소리를 높인다(4:11). 장로들의 행위들은 그들의 말에 걸맞다. 그들은 자신의 능력을 세상에 알리는 대신에, 하나님의 주권에 관심을 돌렸다. 그들의 보좌와 면류관은 그들의 정당한 권리에 의한 것이 아니라 하나님에게서 주어진 선물들이다. 그러므로 장로들은 선물을 주신 분에게 경의를 표하며, 그들 자신이 궁극적인 권위를 소유하고 있다는 잘못된 생각을 버리고 자신의 보좌에서 내려와 하나님 앞에 엎드리며, 자신의 관을 벗어서 하나님의 보좌 앞에 드린다(4:10).

하늘 보좌는 요한의 관점에서 독자들이 취했으면 하는 인간사를 바라보는 시각을 가질 수 있는 유리한 위치이다. 일곱 교회가 속해 있는 지역의 대중문화는 사람들로 하여금 권력 중심의 인생관을 갖도록 이끈다. 황제가 공적인 자리에 자신을 나타낼 때에는 친구들과 조력자들 그리고 수행원들을 동반하고 보좌에 앉아 있는 것이 그 특징이다. 황제가 여행을 할 때에는 그가 지나가는 지역들의 주민들은 대표를 보내어 접대하는데, 그들은 때로 흰옷을 입고, 황제에게 절을 하며, 그의 주권을 인정한다는 의미에서 황금관을 그에게 드린다. 보좌에 다가선 자들은 그 앞에 엎드리며, 때로는 황제가 없을 때조차도 그의 보좌 앞에 엎드린다(Aune, "Influence").

1세기 말경, 도미티아누스(Domitian) 황제는 자신을 "주이시며, 신이시다"라고 부르도록 사람들에게 요구했다(Suetonius, *Domitian* 13.2). 그러나 그와 같은 노골적인 강압은 예외적인 경우로 보인다. 황제들은 사람들이 자신들을 칭송하도록 장려하는 데 더 많은 관심을 두었다. 그 이유는 자신들의 미덕이 보편적으로 인정받아 그와 같은 명예를 얻도록 하는 것에 관심이 있었기 때문이다. 찬미자들은 황제나 그보다 낮은 위치에 있는 왕들에게 조차도 '신'이라는 칭호를 사용하며, 밤낮으로 우레 같은 탄성을 올렸다(행 12:22; Tacitus, *Annals* 14.15). 아첨꾼들은 황제에게 "주님이시요 신이시라"는 칭호를 남발했는데, 이것은 강압에 의해서라기보다는 황제의 호의를 얻고 자신들의 사회적 지위가 상승되기를 원해서 그러했다(Martail, *Epigrams* 5.8; 7.34; 10.72). 독자들로 하여금 하나님의 하늘 궁전을 엿보게 함으로, 요한은 일곱 교회의 그리스도인들로 하여금 창조주에게 속한 참된 주권을 모방하는 세력들의 행위를 똑바로 보게 함으로, 창조주 한 분만이 "주님이시요 하나님"으로 부르기에 합당한 존재임을 알려주고 있다(계 4:11).

하나님의 궁전의 환상은 뒤이어 나오는 드라마를 위한 무대의 역할을 한다. 표상들의 변화무쌍한 순환 주기가 하나님의 자리를 차지하고자 원하는 세력들의 허세를 폭로하며 독자들로 하여금 어떻게 악의 세력들이 정치적 · 사회적 · 경제적인 생활 속에 스며들어 있는지를 볼 수 있게 한다. 하나님의 보좌는 요한계시록 전체에서 권세의 참된 자리로 남아 있다(6:16; 7:9-11, 15, 17; 8:3; 12:5; 14:3; 16:17; 19:4-5; 20:11-12; 21:5; 22:1, 3). 요한은 대리자를 통해 힘을 행사하여 사람들을 속이고 안디바와 다른 그리스도인들을 포함한, 충성스러운 신앙인들에게 폭력을 행사하는 '사탄의 권좌'에 대해 말한다(2:13; 13:2; 16:10). 보좌 주위의 피조물들과는 대조적으로, 용과 짐승으로 대변되는 악의 세력들은 하나님의 능력을 인정하기를 거절한다. 역설적이게도, 이십사 장로는 기꺼이 자신들의 관을 포기하고 하나님의 주권을 인정함으로 하늘에 남아 있는 반면, 용은 자신의 관을 고집함으로 하늘에서 쫓겨나서 최후의 패배를 당한다(12:7-9).

하늘 보좌가 있는 방의 환상이 일곱 교회의 구성원들에게 어떠한 영향을 주었는가? 독자들의 상황이 다양하기 때문에, 그 환상에 대한 그들의 반응 역시 다양했을 것이다.

첫째, 박해의 위협에 직면한 그리스도인들은 그 환상을 통해 확신을 얻었다. 그 이유는 그들이 환상을 통해 사람들로부터 받은 적대감에도 불구하고 하나님이 통치하심을 목격했기 때문이다. 권세는 궁극적으로 창조주의 손에 있는 것이지 그들의 고소자에게 있는 것이 아니다.

둘째, 이교 문화를 수용하고자 하는 사람들은 그 환상에서 불편함을 가졌을 것이다. 그 이유는 만일 하나님이 다스리신다면, 사회적·경제적 편의를 위해 자신들의 확신을 양보하는 행위는 요한계시록 2-3장에서의 그러한 자들을 향한 비난이 자신들에게도 주어질 것으로 생각했기 때문이다. 비기독교적인 세상에 협력함으로 그들은 하늘 궁전으로부터 멀어지게 되었다. 셋째, 안주하고 자기만족에 빠져 있는 자는 그 환상으로 인해 마음이 어지럽게 되었을 것이다. 그 이유는 하나님의 현존의 광채와 비교할 때 부와 특권에 대한 그들의 자부심은 자기기만 행위로 보였을 것이기 때문이다. 그러나 그 환상이 확신을 주든 혼란스럽게 하든, 이 환상의 목적은 모든 형태의 독자들로 하여금 하늘에서 울리는 찬양에 귀를 기울이도록 인도하기 위한 것이며, 그곳에서 그들 역시 하나님과 어린 양께 드리는 찬양에 함께하게 될 것이다.

II. 죽임을 당한 어린 양(5:1-14)

요한의 눈은 일곱 인들로 봉해진 하나의 두루마리를 가진 하나님의 오른손을 향하게 된다(5:1). 두루마리에 대한 언급은 기대감을 유발시키는데, 그 이유는 그 문서가 아마도 몇몇 하나님의 명령을 포함하고 있다고 생각되기 때문이다(겔 2:9-10). 두루마리의 일곱 인은—왕의 명령, 의지 그리고 다른 공적 문서에 찍힌 인과 같음—그 내용이 타당하다는 것을 입증해준다. 요한 시대의 인은 일종의 밀랍으로 구성되어 있었는데 그 문서를 보내는 사람의 반지를 두루마리의 가장자리에 눌러 찍는다. 인은 두루마리가 저자의 의지를 담고 있으며, 다른 사람이 그 내용을 변경하지 않았다는 사실을 보증하는 것이다. 일곱 인은 하나님의 두루마리 내용들을 보호하는 것이며, 또한 하나님이 아직 완성하지 않으신, 뜻하시는 일들이 있음을 말해준다. 하늘에서는 하나님을 찬양하는 노래가 울려 퍼진다. 그러나 요한계시록 2-3장은 이것이 땅에서는 사실이 아님을 말해준다. 어떻게 하나님의 "뜻이 하늘에서 이루어진 것 같이 땅에서도 이루어질 수 있는가?"(마 6:10).

이 하늘의 장면에 천사의 음성이 끼어들어 외친다. "누가 그 두루마리를 펴며 그 인을 떼기에 합당하냐?"(계 5:2). 이 질문에 답하기 위해 하늘 영역과 땅 그리고 땅 아래까지 철저히 조사했으나, 결과는 온전히 부정적이다. 피조물 중에서는 두루마리를 펼 만한 자격을 소유한 존재를 찾을 수가 없었다. 이것은 다시 피조물과 그들의 창조자 사이에 차이가 있음을 강조하는 것이다. 모든 피조물들은 하나님의 목적을 수행하기에 부적절한 것으로 입증된다. "그 인을 떼기에 합당한 자가 누구냐"는 질문이 던져질 때, 그 시점에서의 대답은 간단히 "아무도 없다"이다(5:3). 요한이 이 말을 들었을 때 그는 크게 울었다(5:4). 그의 눈물은 그가 "나는 부자라 부요하여 부족한 것이 없다"(3:17)고 말하는 땅에 속한 자들의 관점을 공유하지 않았다는 것을 보여준다. 그보다 그는 하나님의 정의로운 목적들이 성취될 때까지 "얼마나 오랫동안 기다려야 하는가?"(6:10)라고 질문하는, 고통당하는 사람들의 소원에 공감하여 우는 것이다.

요한이 받은 대답에는 들었던 것과 보았던 것 사이를 구별하는 표상들이 사용된다. 요한은 장로들 중의 한 사람이 하는 말을 들었다: "유대 지파의 사자 다윗의 뿌리가 이겼으니 그 두루마리와 그 일곱 인을 떼시리라"(5:5). 힘과 위엄을 내포하는 사자의 표상은 구약성서에서 왕들이 속한 족속인 유다 지파와 동일시된다. 창세기에는, "유다는 사자 새끼로다"와 "규가 유다를 떠나지 아니하며 통치자의 지팡이가 그 발 사이에서 떠나지 아니하기를 실로가 오시기까지 이르리니 그에게 모든 백성이 복종하리로다"라고 말씀한다(창 49:9-10). 메시아적 기대들은 유다 지파에 속한 다윗 왕에 대한 기억들에 의해 형성되었다. 다윗은 사자처럼 싸워서 이웃 나라의 백성들을 '정복하고' 이스라엘 왕국을 세운 전사이다. 이사야는 하나님의 영이 충만하여, 여호와를 아는 지식을 세상에 가득하게 하고 사악한 자들을 복종시킬 지도자인, 다윗 혈통의 '뿌리'로부터 올 의로운 왕을 기다렸다(사 11:1-10).

요한이 실제로 본 것은 "죽임을 당한 것 같은 어린 양"이다(계 5:6). 죽임을 당한 어린 양의 환상은 사자가 나타날 것이라는 기대감을 준다. 사람들은 일반적으로 사자는 힘을 상징하는 반면 어린 양은 나약함을 나타내며, 사자는 다른 존재들을 죽임으로 정복하나 어린 양은 자신을 죽음에 내어줌으로 정복당하는 것으로 추정한다. 그러기에 죽임을 당한 어린 양을 정복자로 묘사한 것은 보편적인 사고틀에 도전을 준다. 요한이 사자에 관해 들었던 것은 구약성서의 약속을 회상하게 하며, 그가 어린 양에게서 보았던 것은 그리스도의 십자가를 연상시킨다. 두 표상들은 동일한 실체를 가리킨다. 구약성서에 따르면, 하나님은 힘이 있고 의로운 통치자를 보내실 것이라고 약속하셨다. 이 약속들은 거절되지 않고 죽임을 당했으나 살아 있는 어린 양을 통해 성취되었다. 그는 무력한 희생자가 아니라 왕적 권세를 가진 인물이다. '뿔'은 왕적 권세의 상징이며(시 132:17), 어린 양은 일곱 뿔을 가지고 있다(계 5:6). 메시아적 왕은 하나님의 영을 가지고 있는데, 일곱 가지 방법으로 자신을 계시한다(사 11:1-3a). 그리고 어린 양의 일곱 눈은 하나님의 일곱 영(sevenfold Spirit)을 상징한다(계 5:6). 역으로, 그리스도의 죽음은 패배당한 것처럼 보이나 실제로는 승리이다. 그 이유는 그 죽음을 통하여 모든 나라 백성들을 하나님의 나라로 인도하시기 때문이다(5:9-10).

요한계시록이 직접적인 방식으로보다는 상징적인 표상들을 통해 그의 메시지를 전달하는 이유가 무엇인지에 관해 물을 수 있는 적절한 곳이 바로 이 장면이다. 어린 양은 이 책의 나머지 부분에 나오는 주된 그리스도의 표상이다. 어린 양의 표상은 요한이 자신의 메시지가 아무에게나 이해되지 않도록 하기 위해 암호로 기록했지만, 그리스도의 신분을 속일 수 없게 한다. 이 책의 서두에서는 예수 그리스도를 그의 피로 사람들을 죄에서 해방하시고 나라와 제사장으로 삼으신 신실한 증인으로 소개한다(1:5-6). 요한은 그렇게 하도록 지시를 받은 것처럼, 여기에서는 직접적인 묘사를 한다. 의미를 감추기보다는, 그 이미지들이 의미하는 바를 계시함으로 독자들의 마음에 공감을 불러일으킨다. 일반적으로 죽임을 당한 어린 양은 희생과 관련되어 있는데, 그것은 목적 있는 죽음의 한 형태이다. 이 표상은 많은 독자들로 하여금 유월절을 생각나게 한다(고전 5:7; 요 1:29; 벧전 1:19). 유월절 희생은 하나님이 이스라엘을 죄로부터 자유하게 하시고, 그들을 "제사장 나라와 거룩한 백성"을 삼으신 일을 기념하는 것이다(출 12:3, 27; 19:6). 요한계시록에 나오는 하늘의 찬양은 죽임을 당하신 어린 양의 피가 하나님을 위해 백성들을 속죄하시고 그들을 나라와 제사장들로 삼으셨다고 선포함으로 이 관련성들을 강조한다(계 5:9-10). 다른 관련성은 희생 제물의 '피'가 죄를 속죄하는 것이라는 의미에서 온 것으로 생각된다(레 17:11). 여전히 몇몇 사람들은 여호와의 종에 관한 이사야의 언급들을 연상할 것인데, 여호와의 종은 "그를 통하여 여호와의 뜻이 번성할 것이지만", "죽임을 당한 것 같은 어린 양"과 비교된다(사 53:7, 10). 요한계시록에 따르면, 죽임을 당한 어린 양은 하나님의 대리인으로, 그를 통하여 하나님의 목적들이 이루어질 것이다.

하나님의 보좌 앞에 엎드린 네 생물과 이십사 장로(계 4:10)는 이제 자리를 이동하여 어린 양 앞에 엎드린다(5:8). 전통적으로 하나님을 찬양하는 데 사용된 하프(시 150:3)가 이제 어린 양을 찬양하는 데 사용된다. 그리고 하나님께 드리는 기도를 나타냈던 향 그릇들(시 141:2)이 이제는 어린 양 앞에 놓인다(계 5:8). 만일, '새 노래'가 땅을 통치하시는 하나님을 찬양하는 적절한 방식이라면(시 96:1), 이제 '새 노래'가 어린 양에게 올리어진다. 그리고 하나님의 '합당하심'을 인정하는 찬미(계 4:11)는 그리스도의 '합당함'을 칭송한다(5:9). 초점이 변경되었음에도 불구하고 어린 양은 하나님의 자리를 침범하지 않는데, 그 이유는 어린 양이 성취해왔던 모든 것은 결국 하나님의 목적들을 위한 것이기 때문이다. 그의 죽음은 '하나님을 위한' 백성들의 속죄이며(5:9), 그들을 하나님의 나라로 인도하는데, 그곳에서 그들은 '우리 하나님을 섬기는' 제사장들이 된다(5:10).

어린 양에게 드리는 찬미의 노래는 요한의 관점으로부터의 그리스도의 위치는 인간의 권력과 행위들의 신격화를 반영한 것이 아님을 보여준다. 인간의 '정복'은, 자신들의 대적자들을 죽이고 손상시킴으로 성취된다. 요한의 시대에, 로마 군대들은 정복을 통해 그리고 많은 부족들과 언어와 나라들을 공략함으로 황제의 영토를 확장시켰다. 전쟁에서의 포로는 전통적으로 노예가 되었으며, 노예는 그 사회의 가장 낮은 계층에 속했다. 그들은 시민으로 인정받지 못했으며, 자유민들에게 주어지는 종교적인 의무들을 행하지 않았다. 계속되는 장들에서, 우리는 짐승이 이 억압하는 형태로 정복하는 모습을 보게 될 것이다(13:7-8).

각각의 시점에서, 어린 양은 다르게 사역한다. 어린 양은 충성되게 죽음을 견디어냄으로 이기며, 그의 이김의 결과는 모든 족속과 언어와 나라들로 하여금 하나님과의 새로운 관계를 맺게 하는 것이다. 그들은 노예(chattels) 상태로 격하되는 것이 아니라, 하나님 나라의 백성으로 높여졌다. 종교적인 예식에서 제외되기보다는, 그들은 하나님을 섬기는 신성한 예배에 참여하게 되었다. 하나님이 이스라엘 백성들에게 주신, 제사장 나라가 되는 특권(출 19:16; 사 61:6)이 이런 양의 사역을 통하여 땅의 모든 족속들에게로 확대되었다. 하나님의 나라는 눈에 보이지는 않으나 그의 백성들은 이 세상을 위한 하나님의 목적들이 새 하늘과 새 땅에서 완성될 때, 자신들이 '다스리게 될'(미래 시제) 것이라고 확신하게 된다(계 5:10; 22:5). 그때까지, 하나님의 나라에 속했다는 인식이 자포자기 상태에서 하나님의 통치를 반대하는 세력들에 굴복하고자 하는 유혹에 저항하는 힘의 근거가 되었다.

선견자의 시선이 수많은 천사들에 둘려 쌓여 있는 생물들과 장로들의 내부의 고리를 넘어서 그 이상으로 뻗어나감에 따라 이 장면은 절정에 이른다. 울려 퍼지는 찬양은 하나님은 "영광과 존귀와 권능을 받으시는 것이 합당하다"고 선포한다(4:11). 그러나 수많은 천사들은 "능력과 부와 지혜와 힘과 존귀와 영광과 찬송을 받으시기에 합당하다"(5:12)는 찬양에 그들의 목소리를 더한다. 어린 양은 하나님을 대신하지 않으나 하나님과 함께 찬미를 받는다. 그 이유는 그를 통하여 이전에는 하늘에 한정되었던 찬양의 노래들이 땅으로 퍼져나가기 때문이다. 그로 인해 하늘 위에와 땅 위, 땅 아래에와 바다에 있는 모든 생물이 하나님과 어린 양에게 "찬송과 존귀와 영광과 권능"을 돌린다(5:13). 모든 피조물들이 이와 같은 찬양에 동참할 때에, 찬송을 시작했던 네 생물이 '아멘'을 덧붙인다(5:14). 이것이 세상을 향한 하나님의 뜻이다.

이 환상은 일곱 교회에 속한 성도들로 하여금 우주적인 찬미에 동참하도록 초대한다. 그러나 기쁨과 용기를 더해주는 이 장면에도 불구하고, 일곱 교회의 독자들은 코러스에 자신의 음성을 더하는 것이 위험을 각오해야 하는 행위임을 알게 될 것이다. 계속적으로 환상이 펼쳐짐에 따라, 독자들은 자신들의 부가 하나님—모든 권능과 부를 소유하신—으로부터가 아니라 '바벨론'으로부터 유래한 것임을 깨닫게 된다. 바벨론에서는 어린 양이 아니라 짐승이 존경을 받으며, 인간이 자유롭게 되는 것이 아니라 팔리게 된다(18:13). 바벨론의 주장은 거짓임이 입증될 것이며, 그녀의 부와 영광에 믿음을 두는 자들은 울게 될 것이다(18:15-19). 요한계시록 18장의 바벨론의 멸망에 대한 통곡 소리는 요한계시록 4-5장의 그리스도의 승리를 축하하는 음성들과 한 쌍을 이룬다. 그것이 이야기를 이끌어나간다. 독자들은 하나님의 권능과 하나님을 대적하는 세력들이 여전히 갈등하는 시대를 살아간다. 그러므로 질문은 그들이 어린 양을 찬미하는 대열에 참여할 것인지 아니면, 그것을 거절함으로 후에 다른 곳에서 안식을 찾고자 하는 자들의 슬픔에 동참할 것인지이다.

Ⅲ. 처음 여섯 인(6:1-17)

어린 양이 하나님으로부터 받은 두루마리의 각각의 인을 뗄 때에, 보좌 옆에 서 있는 네 생물 중의 하나가 우렛소리 같이 외치며 '오라' 한다. 이에 대한 응답으로, 네 말을 탄 자들이 정복과 폭력과 환란 그리고 경제적인 어려움을 경고하며, 요한의 눈앞으로 질주한다. 말 탄 자가 사라진 후, 순교자들의 환상이 나타나며, 모든 인류를 위협하는 하나님의 진노와 파괴의 유령이 뒤따른다.

독자들은 당연히 자신들이 이 환상들로부터 기대할 수 있는 것이 무엇인지에 대해 질문하게 될 것이다. 많은 사람들은 일곱 인에 매료되는데 그 이유는 그 본문을 미래에 일어나게 될 일련의 사건들을 전달하는 예언들로 받아들였기 때문이다. 그들은 신문에 보도된 일련의 사건들과 이 환상들을 연결시킨다면, 세상의 종말이 언제 이루어질 것인지를 알 수 있을 것으로 추정한다. 이 접근 방법에 의히면, 우리는 몇몇 세싱 권력들이 정복의 행보를 시작하는 것을 볼 때 첫 번째 인이 임했다고 생각하게 될 것이다. 폭력의 위협이 만연할 때 우리는 두 번째 인이 임했다는 사실을 깨닫게 될 것이다. 폭력이 경제적인 어려움을 가져올 때, 우리는 우리 가운데에서 세 번째 인을 발견하게 될 것이다. 그리고 네 번째 인이 떼어짐으로 하나님의 진노가 부어지고, 여섯 번째 인과 일곱 번째 인이 떼어짐으로 하나님의 나라가 임하게 된다.

'예언'(Prediction)은 이 환상들을 묘사하는 합당한 단어는 아니다. 그 이유는 그것들이 시간의 순서대로 임하는 것이 아닌 위협들을 묘사하기 때문이다. 다행스럽게도 모든 사람들은 네 말을 탄 자들이 상징적 혹은 대변적인 특성을 가지고 있다고 이해한다. 우리는 그 본문이 전하는 메시지가 손에 활을 가진 외로운 인물(solitary figure)이 흰 말을 타고 우리 도시의 도로를 활보하는 것을 볼 때 종말의 때가 시작되었다는 기대를 가지라고 말하는 것이 아님을 알고 있다. 그러나 그 환상들이 보다 더 큰 실체들을 나타낸다는 사실은 인식한다. 그 본문은 말을 탄 자가 정복과 폭력과 경제적 어려움 그리고 죽음을 상징하고 있음을 분명히 해준다. 이것들은 1세기에 사는 사람들에게는 실제적인 위협들이었다. 이 점이 이 환상들에 근거하여 종말의 때의 시작을 예견하려는 시도가 시종일관 실패한 이유이다. 그것들이 묘사하고 있는 위협들은 한 시기에 한정되지 않는다. 정복의 물결과 폭력 사태 그리고 경제적인 어려움은 인류 역사에 반복적으로 나타났으며 죽음은 결국 모두에게 임한다.

요한계시록 6장에 나오는 환상들의 중요한 목적 중의 하나는 그들의 행복을 위협하는 것들이 무엇인지를 분명히 확인하게 함으로 독자들 안에 내재한 불안감을 일깨우고자 하는 데 있다. 네 말을 탄 자들은 나라나 황제의 영토 내에, 그리고 경제적인 번영 혹은 자신의 건강에서 참된 안정을 찾을 수 있을 것이라고 생각하는 사람들의 환상을 철저히 쳐부수기 위해 계획된 것이다. 이어지는 환상들은 하나님이 불의가 영원히 지속되도록 허락하지 않으실 것을 약속하며—이것은 희생자들에게는 확신을 주나 범죄자들을 혼란스럽게 한다—땅에 있는 어떤 장소나 권력 혹은 부의 자리가 하나님과 어린 양의 심판으로부터 사람들을 보호해주지 못할 것이라는 경고를 준다. 이 환상들의 관심이 사람의 허식들을 가차 없이 꺾어버리는 데 있다는 사실을 감지한 사람들은 이 장에 나오는 마지막 질문을 스스로에게 던지고 있는 자신들을 발견하게 될 것이다: "누가 능히 서리요?"(6:17). 이 질문을 하도록 감동을 받은 사람들은 7장에서 이어지는 환상들에 잘 준비된 것이다.

알브레히트 뒤러의 네 말을 탄 자들을 묘사한 목판화는 어떻게 이 징조들이 독자들에게 실행되는지를 보여준다. 활을 가진 첫 번째 말을 탄 자는 이 그림의 배경에 나오는데, 구경꾼들로부터 멀리 떨어져 있다. 이 위치는 낯선 세력에 의해 정복당할 것이라는 공포가 독자들의 마음으로부터 가장 멀리 떨어져 있다는 것을 암시해준다. 만일 첫 번째 말을

알브레히트 뒤러, 네 말을 탄 자들(계 6:1-8)

탄 자가 격리됨이 가져다주는 불안감을 자각시켰다면, 두 번째 말을 탄 자는 사람들로 하여금 '서로'에게 폭력을 행하도록 지시하는데, 이것은 그 위협에 한 단계 가까이 다가서게 한다(6:4). 위험은 외부의 침입에 국한되지 않으며 내적인 갈등으로부터 올 수도 있다. 장사하는 데 사용한 저울을 손에 가진 세 번째 말을 탄 자는 경제적인 불안정을 상징하는데, 그로써 위협에 한층 더 다가서게 된다. 이 말을 탄 자는 뒤러의 그림에서 가장 크게 묘사되어 있고 가장 눈에 띄는 위치에 있는데, 이것은 경제적인 어려움들이 대부분의 사람의 마음에 강한 압박감을 가져다주며 중대하게 느껴짐을 암시한다. 죽음을 대변하는 네 번째 말을 탄 자는 그림의 가장 낮은 쪽 최전면에 자리 잡고 있는데, 지옥(Hades)을 대변하는 기괴한 생물과 함께 그려져 있다. 관람자의 눈은 자주 죽음의 그림자를 건너뛰어, 경제적인 불안정을 대변하는 커다란 말을 탄 자에게로 집중된다. 그러나 죽음은 모든 관람자에 가장 근접해 있는 위협이다. 누구도 이것을 피할 수 없다.

네 말을 탄 자들의 환상들은 수 세기 동안 사람들의 상상력을 사로잡아왔다. 그러나 이 형상들이 의미하는 어떤 면들은 요한계시록을 받은 일곱 교회에 속한 사람들에게 가장 분명하게 다가왔을 것이다. 활로 무장한 첫 번째 말을 탄 자는 정복을 대변하기에 적당한 인물이었다. 그 이유는 말은 일반적으로 전쟁에 사용되었고, 전사들은 활을 가졌으며, 그들 중 일부는 기병대에 속했기 때문이다(유딧 2:15). 요한 시대에 가장 유명한 말을 탄 궁수들은 로마 제국 동쪽 국경 너머의 지역인, 파르티아(Parthia)로부터 온 자들이다. 말을 탄 사수들로 특징지어지는 파르티아 군대들은 주전 53년과 36년 그리고 주후 62년에 반복해서 로마 군대를 몰아냄으로 로마 제국의 팽창 정책에 제동을 걸었다. 파르티아인들은 로마—그 지역의 가장 강력한 제국—가 제공할 수 있는 안전의 한계를 각인시킨 자들이다. 이것은 신격화된 황제들과 다른 로마 신들에게 드리는 희생제들에 참여했던 그리스도인들이 가장 강력한 세력에게가 아니라, 외부 세력들에 의해 침범당하기 쉬운 권력들의 회유에 자신들의 신념을 양보하였음을 암시해준다. 제국에 의해 제공되는 번영만이 절실히 필요하다고 생각하는 사람들(3:17)은 스스로를 속이는 것이다.

큰 칼을 휘두르는 두 번째 말을 탄 자는 "땅에서 화평을 제하여 버리며 서로 죽이게 한다"(6:4). 첫 번째 말을 탄 자는 자신의 경계 밖으로부터 오는 안정에 대한 위협들을 대변하며, 두 번째 말을 탄 자는 그 자체 사회 내부에서 분출될 수 있는 폭력의 위협을 싱징한다. 이 환상은 로마인들이 사람들에게 반복해서 가르치고자 하는 첫째가는 태도들 중하나에 혼란을 가져다주는 방식으로 기록한 것이다. 말하자면 세상이 자신들에게 평화를 가져다주는 것들에 대해 감사하는 태도에 의문을 갖게 한다. 당시 사람들은 전례 없는 번영을 가져다주는 로마의 평화를 찬미했다. 그리고 팍스 로마나(*Pax Romana*) 혹은 로마의 평화에 참으로 감사했다. 로마는 지역적 갈등들을 억제하기 위해 새로운 도로를 건설하였다. 배들은 자유롭게 바다를 항해했다. 상인들은 후에 요한계시록에 언급될 사치품의 목록에 포함될 사업을 확장시켰다: "그 상품은 금과 은과 보석과 진주와 세마포와 자주 옷감과 비단과 붉은 옷감이요 각종 항목과 각종 상아 그릇이요 값진 나무와 구리와 철과 대리석으로 만든 각종 그릇이요 계피와 향료와 향과 향유와 유향과 포도주와 감람유와 고운 밀가루와 밀이요 소와 양과 말과 수레와 종들과 사람의 영혼들이라"(18:11-13). 많은 사람들은 안디바가 겪었던 것과 같은 죽음을 당연하다고 여겼으며(2:13), 다른 그리스도들을 향해 적대적인 태도를 취했다(2:10). 마치 그것이 이 평화를 보존하기 위해서 필요한 수단인 것처럼 생각했다. 두 번째 말 탄 자는 평화가 제공하는 안락한 조건들에 안주하고자 하는 유혹에 빠지려는 태도를 경고한다. 그 이유는 그러한 평화는 옮겨질 수 있기 때문이다.

세 번째 말을 탄 자는 장사하는 데 사용하는 저울을 가졌는데, 그는 경제적인 어려움의 위협을 경고한다(6:5-6). 말을 탄 자는 궁극적인 기근을 선포하지 않고 밀과 보리가 높은 가격에 팔린다고 지적한다. 반면 감람유와 포도주는 계속해서 얻을 수 있다. 그러나 이러한 상황은 가난한 자에게는 참으로 큰 어려움을 가져다준다. 만일 한 사람의 노동자의 하루 임금이 한 데나리온이라면, 밀 한 되 혹은 보리 석 되를 구입하기 위해서는 하루 품삯 모두를 지불해야 한다. 이 정도의 곡식 양은 소가족이 생계를 유지하는 데는 충분하겠지만 감람유나 포도주를 구입하기 위한 돈은 남지 않는다. 번영을 추구하는 로마 경제 체제는 곡식을 생산하고 다른 식량들을 널리 이용하게 하는 능력을 찬미하나(18:13), 농작물 경작의 실패와 음식물의 부족―소아시아와 다른 지역들에 주기적으로 발생하는 기근―은 풍요를 보장하는 경제 체제의 한계를 생생하게 기억나게 한다.

청황색 말의 등에 앉아 있는 네 번째 말을 탄 자는 죽음을 상징한다(6:8). 이 말 탄 자는 손에 아무것도 가지고 있지 않으나 '음부'(Hades)가 그 뒤를 따른다. 음부는 헬라어로 죽은 자의 영역을 가리키는 말이다. 뒤러의 목판화는 음부를 어마어마하게 큰 입을 가진 기괴한 생물로 묘사하는데, 그 이유는 구약성서에서 때로 음부를 의인화하기 때문이다(하데스는 히브리어로 '스올'이다). 구약성서에 의하면 스올(Sheol)은 욕심을 크게 내어 한량없이 그 입을 벌린다고 말씀한다(사 5:14). 살인 도구들에는 칼로 사람들을 찌르는 폭력과 곡식의 부족과 다른 원인들로 인해 발생한 기근들과 사람들의 건강과 생명을 해치는 질병들과 재앙들, 그리고 이빨로 물어뜯어 상하게 하는 늑대들과 하이에나 같은 야생 동물들이 포함되어 있다(6:8). 이와 같이 죽음의 망령은 궁극적으로 인간의 통제를 넘어선 세력들로 독자들을 에워싼, 이전 말을 탄 자들에 의해 대변되는 위협들을 증가시키며 확장시킨다.

이러한 때에 하나님은 어디에 계시는가? 분명한 것은 하나님이 이러한 재앙들을 땅에 내리시지 않았다는 사실이다. 그 이유는 네 말을 탄 자들이 이 위협에 대한 직접적인 책임이 있는 세력들이기 때문이다. 그러나 또한 분명한 사실은 이 위협적인 세력들이 하나님과 관계없이 독자적으로 활동하지 않는다는 점이다. 각각의 말을 탄 자는 어린 양이 하나님으로부터 받았던 두루마리의 인을 떼어낸 후에, 그리고 하나님의 보좌 옆에 선 네 생물 중의 하나가 '오라'고 명령한 후에 나타나기 때문이다. 첫 번째 말을 탄 자는 승리의 면류관을 '받는데' 이것은 이기는 그의 힘이 하나님으로부터 온 것임을 암시한다(6:2). 두 번째 말을 탄 자는 '허락을 받아' 땅에서 화평을 제하여버리는데, 그는 아마도 하나님이 '주신' 큰 칼로 그의 일을 완수한 것이다(6:4). 세 번째 말을 탄 자가 등장할 때, 하늘 보좌가 있는 방의 "네 생물 사이로부터 나는 음성"에서 곡식에 높은 가격을 지불해야 한다는 소리가 들린다(6:6). 네 번째 말을 탄 자는 분명히 죽음의 권세가 있는 하나님이 '주신 권세'를 가졌다(6:8). 확신컨대, 거기에는 하나님의 신중함이 암시되어 있다. 그 이유는 보좌의 방으로부터 나오는 음성이 식량 부족의 심각성을 제한하며(6:6), 죽음이 자유롭게 활보하도록 허락하지 않고 단지 땅의 사분의 일에만 한정하기 때문이다(6:8). 그럼에도 불구하고, 하나님은 위협의 요인이 된다.

이어지는 장들에서 우리는 이와 같은 환상들이 세상에 악이 존재하는 이유가 무엇인지를 설명하고자 시도하지 않는다는 사실을 알게 될 것이다. 요한은 인간의 생명을 위협하는 세력들이 언제나 하나님으로부터 온 것이 아님을 잘 알고 있다. 그 이유는 세상에는 수많은 세력들이 활동하고 있기 때문이다. 하나님은 '평안과 환난'을 창조하신다고 생각하는 것은 참이다(사 45:7). 그것은 하나님은 "죽이기도 하시며 살릴 수도 있으시며" "상처를 주기도 하고 치료하기도" 하시기 때문이다(신 32:39). 동시에 세상은 또한 사탄이 활동하며, 사람의 죄가 종말을 고하는 영역이다. 요한계시록의 환상들 중 상당 부분에서 짐승이나 그 짐승의 추종자들이 대량 살생을 자행하는데, 이들은 하나님의 대리자가 아니라 하나님의 대적자들이다. 그러므로 많은 세력들이 활동하고 있기 때문에, 사람들은 자신들이 목격하고 경험한 것들이 하나님으로부터 온 위협인지 아니면 사탄으로부터 온 것인지, 인간의 죄로부터 온 것인지를 파악하기가 쉽지 않다.

악에 대한 설명을 제공하는 대신에, 요한계시록 6장에 나오는 환상들은 회개와 믿음을 가져다주려는 목적으로 구성된 선포의 한 형태로 청중들에게 전달된다. 그 환상들은 평정을 잃고 자기 만족감에 도취해 있는 독자들을 향한 것이다. 곧 이 환상들은 사데와 라오디게아인들처럼 자신들에게 유리한 사회적이며 경제적인 상황이 전해주는 거짓 안정에 현혹된 독자들에게, 권세가 궁극적으로 하나님께 속한 것이라는 사실을 기억나게 하려는 목적을 가진다. 동시에 이 환상들은 억압받은 자들에게 그들을 억압하는 상황들이 영원히 지속되지 않을 것이라는 확신을 주며, 어려움을 참아낼 수 있는 동기를 제공한다. 말을 탄 자들에 대한 요한의 환상들은 스가랴 선지자가 묘사했던 환상들과 유사하다. 말을 탄 자가 "온 땅이 평안하고 조용하다"고 보고하는 소리를 스가랴가 들었을 때, 한 천사가 얼마나 오랫동안 하나님이 이 상황에 계속 되도록 허락하실 것인지를 알게 해달라고 요청한다. 그 이유는 그 지속되는 평화가 하나님의 백성을 억압하는 세력들이 제공하는 것이기 때문이다(슥 1:11-12; 6:1-8). 다가올 변화를 위해 하나님은 그 평화를 뒤흔들 필요가 있었을 것이다.

다섯 번째와 여섯 번째 인을 뗄 때 평화와 안정에 관한 일반적인 인식들에 도전을 주는 장면들이 펼쳐진다: "하늘에서 쉼을 얻은 순교자들이다"(계 6:9-11). 그리고 남아 있는 사람들은 두려움 가운데 땅에 머물게 된다(6:12-17). 이 환상들은 독자에게 자신들은 중립적인 위치에 머무를 수 있을 것이라는 생각을 버리게 하며, 자신들이 순교자들과 동일시될 것인지 아니면 남은 사람들과 동일시될 것인지를 스스로에게 묻도록 한다. 중간 지대는 없다. 동시에 그 본문은 두 그룹이 가지고 있는 하늘에 대한 인식들이 지상에 대한 인식들에 반대됨을 알려준다. 세상적인 시각에서 보면, 순교자들의 이야기는 믿음은 그리스도인들에게 고통과 손실을 가져다준다는 사실을 알려주는 것처럼 보인다. 이것으로부터 누군가가 도출할 수 있는 결론은 지상에서 더 큰 안정을 얻기 위해서는 믿음을 포기해야 한다는 것이다. 이 환상들은 땅에서 고통을 당하는 충성스러운 신앙인들이 결국은 하늘에서 휴식과 보상을 받게 될 것이라는 점을 예시함으로써 이 사고를 뒤집는다. 반면 땅에서 안정을 찾는 남은 사람들은 하늘로부터 내려온 심판에 의해 결국은 혼란을 겪게 될 것이다.

재단 아래 있는 순교자들의 환상은 신앙을 지키기 위해 고통을 당했던 사람들과 자신을 동일시하고자 하는 독자들의 의지를 일깨우기 위해 의도된 것이다. 요한계시록이 기록될 당시, 안디바는 버가모에서 죽임을 당했다(계 2:13). 다른 자료들은 스데반과 야고보가 예루살렘에서 살해당했다는 사실을 알려준다(행 7:58-60; 12:12). 네로는 로마에 있는 그리스도인들을 무참히 살해했으며, 그들 중 몇몇을 십자가에 못 박아

죽였으며, 또한 개들에게 먹이로 주거나 살아 있는 상태에서 불태워 죽였다(Tacitus, *Annals* 15.44). 순교자들은 여러 세대 동안 고통당하는 자들의 입술에 머물러 있었던 것으로 보이는 한 외침을 발한다: "땅에 거하는 자들을 심판하여 우리 피를 갚아 주지 아니하시기를 어느 때까지 하시려 하나이까?"(계 6:10; 슥 1:12; 시 79:5-10). 몇몇 현대 독자들은 정의를 위한 순교자의 외침에 혼란스러워하며, 이것은 예수님이 가르쳤던 것처럼 다른 뺨을 돌려대며 원수를 사랑하라는 기준에 어울리지 않는다고 주장한다. 그러나 정의를 위한 탄원은 그렇게 쉽게 결론을 내릴 수 없다. 순교자들은 그들이 죄인들이었기 때문이 아니라 신앙을 가졌기 때문에 고난을 당했다. 누군가는 질문을 던질 것이다. 그리고 이 물음은 정당하다. 하나님이 보살펴주시는가? 참된 사랑은 눈멀게 하는 반면, 사악한 자가 무죄한 자의 피를 흘려도 되는가? 자비는 무관심의 또 다른 이름인가?

순교자는 하나님으로부터 응답을 받는다. 그러나 거기에는 많은 질문들만큼이나 많은 대답들이 있다—적어도 이 점이 이 이야기의 핵심이다. 좋은 소식은 각자에게 순결과 승리 그리고 축하를 뜻하는 '흰 두루마리'가 주어진다는 것이다(계 6:11). 그들이 땅에서 겪는 적대감에도 불구하고 선물은 순교자들이 하나님의 눈에 귀중한 존재임을 알려준다. 더욱이 순교자들에게는 하나님 자신의 제단 아래 한 장소가 주어진다. 낯선 소식은 믿음을 위해 죽어야 할 그들의 동료 그리스도인들의 수가 차기까지 쉬어야 한다는 것이다(6:11). 아마도 이것은 하나님이 고통을 끝나게 할 계획을 가지셨다는 의미이기 때문에 좋은 소식이다. 그러나 많은 사람들은 보다 많은 순교자들의 이름이 그 명부들에 더해질 필요가 있는 이유가 무엇인지에 대해서는 궁금해 한다. 이 질문에는 대답이 주어지지 않는다. 독자들에게 그 질문이 남겨졌다. 다만 요한계시록 11장에서 요한은 그리스도인들이 그들의 고난 가운데 그리고 그들의 고난을 통하여 전하는 증언이 어떻게 다른 사람들로 하여금 회개에 이르게 하고 하나님께 영광을 돌리게 하는지를 보여준다(4장을 보라).

여섯째 인을 뗄 때, 땅과 하늘이 흔들리며 태양이 검어지고 달이 피로 변하며 별이 떨어지고 하늘이 떠나간다(6:12-14). 이 징조들은 다가올 하나님의 진노의 날에 관한 예언적 경고를 반영하며, 어떻게 피조물이 그의 창조자의 뜻에 응답하는지를 보여준다(사 34:4; 욜 2:30-31; 암 8:9). 이 환상은 요한계시록을 받은 사람들 중 일부가 하고자 하는 것 같은, 일반 대중의 신앙과 조화를 이루기 위해 자신들의 믿음을 손상시키면 안정을 얻을 수 있을 것이라는 생각에 도전을 준다. 이전 환상에서 순교자들은 그들의 믿음 때문에 사람들의 심판을 받게 되었다. 그리고 그들은 믿음을 지키기 위해 자신들의 목숨을 내어놓는다. 마찬가지로, 혹자는 더 나은 선택은 안정을 유지하기 위해 자신의 믿음을 포기하는 것이라고 생각한다. 그러나 여섯 번째 환상은 세상의 심판을 피하기 위해 일반 사회의 흐름에 동화된 자들은 실제로는 하나님의 보좌 앞에서 행해지는 심판에 자기 자신들 내어놓는 결과를 초래함을 예시해준다. 자신의 믿음을 희생하고 부와 힘의 영역으로 도망치고자 하면 결국은 아무런 유익을 얻지 못하게 된다. 그 이유는 여섯 번째 인이 보여주는 바와 같이 부자들과 영향력 있는 자들은 산들과 언덕들을 향해 자신들 위에 떨어지도록 요청함으로 하나님과 어린 양으로부터 자신들을 숨기고자 했기 때문이다.

수많은 사람들이 "누가 능히 서리요?"라고 외칠 때(계 6:17), 독자들은 "아무도 없다"는 대답을 듣게 될 것이라고 기대할 수 있다. 그 이유는 모든 사람들이 하나님의 진노 아래에서 파멸당할 운명에 처해 있기 때문이다. 그러나 실제로 이것은 사실이 아니다. 그 이유는 다음 장에서 몇몇 사람들이 그들의 사회적인 지위에 의해서가 아니라 은혜로 하나님과 어린 양 앞에 설 수 있게 될 것임을 보여주기 때문이다.

Ⅳ. 구원받은 자들: 144,000과 수많은 무리들(7:1-17)

하나님과 어린 양의 심판 앞에 "누가 능히 서리요?"(6:17). 이 질문에 대한 대답은 요한이 하나님과 어린 양에게 찬양을 드리며 보좌 앞에 '서 있는' 구원받은 자의 환상을 통해 주어진다. 흰 옷을 입고 종려가지를 흔들며, 큰 소리로 외치는 많은 무리를 묘사하는 이 축제 장면은 처음 일곱 인들을 뗄 때 압도했던 재난의 급류를 중단시킨다. 비록 여섯 번째 인을 뗄 때에 하늘에서 대변동이 일어나고 땅에서는 격동이 야기되지만 네 천사는 세상을 파멸시키는 바람들을 붙잡음으로 창조질서의 붕괴를 억제시킨다(7:1-3). 그보다 먼저, 천사의 음성이 인을 떼기에 합당한 자가 누구냐고 외칠 때에 하늘의 찬양 소리가 멈추었다(5:2). 이제 천사의 음성은 하나님의 종들을 확인할 때까지 지상에 재난을 가져오는 맹공격을 멈추게 한다(7:3). 이전에, 하나님의 두루마리의 '인'들이 떼어졌으며 그로 인해 두려움이 촉발되었으나, 이 두려움은 제지당하고 하나님의 백성의 이마에 '인'들이 찍히게 되었다(7:2-3).

이 문맥에서 '인'이란 단어는 다양한 의미들을 함축한다. 한편, 이 단어는 백성들이 하나님께 속한다는 의미를 가진다. 다른 곳에서는 구원함을 받은 자가 그들의 이마에 하나님과 어린 양의 이름들을 가졌다고 말한다(14:1; 22:4). 하나님과 어린 양의 이름으로 인을 친다는 것이 기독교의 세례를 통해 공적인 그리스도인이 되었다는 의미일 가능성도 있다. 그러나 요한계시록은 이 점을 분명히 밝히지는 않는다. 다른 단계에서 보면, 인치는 것은 보호를 가리킨다. 인을 받음으로 충성스러운 신앙인들은 불신자들이 당하는 재난으로부터 보호받는다고 언급한 예들이 있다(9:4; 참조. 겔 9:4-6). 그러나 이것이 하나님의 백성은 모든 종류의 고통으로부터 면제된다는 의미는 아니다. 그들은 아마도 처음 여섯 인들에 의해 묘사된 위협들을 당하기 쉬운 상태에 놓여 있었다. 그러나 그 이후의 환상들은 하나님께 대적하는 세력들이 충성스러운 신앙인들을 박해하고 죽일 것이라고 경고한다(계 6:9-11; 11:7; 12:11; 13:7-10). 그 인은 고난을 전체적으로 막지는 못하나 하나님과 어린 양의 진노로부터 사람들을 보호한다(6:16-17). 하나님과 그리스도의 이름을 가진 자들은 시련 가운데시 보호를 빈으며 심판의 때에 실 수 있게 되며 하나님의 승리를 축하하는 자리에 참여하게 된다(7:10).

구원받은 자들은 이스라엘의 열두 지파 중에서 144,000명이다(7:4-8). 이 특별한 숫자의 사용은 요한계시록을 접하는 많은 독자들을 매혹시킨다. 다윗파와 여호와의 증인과 같은 그룹들은 이 선택된 그룹의 구성원들이 육적으로 열두 지파의 후손이 되어야 한다고 가정하지 않지만, 그리스도의 재림 이전에 144,000의 무리를 모으는 것이 그들의 복음 사역의 일부라고 이해했다. 전천년설의 다른 형태들은 미래의 대재난 기간 동안에 기독교로 개종할 유대인들이 144,000명이 될 것이라고 기대한다. 반면 7장 9-17절에 묘사된 '큰 무리'는 동일한 기간 동안에 기독교로 개종한 비유대인들을 가리킨다(1장을 보라). 비록 많은 사람들이 이 이론들에 당혹해 하지만, 문자적인 의미로 이 숫자를 취하는 것은 현명하지 않다. 후에 요한이 새 예루살렘이 네모가 반듯하여 길이와 너비가 같은데, 갈대 자로 측량하니 만 이천 스타이온 혹은 1500마일이요 길이와 너비가 같다고 말할 때, 대부분의 독자들은 곧바로 그가 하늘 도시의 정확한 규모를 설명하는 것이 아니라 도시의 완전함을 상징하는 숫자를 사용하고 있다는 사실을 깨닫게 된다(21:16). 요한이 열두 지파 각각으로부터 모은 수가 12,000명이라고 말할 때도 마찬가지이다. 그 이유는 전체 수인 144,000은 완전함을 상징하는 숫자이기 때문이다.

보다 중요한 것은 이 구절이 동일한 실체를 나타내는 데 다른 두 표상을 사용하고 있다는 점이다. 구원받는 자는 7장 4-8절에서는 144,000의 무리이며, 7장 9-17절에서는 '큰 무리'와 동일시된다. 이 둘은 동일한 무리를 가리킨다. 한편으로 이 표상들은 분명하게 서로 대조된다. 그 이유는 첫 번째 경우는 이스라엘의 열두 지파로부터 온 사람들의 숫자로 한정하기 때문이다. 그러나 두 번째의 경우는 모든 족속과 나라들로부터 온, 셀 수 없는 한 무리를 가리키고 있다. 그럼에도 불구하고 이 환상은 5장 5-6절에서처럼 듣는 것과 보는 것 사이를 동일하게 대조한다. 이 구절에서 요한은 "유대 지파의 사자 다윗의 뿌리"가 이겼다는 말을 **들었으나** 그는 또한 일찍이 죽임을 당한 것 같은 어린 양을 **보았다**. 유대 지파의 사자와 다윗의 뿌리는 메시아적 왕에 관한 구약성서의 약속들을 회상시키며, 죽임을 당한 어린 양의 환상은 이 약속들이 그리스도의 죽음을 통해 실현됨을 보여준다. 정확히 동일한 방식으로, 요한은 열두 지파로부터 나온 구원받는 자들에 관해 **듣는데**(7:4), 이것은 이스라엘을 보호하시겠다고 구약성서의 하나님의 약속들을 생각나게 한다. 그가 실제로 그 약속의 실현을 목격할 때(7:9), 그는 모든 족속과 나라들로부터 온 수많은 무리들을 만나게 된다(Bauckham, *Theology*, 76-77).

독자들이 사자와 어린 양을 다른 두 관점에서 동일한 인물(그리스도)을 가리키는 것이라고 이해한 것처럼, 144,000과 큰 무리들에 대한 언급들은 독자들로 하여금 다른 두 관점에서 동일한 공동체(그리스도를 따르는 사람들)를 가리키는 것으로 이해할 수 있게 한다. 믿음의 공동체는 각 나라와 족속과 방언을 포함하는데(7:9-17), 이 동일한 공동체는 이스라엘의 보호에 관한 하나님의 약속의 성취를 보여준다(7:4-8). 만일 '유대의 사자'에 관한 이 약속들이 무시되지 않고 어린 양의 피를 통해 성취되었다면(5:5-6), '유대 지파'(7:5)와 다른 족속들에 관한 약속 역시 무효화되지 않고 어린 양의 피로 속죄함을 받은 많은 무리들을 통하여 성취되었다(7:14).

어린 양은 그의 죽음을 통하여 '이긴다'. 그를 따르는 자들은 자신들의 손에 종려가지들—전통적인 승리의 상징(마카비1서 13:51)—을 흔들며 그의 승리를 축하한다(계 7:9). 이 환상군의 시작 시에 처음 들었던 찬미의 노래가 이제 다시 반복된다. 네 생물과 장로들 그리고 보좌에 둘러선 친사들이 다시 "찬송과 영팡과 지혜와 감사와 존귀와 힘"을 영원히 하나님께 돌린다(7:12; 참조. 5:11, 13).

요한계시록 6장의 마지막 부분에 나타났던 위협들의 급류(torrent)는 요한계시록 7장의 마지막 부분에 있는 약속들의 폭포로 그의 길을 내어 준다. 실제로 7장 15-17절에 나오는 모든 언어는 이스라엘의 예언자들을 통하여 말씀하셨던 것들을 모방한다. 에스겔 37장 27절에 따르면, 하나님은 그의 백성들을 자신의 처소에 함께 거하게 하겠다고 말씀한다. 그리고 요한계시록 7장 15절은 보좌에 앉아 있는 자가 "그들 위에 장막을 치실 것이다"고 반복한다. 이사야 49장 10절에 따르면, 하나님은 구원함을 받은 자는 "주리거나 목마르지 아니할 것이며 더위와 볕이 그들을 상하지 아니하리니 이는 그들을 긍휼히 여기는 이가 그들을 이끌되 샘물 근원으로 인도할 것이라고" 약속하신다. 요한계시록 7장 16-17절에서는 이 약속이 그들을 다시 주리지도 아니하며 목마르지도 아니하고 해나 아무 뜨거운 기운에 상하지도 아니하고 생명수의 샘으로 인도하는 보좌 가운데에 계신 어린 양에 의해 성취되었다고 선포한다. 마침내, 이사야 25장 8절은 "주 여호와께서 모든 얼굴에서 눈물을 씻기실 것이라"고 말하며, 요한계시록 7장 17절은 "하나님이 그들의 눈에서 모든 눈물을 씻어주실 것이라"고 반복한다.

구약성서의 약속들을 반향하는 노래는 하나님의 신실하심을 재확인한다. 예언자들을 통하여 전해진 말씀들은 잊혀지지 않고, 어린 양의 피를 통하여 새로운 활력을 얻는다. 만일 요한계시록 6장에 나오는 위협들이 나라와 공동체와 경제적 번영과 건강에 의해 제공되는 안정에 관한 독자들의 확신을 걷어가고, 부를 누리며 영향력을 행사하는 자리들이 궁극적으로 하나님의 진노로부터 사람들을 보호해주지 못한다고 경고한다면, 요한계시록 7장에 나오는 환상들은 독자들에게 하나님은 분명히 이루실 것이라는 확신을 준다. 산들과 언덕들에게 하나님과 어린 양으로부터 자신들을 숨겨달라고 요청하는 무리들이 누구인지를 확인해주는 대신에(6:16-17), 청중들은 하나님과 어린 양이 제공해주는 피난처를 찾으라는 초청을 받는다(7:15-17). 만일 하나님이 그리스도 곧 어린 양을 죽음을 통해서 하늘 보좌가 있는 곳으로 데려가신다면, 독자들은 믿음 가운데 보호함을 받으며 하나님이 고난을 통해 자신의 궁전의 한 곳으로 그의 모든 백성을 데려가실 것이라는 확신을 할 수 있다.

일곱 번째 인을 뗄 때(8:1), 하늘의 찬양의 소리는 경건한 고요함 속으로 사라지게 된다. 반시간 동안 지속된 고요함은 재난과 찬양을 잠시 멈추게 하며, 독자들에게는 "내가 하나님 됨을 알도록" 허락된다(시 46:10). 이 고요함은 환상군에 대한 큰 기대에 실망을 주는 역할을 하기보다는 이 드라마에 긴장감을 더해준다. 하나님의 두루마리를 봉인한 인이 떼어짐으로 땅이 흔들렸다. 그러므로 누군가는 두루마리의 인이 떼어짐에 따라 일어나게 될 두렵고 놀라운 일들을 기대하면서 이 책을 읽어나가게 될 것이다. 다음 환상군은 이것이 사실인지 아닌지를 보여줄 것이다.

4장

두려움과 희망의 나팔

- 요한계시록 8-11장

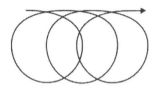

　연속적으로 일곱 나팔을 불자, 요한계시록에 나오는 환상들의 세 번째 군이 펼쳐진다. 이전 환상군의 결론에서, 하나님과 어린 양을 찬양하던 중 '아멘' 하는 하늘 코러스의 음성이 들린 후에, 하늘 방들에 잠시 고요함이 임했다(7:12; 8:1). 요한은 독자들로 하여금 고요함 가운데 휴식을 취하는 행복감을 맛보게 하기보다는 일곱 나팔을 가진 일곱 천사에 관심을 돌리게 한다. 이 천사들의 소리는 고요함을 깨뜨리게 될 것이며, 새로운 환상의 맹렬함이 이전에 주어진 것들보다 더 공포스럽다는 것을 알려준다(8:2). 연속으로 하나하나의 장면들이 펼쳐짐에 따라, 재난이 땅과 바다와 하늘을 강타하며 사탄적인 메뚜기 떼, 기병대의 말의 입에서 나오는 불과 연기와 유황이 사람들을 괴롭힌다(8:7-9:21). 파괴가 무자비한 방식으로 전개되기 때문에 이 환상군은 이전에 비해 훨씬 더 불길하다. 그 결과는 현악기가 불협화음을 내며, 목관악기가 삐걱삐걱하는 듣기 싫은 소리를 내고, 나팔이 울려 퍼지고, 심벌즈가 거친 불협화음을 일으키는 오케스트라에 비유할 수 있다—예외는 모든 연주자들이 지휘자의 손에 맞추어 안정된 박자로 연주한다는 점이다:

하나, 둘, 셋, 넷……

　다섯 번째와 여섯 번째 나팔들 후에 견딜 수 없는 수준으로 공포가 점점 강해지며, 악한 자들이 계속적으로 회개하기를 거절하는 모습을 보면서, 청중은 지축을 흔드는 종말과 함께 하나님의 대단원의 심판의 도래를 알리는 일곱 번째 나팔을 기대할 것이다. 그런데 마지막 나팔을 울리지 않고 종말도 임하지 않는다. 대신 이전 환상군의 마지막 바로 이전에 막간이 있었던 것처럼 여기에도 막간이 주어진다. 동일한 문체적인 형식에 따라, 일곱 인과 일곱 나팔의 이야기가 여섯 위협적인 환상과 함께 시작되며 막간이 있은 후 환상군의 일곱 번째 항목으로 결론을 내린다. 일곱 인의 환상군에 있어서, 막간은 하나님과 어린 양에게 영광을 돌리는 하늘의 충성스러운 신앙인들을 보여주기 위해 심판의 장면을 중단시켰다(7:1-17). 이제 일곱 나팔군에서, 막간은 땅에서 고통당하는 충성스러운 신앙인들의 증언이 다른 사람들로 하여금 하나님께 영광을 돌리도록 하는 데 도움을 주는지를 보여주는 심판의 장면을 중단시킨다(10:1-11:13).

　막간 이전과 이후 상황의 대조는 주목할 만하다. 첫 번째 일곱 나팔 후에, 많은 사람들이 죽임을 당하며, '남은 사람들'은 죄를 회개하지 않고 우상에게 절을 한다(9:20). 그러나 하나님의 증인들이 고난을 당하고 일으킴을 받은 후에, 심판은 인류의 일부분에 임한다. '남은 자들'은 이전에는 하지 않았던, 하나님께 영광을 돌린다(11:13). 이와 같이 막간은 우주적인 파괴로 절정에 이르지 않고, 심판이 약화되며, 회개가 이루어짐으로 절정에 도달한다. 땅에 거하는 자들이 하나님께 영광을 돌림에 따라, 일곱 번째 나팔이 울리며 하늘에서 "세상의 나라가 우리 주와 그의 그리스도의 나라가 되어 그가 세세토록 왕노릇 하시리라"고 하는 음성이 들린다(11:15). 이전에 반복적으로 그리했던 것처럼, 독자들은 하늘 보좌가 있는 방 안에서 이십사 장로가 엎드려 얼굴을 땅에 대고 하나님께 경배하는 장면을 목격하게 된다(11:16-18; 참조. 4:11; 5:8-14; 7:11-12).

Ⅰ. 처음 여섯 나팔(8:1-9:21)

나팔들은 이 환상군에 널리 스며들어 있는 동기를 보여주는 역할을 한다. 이 환상군은 하늘 보좌가 있는 방에서, 일곱 천사에게 일곱 나팔이 주어짐으로 시작한다(8:2). 나팔들은 다양한 기능을 하는데, 이 행위는 앞으로 이루어질 일을 예견하는 감각을 갖는 데 도움을 준다. 진쟁터에서 군인들이 공격의 시작을 알리는 신호로 나팔을 분다(대하 13:12). 반면 위협을 당하는 도시들에 거주하는 사람들은 나팔을 불어 임박한 공격을 경고한다(암 3:6). 마찬가지로, 첫 번째 여섯 나팔은 계속되는 파괴의 물결들을 알리며, 파멸 중 몇몇은 기괴하며 사탄적인 군대들에 의해 발생한 것이다. 그러나 예배의 축제 같은 상황에서, 나팔 소리는 하나님께 찬송을 드릴 때 들린다(대하 5:13). 마찬가지로 일곱 번째 나팔은 하늘에서의 예배와 찬양의 회복을 알린다.

일곱 천사가 나팔들을 불기 전에 요한은 하늘의 제단으로 관심을 돌리는데, 거기에는 다른 천사가 성도의 기도와 함께 향을 올려 드리고 있었다(계 8:3-5). 요한은 성도들이 무슨 기도를 드리는지는 설명하지 않으나, 그들이 구원과 정의를 위해 기도한다는 느낌을 전해준다. 그보다 먼저 향이 성도들의 기도를 어린 양 앞으로 가져가는데, 어린 양은 하늘 두루마리의 인들을 떼기에 합당하기에 하나님의 목적을 온전히 이루게 될 것이다(5:8). 그 후에 순교자들이 "참되신 대주재여 땅에 거하는 자들을 심판하여 우리 피를 갚아주지 아니하시기를 어느 때까지 하시려 하나이까" 하고 큰 소리를 지른다(6:10). 이제 나팔 환상은 이 질문에 대한 일종의 응답이라 할 수 있다. 그 이유는 기도들과 향이 하늘 제단으로부터 올라가자, 한 천사가 제단으로부터 불을 담아다가 땅에 쏟았기 때문이다.

땅에 쏟아진 제단으로부터 나온 숯의 영향은 처음 네 나팔에서 가장 직접적으로 느낄 수 있는데, 처음 네 나팔은 땅과 바다와 신선한 물과 천체의 삼분의 일이 괴롭힘을 당하는 환상군을 형성한다(8:6-13). 고도로 양식화된 이 형태는 이전 환상군의 형태와 유사하다. 그 환상군에서 처음 네 인은 네 말을 탄 자들의 그룹을 구성했다(6:1-8). 하늘 제단으로부터 온 숯이 던져지자, 우박과 섞인 불이 폭풍을 일으켜서 땅의 삼분의 일을 태워버렸으며, 수목과 각종 푸른 풀도 타버렸다. 두 번째 나팔이 불붙는 큰 산과 같은 어떤 것을 바다에 던지자 바다의 삼분의 일이 피가 되었다(8:8). 세 번째 나팔은 하늘에서 떨어진 별과 같은, 횃불 같이 타는 하늘의 불의 주제를 계속한다(8:10). 그 별은 그 맛이 매우 쓴 한 식물의 이름인 '쑥'이라고 부른다. 이전 나팔들이 땅과 바다를 황폐화시킨 곳에서, 이 나팔은 세상의 바다들과 샘들의 신선한 물을 쓰고 독하게 만들었다(8:11). 네 번째 나팔은 천체를 변경시킴으로 그 순서의 이 부분을 완성한다(8:12). 해와 달과 별의 삼분의 일이 타격을 받아 그들의 빛의 삼분의 일이 어두워진다.

문맥 가운데 이 장을 읽어감이 따라 하나님에 관해 제기되는 답하기 어려운 질문들이 주어진다. 요한계시록 4-5장에서는, 독자들에게 세상의 창조자이신 하나님을 환호하는 긍정적인 환상이 계시되었다. 이 장들은 보좌 주위의 피조물들과 장로들이 만물을 지으신 하나님을 찬양하는 조화로운 우주를 묘사했다(4:11). 하늘의 찬양의 노래에는 "하늘 위에와 땅 위에와 땅 아래와 바다 위에와 그 가운데 모든 피조물"이 참여하며, "모든 생물이 하나님과 어린 양에게 영광을 돌린다"(5:13). 그러나 요한계시록 8장에서는, 독자들에게 창조보다는 파괴를 보여주는 부정적인 환상이 주어진다. 하늘과 땅과 바다에 하나님의 창조의 능력을 높이는 찬미의 노래가 울려 퍼지는 대신에, 우리는 하나님의 파괴적인 행위로 인해 고통을 당하는 하늘과 땅과 바다를 대면하게 된다(8:7-12). 독자들은 하나님이 그가 지으신 세상을 파멸시키겠다고 위협하시는 이유가 무엇인지 묻게 될 것이다.

알브레히트 뒤러, 나팔을 가진 일곱 천사들 중의 하나(계 8:1-13)

이 불길한 환상들을 이해하는 데 도움이 되는 한 가지 단서는 그들이 하지 말아야 할 것이 무엇인지를 고려하는 것이다. 이 장면들은 미래적 재난의 순서에 대한 단순한 예언들로 펼쳐지는 것은 아니다. 우리는 이전 장에서 요한계시록 6장에 언급된 인들로 대변되는 위협들이—정복과 폭력과 경제적 어려움과 죽음—시간의 순서대로 임하지 않으며, 독자들의 안도감을 제거하기 위해 계획된 환상적 메시지라는 점에 주목했다. 여섯 번째 인이 떼어진 후, 해가 검어지고 달이 피 같이 되며 별들이 떨어지고 하늘이 떠나가는데, 그것은 천체의 결정적인 종말로 여겨진다(6:12-17). 요한계시록 8장에 의하면, 하늘과 천체가 다시 원래대로 회복되었다가, 전반적으로 새로운 위협들의 환상군에서 다시 어두워진다(8:7-12). 마찬가지로 8장 7절에서 요한은 '각종 푸른 풀'이 타버렸다고 분명히 말한다. 반면 9장 4절에서는 풀이 분명히 다시 원래대로 회복된다. 그 이유는 사탄적인 황충의 재앙이 풀에 해를 입혔다고 말하지 않기 때문이다. 사라진 하늘의 빛들이 다시 나타나며, 상한 풀이 되돌아오는 특별한 방식이 요한계시록의 전달 수단의 중요한 부분이다. 이 일관성이 없는 파멸은 미래의 어떤 시점에서 한 단계씩 전개될 사건들의 선적인 순서로 이 환상들을 받아들이려는 시도를 하게 한다. 요한계시록은 나팔의 환상들을 하나 둘 셋 넷의 순서로 제시하는데, 그 형태에 적합하지 않은 사항들이 포함될 경우, 그 순서에 혼란을 겪게 된다.

요한계시록 8-9장에서 펼쳐질 환상들은 독자들에게 얼마나 속히 종말의 때가 임할 것인지를 분간할 수 있는 지식을 전달하기보다는 그들이 회개하도록 이끌기 위해 의도된 경고들을 발한다. 요한이 묘사한 기괴한 사건들에도 불구하고, 사악한 자가 "그들의 손으로 행한 일을 회개하지 아니하거나 귀신들과 우상들에게 절하는 지"를 지적할 때 분명해지는 목표가 회개이다(9:20). 다시 "그들은 자신들이 행한 살인과 복술과 음행과 도둑질을 회개하지 않는다"(9:21). 비록 그 언어가 전형적인 형태로 되어 있지만, 이것은 요한계시록을 처음 전달받은 일곱 교회에 속한 그리스도인들이 직면한 문제들이 무엇인지를 말해주고 있다. 요한계시록 9장 20-21절보다 앞선 '회개'로 부름은 자기만족과 이교 문화에 동화되려는 경향 그리고 사랑을 잃어버린 교회와 관련된 사람들을 향한 것이다(2:5, 16, 21, 22; 3:3, 19). 요한계시록 2-3장은 우상 숭배를 쉽게 용인하는 자들에게 호의를 보이는 자들을 책망한다. 그들은 부도덕하며, 사탄적이며 그리스도인들을 살해한 자와 동일시된다(2:13-14, 20-21, 24). 만일 회개가 '일깨우는 것'(waking up)을 수반한다면(3:2-3), 일곱 나팔을 신호로 시작된 악몽 같은 환상들은 독자들로 하여금 그들의 활기 없는 자기만족으로부터 벗어나 악과 죄의 결과들에 대한 새로운 인식을 갖도록 경각심을 일깨우는 데 도움이 된다.

회개가 이 환상들에 대한 적절한 응답이라는 인식은 정형화된 방식을 사용하여 그 구절을 통해 독자들의 안도감을 벗기려 하는 이유를 설명하는 데 도움을 준다. 심판이 곧바로 죄인들에게 임하지 않으나 그들 주위의 세상을 괴롭히며 그들을 땅과 바다 그리고 하늘에 있는 위험들 안에 가두어둔다는 점에 주목하라. 첫 번째 나팔은 불과 우박을 쏟아내는데—애굽인들을 괴롭혔던 재앙처럼(출 9:13-35)—이것들은 땅의 수목을 태워버린다(계 8:7). 두 번째 나팔은 바다를 피로 변하게 하며—다시 애굽에 내린 재앙처럼(출 7:17)—바다 가운데 생명 가진 피조물을 죽이고 배를 깨뜨린다(계 8:9). 요한계시록에 의하면, 배들은 탐욕과 오만과 피 흘림의 상징인 '바벨론'으로 말미암아 치부한 부와 관련이 있다(18:15-20). 그러므로 배의 상실은 경제적인 상실을 의미한다. 세 번째 나팔은 '쑥'을 가져오며 부분적으로 쓴 물이 되게 하는데(8:11), 그것은 예레미야가 하나님이 불신자들에게 그들의 우상 숭배 때문에 "쑥을 먹이며 독한 물을 마시게" 한다는 것에 대해 어떻게 말했는지를 회상시킨다(렘 23:15). 네 번째 나팔로 인해 세상은 어두움에 사로잡히기 시작하는데, 이것은 다시 이스라엘이 애굽으로부터 해방되기에 앞서 임한 한 재앙을 회상시킨다(출 10:21-29).

중가하는 위협들은 누군가가 하나님과 어린 양과 멀어져서도 안정을 찾을 수 있다고 생각하는 것이 착각임을 보여준다. 요한계시록은 독자들로 하여금 어린 양으로부터 벗어나 있는 세상과 연합하기보다는 어린 양에게 속한 자들과 자신들을 동일시하도록 권면한다. 중간지대는 없다. 요한계시록 7-8장에서 '피'를 대조적인 의미로 사용한 경우를 살펴보자. 한편으로 구원받는 자는 어린 양의 피에 씻긴다(계 7:14). 다른 한편으로 성도들의 피를 흘리게 한 세상(6:10)에 불과 우박과 함께 하늘로부터 떨어진 피가 뿌려지며, 후에 세상에는 심판의 피가 뿌려져 바다의 삼분의 일이 피가 된다(8:7, 9). 어린 양을 따르는 자들은 뜨거운 불로부터 고통을 당하지 않게 될 미래를 약속받는다(7:16). 그러나 불신자들은 하늘로부터 내려온 불로 위협을 당한다(8:7, 8, 10). 어린 양은 사람들을 생명수의 샘으로 인도할 것이다(7:17). 반면 그의 생명을 주는 물을 마시기를 원하지 않는 자들은 땅의 샘들이 쓰고 독하게 변하게 되었다는 사실을 알게 될 것이다(8:11). 어린 양을 따르는 자들은 뜨거운 불에 상하지 않을 것이다(7:16). 그러나 심판은 달과 별들과 나란히 해 자체에도 타격을 가하게 될 것이다(8:12).

독수리의 섬뜩한 날개 소리는 선포한다. "땅에 사는 자들에게 화, 화, 화가 있으리니 이는 세 천사들이 불어야 할 나팔 소리가 남아 있음이로다"(8:13).[1] 이 불길한 메시지를 좇아, 다섯 번째 나팔은 위협들의 환상

---

1) 뒤러의 목판화에는 독수리가 외치는 세 번의 화를 "ve, ve, ve"로 표현한다.

군을 보다 강화시킨다(9:1-12). 처음 네 나팔은 사면에서 사람들을 에워싸서, 재난들이 땅과 바다와 하늘을 내리치게 한다. 그러나 이제 위험이 다른 방향 곧 땅 밑에서 올라온다. 이전에는 연기가 하늘에 있는 제단들로부터 하나님 앞으로 올라갔다(8:4). 그러나 이제는 연기가 무저갱의 구멍에서 올라와 그 구멍의 연기로 세상을 삼키게 된다(9:1-2). 그 본문은 초현실적인 특성을 가져서 시간과 공간에 두기가 쉽지 않다—누군가는 지도에 무저갱의 환기구를 표시하고자 하는 강한 압박감을 느낄 수도 있다—그러나 불쾌함을 주는 표상들은 하나님의 진노하에 있는 것들이 경험하게 될 공포감을 효과적으로 보여준다.

그 구절은 하나님의 심판을 경험한 땅에 기하는 자들(8:13)과 해를 당하지 않는 하나님의 이름 혹은 인을 받은 자들(9:4) 사이를 날카롭게 대조한다. 그 대조가 분명해질 때, 대부분의 독자들은 땅에 거하는 자들이 아니라 하나님의 인을 받은 자들과 동일시되기를 원한다. 독자들은 요한계시록 2-3장에 기술된 일곱 교회와 연결해 자신의 일상생활의 문제를 극복하고자 하나, 그 대조는 그리 분명하지 않다. 상당히 많은 교인들이 자신들이 속한 사회의 구성원들에 의해 부정적인 평가를 받기 원치 않기 때문에, 자기 주변의 이교 세계에 좀 더 온전히 동화되기 위해 자신들의 그리스도인으로서의 의무를 양보하고자 하는 것처럼 보인다. 나팔들은 충성스러운 신앙인들이 위험에 처한 것이 아니라 보호를 받으며 더 큰 사회는 심판을 피하는 자리에 있는 것이 아니라 심판을 받는 자리에 있다고 하는, 정반대의 모습을 보여줌으로 그러한 경향들에 도전한다. 그러므로 본문은 이교 문화에 동화됨으로 자신들의 안정을 구하고자 하는 자들은 스스로를 속이고 있다는 점을 분명히 해준다.

요한계시록은 두 가지 형태의 규칙하에 생명을 묘사한다. 요한계시록 4-5장에 나오는 하늘 보좌가 있는 방의 환상은 바르게 질서 잡힌 우주를 보여주었다. 거기에서 피조물들은 그들의 창조자와 능력을 가지기에 합당한 어린 양에게 찬양을 드린다. 그러나 요한계시록 9장에 의하면, 혐오감을 주는 인물들이 창조질서를 사탄적인 방식으로 모방하는데, 이것은 지하 세계의 왕의 주권하에 있는 것이 어떠한 상태인지를 보여준다. 그들의 이름은 아바돈과 아볼루온이며 그 의미는 파멸과 파괴자이다(9:11). 창조자 옆에 있던 날개 달린 피조물 각각은 그 자신의 독특한 얼굴을 가졌다. 하나는 사람의 얼굴을 하고 다른 하나는 그 얼굴이 사자와 같다. 그러나 파괴자를 동반한 날개를 가진 존재들은 소름 끼치는 특성들을 소유했다. 인간의 얼굴들로부터 사자의 이가 불쑥 튀어나와 있고 앞면은 철로 가슴막이를 했으며, 뒤에는 전갈 같은 꼬리들을 가졌다. 하늘 보좌가 있는 방에 거하는 장로들이 자기의 관을 보좌 앞에 드리며 화음을 이루는 찬양을 드리던 곳에서(4:10-11), 사탄적 메뚜기들은 계속해서 그들의 머리에 관들을 쓰고, 출전하는 병거들처럼 쾅쾅거리며 덜거덕거리는 소음을 낸다.

여기에 묘사된 심판은 직접적인 하나님의 징벌이 아니라, 세상을 다른 권세들에게 넘겨주는 것이 무엇을 의미하는 지를 보여주는 계시이다. 지옥 같은 연기로부터 올라온 메뚜기 떼는 애굽인들에게 임했던 메뚜기 떼의 재앙(출 10:1-20)과 선지자 요엘이 여호와의 심판 날의 징조로서 취했던 메뚜기 떼의 재앙(욜 1-2장)을 생각나게 한다. 식물을 공격하고 사람이 오면 도망치는 일반 메뚜기들과는 달리 이 메뚜기들은 사람들을 공격하고 식물들은 그대로 놔두는 정반대의 형태를 취한다. 일반 메뚜기들이 그들의 입으로 파괴하는 곳에 이 메뚜기들은 그들의 꼬리로 고통을 가한다(계 9:3-5, 10). 그들의 잔인한 행위의 결과는 땅에 거하는 자들로 하여금 생명을 받아들이기 위해 죽음의 고통을 피하려 하기보다는 생명의 고통을 피하기 위해 죽음을 받아들이기를 갈망하게 한다(9:6).

여섯 번째 나팔은 이전 것과 동일한 불길한 특성을 지닌 다른 환상을 불러온다(9:13-19). 하늘의 황금 제단으로부터 나오는 한 음성은 유브라데 강에서 결박을 당했던 네 천사를 놓아주라고 명령한다. 요한 시대의 독자들에게 있어서, 유브라데는 로마 제국의 가장 동쪽 국경 지역에 있었으며, 그곳은 로마의 통치하에서 생활하던 많은 사람들에게 평화와 번영을 가져다주었던 사회적이며 정치적인 질서를 위협하는 파르티안들이 거주했던 곳이다. 6장 2절에 나타난 활을 가진 말 탄 자와는 다르게, 이 환상은 정복의 일반적인 형태들을 넘어선다. 요한은 마병대의 수가 이만만이라고 하는데, 이들의 파괴적인 힘은 근본적으로 머리는 사자의 머리 같고 그 입에서는 불과 연기와 유황을 발산하는 말들에게서 나온 것이다. 이 기괴한 생물들은 또한 그들의 꼬리 끝에 뱀과 같은 머리들을 가지고 있다. 이제 9장 6절에 의하면 메뚜기의 재앙 기간 동안에 죽기를 구했던 사람들의 삼분의 일 정도가 죽임을 당한다(9:18).

요한이 묘사한 공포들은 땅에 거하는 살아 있는 사람들을 회개로 인도하지는 못하는데(9:20-21), 이것은 어떤 의미에서 놀라운 일이다. 자신들을 삼키는 물밀듯이 쏟아지는 재앙들에 대한 사람들의 자연스러운 반응은 그 파괴로부터 구원받기 위해 하나님께로 돌아서는 것이라고 생각한다. 그러나 다른 의미에서 그들이 회개하기를 거절하는데, 그것에는 그들만의 특별한 논리가 있다. 그 이유는 악한 세력들에 둘러싸여 있는 사람들에 있어서 생존을 위한 가장 자연스러운 방식이 악을 수용하는 것이라고 생각하기 때문이다. 예를 들면, 다섯 번째 나팔을 불었을 때, 땅 아래로부터 올라오는 마귀의 무리들은 멈추지 않을 것 같이 보이는 힘을 가지고 땅을 삼킨다(9:1-11). 땅에 거하는 자들은 사탄을 압박함으로 그 공격에 반응하는 것이 아니라 우상 숭배를 통하여 "마귀들에게 경배함으로" 반응한다(9:20; 참조. 고전 10:20). 여섯 번째 나팔을 불 때, 이만만의 마병대의 코로부터 나오는 불과 연기와 유황이 사람의 삼분의 일을 죽였다(계 9:13-19). 그리고 그 살인적인 상황 가운데에서도 사람들은 계속해서 살인을 자행한다(9:21). 무저갱으로부터 큰 화덕의 연기 같은 연기가 올라와 땅을 덮는다(9:1-2). 그러므로 연기와 더러운 공기를 내뿜는 자들이 복술을 사용하여 주문을 외우는 것은 놀라운 일이 아니다(9:21). 만일 나팔들이 회개로 이끌기 위해 계획되었다면, 그것들은 실패한 것이다. 회개를 일으키기 위해서는 다른 접근 방법을 선택해야 할 것이다.

II. 심판이 중단되다(10:1-11)

세상에 임하는 마지막 대단원의 하나님의 심판을 묘사하는 공포감을 주는 장면은 요한계시록 10장에서도 계속될 것으로 보이나, 단지 하늘로부터 들려온 음성에 의해 잠시 중단될 뿐이다. 사람들이 회개하기를 거절하는 것에 뒤이어 한 천사가 내려오는데, 그는 구름을 입고 그 머리 위에 무지개가 있고 그 얼굴은 해와 같고 그 발은 불기둥과 같이 타오르고 있다. 그 오른발은 바다를 밟고 왼발은 땅을 밟았는데, 그의 무시무시한 형태는 첫눈에도 종말이 다가왔다는 느낌을 준다. 그의 소리는 우레와 같은데, 그의 응답으로 일곱 우렛소리가 소리를 발할 때 사람들은 불신자들에게 결정적으로 부정적인 판결이 주어질 것을 상상하는데, 그것은 지상에 임하는 항거하기 어려운 징벌들이다. 그러나 하늘로부터 내려온 음성, 곧 "일곱 우레가 말했던 것을 인봉하고 기록하지 말라"(10:4)는 요한에게 들려진 음성에 의해 지상에 임하는 공포의 흐름이 중단된다. 우레의 메시지는 인봉된 채 밝혀지지 않고 남아 있게 된다. 그를 장식한 무지개처럼, 그 천사는 적어도 폭풍의 맹렬함 가운데에 임하는 잠시의 고요함처럼 잠깐의 휴식을 알린다.

그 천사는 손에 펴놓은 두루마리를 들고 있다(10:2). 그 두루마리는 5장 7절에서 어린 양이 하나님으로부터 받았던 두루마리로 이해하는 것이 좋을 듯하다. 6장 1절-8장 1절에서는 봉인이 떼어진 두루마리가 펴놓인 상태에 있었다. 5장 2절에서는 '힘 있는 천사'가 하나님의 손에 있는 두루마리에 관심을 갖는다. 그리고 이제 '다른 힘 센 천사'는 요한에게 열린 두루마리를 가져온다(10:1-2). 여러 사람들은 어린 양이 하나님으로부터 받은 두루마리의 내용들이 어린 양이 각각의 일곱 인을 뗄 내 나타나는 환상들에 의해 계시된다고 추정한다. 그러나 그것을 분명한 사실로 보기는 힘들다. 좀 더 가능성 있는 바는 두루마리의 메시지가 모든 인들이 떼어지고 문서가 펼쳐지고 읽혀진 후에 계시된다고 생각하는 것이다. 요한계시록은 하나님의 손에 있는 두루마리의 봉인이 어떻게 어린 양에 의해 떼어졌으며, 이제 그 천사가 펼쳐진 두루마리를 요한에게 줄 수 있는지에 대해 알려준다. 이 과정은 이 책의 서두에서 요한이 기술한 순서를 따른다. 그 구절에서 요한은 자신의 메시지가 하나님으로부터 와서 예수님에게 전해지고 또한 천사를 통해 마침내 자신에게 전달되었다고 말한다(1:1).

만일 6장 1절-9장 21절에서 인들과 나팔들에 의해 대변되는 경고의 심판들이 사람들로 하여금 회개하도록 이끌기 위해 계획된 예비적인 환상들이었다면, 천사의 말은 하나님의 목적이 구원이라기보다는 파멸에 있지 않는가 하는 느낌을 뒤집는다. 땅과 바다와 하늘에 임하는 재난들을 묘사하는 환상들에 뒤이어, 두루마리를 가진 천사가 그의 오른손을 들어 "세세토록 살아 계신 이 곧 하늘과 땅과 그 가운데에 있는 물건이며 땅과 그 가운데에 있는 물건이며 바다와 그 가운데 있는 물건을 창조하신" 하나님을 가리켜 맹세한다(10:6). 천사의 말은 하늘 보좌가 있는 방에서 창조자에게 드려지는 찬송들을 되풀이하는 것이다(4:11). 땅과 바다와 하늘에 있는 모든 피조물의 노래는 어린 양의 사역에 공감하는 것이다(5:13). 천사에 따르면, 하나님은 본질적으로 창조자이지 파괴자가 아니라는 것이다.

그 천사는 또한 일곱 번째 천사가 그의 나팔을 불 때, "하나님이 그의 종 선지자들에게 전하신 바와 같이, 하나님의 비밀이 이루어질 것이다"라고 선포한다(10:7). 일반적으로 '알리다'로 번역되는 헬라어 단어는 '유앙겔리제인'(euangelizein)인데, 그 단어의 의미는 '좋은 소식을 말한다'이다. 이 단어는 '유앙겔리온'(euangelion) 혹은 '복음'과 관련된다. 그러므로 일곱 번째 나팔을 불 때 독자들은 "세상 나라가 우리 주와 그의 그리스도의 나라가 된다"는 사실을 알게 된다(계 11:15). 그들은 '복음'을 접한다. 이 메시지는 이스라엘의 선지자들이 하나님 나라의 도래에 관해 말했던 예언적 환상들과 일치한다(사 2:1-4; 미 4:1-5; 슥 14:16). 요한계시록 21장 1절-22장 5절에서 요한이 온전한 형태로 하나님의 목적의 성취를 묘사할 때, 그는 이사야서와 에스겔서와 스가랴서 그리고 다른 예언서들로부터 가져온 용어들로 새 예루살렘을 묘사한다. '비밀'의 요소는 하나님의 구원의 목적보다는 하나님이 이 목적을 성취하기 위한 수단으로서의 역할을 한다. 그러므로 요한계시록 11장에 나오는 환상들은 독자들에게 하나님의 종들이 당하는 고난이 불신자들을 개종시키는 데 어떠한 도움이 되는지를 드러낼 것이다(참조. 롬 16:25-26).

천사는 요한에게 펴놓은 두루마리를 먹으라고 건네준다(계 10:9-10). 요한이 그 메시지를 받아들이게 되면 그 내용을 공개할 수 있을 것이다 (참조. 겔 2:8-3:3). 천사는 요한에게 말한다. "네가 많은 백성과 나라와 방언과 임금에게 다시 예언하여야 하리라"(계 10:11). 독자들은 이미 어린 양의 피가 "각 족속과 방언과 백성과 나라 가운데에서 사람들을 피로 사서 하나님께 드렸다"는 사실을 알고 있었다. 그리고 이 다양한 그룹은 하나님 앞에 있어 찬양에 동참한다(7:9). 그러나 만일 하나님의 증인들이 모든 나라로부터 온다면, 그들은 또한 모든 나라에 관련된 하나의 메시지를 가질 것이다. 요한은 압제받는 믿음의 공동체와 자신들의 생명을 바쳐서 증언하는 하나님의 증인들에 관해 이야기할 것이다. 비록 요한이 "백성들과 족속들과 방언과 나라들이" 충성스러운 신앙인들을 박해하며 악한 세력들에게 먹이로 내어주는 행위를 경고할 것이지만(11:10, 13:7), 그는 또한 "모든 민족과 종족과 방언과 족속들로 하여금" 하나님께 경배하며 영광을 돌리라고 요청할 것이다(14:6-7). 비록 요한계시록이 심판은 불신자에게 임하게 될 것이라고 경고하지만, 이것은 하나님의 심판이 시작 된 후에 '모든 나라들'로부터 사람들이 하나님께 예배드리러 올 때에 성도들이 기뻐하게 될 것이라고 하는 소망을 확대한 것이다(15:4; Bauckham, *Theology*, 83-84).

두루마리의 메시지를 요약한 환상들은 고난당하는 자들과 어린 양을 따르는 증인들이 땅에 거하는 자들을 회개하도록 하는 데 중요한 역할을 하게 될 것이며, 그로 인해 많은 사람들이 하나님께 영광을 돌리게 될 것임을 보여준다(11:13). 만일 독자들이 하나님의 심판 아래서 고통을 당하는 땅에 거하는 자들과 용서받는 하나님의 백성 사이를 단순히 대조하고자 한다면(9:4), 그들은 곧 그 상황이 훨씬 더 복잡하다는 사실을 깨닫게 될 것이다. 요한은 계속해서 하나님께 신실한 자들과 우상을 따르는 자들 사이를 엄격하게 구분할 것이나, 믿는 자들은 진리를 증거하기 때문에 고난을 당하게 될 것이라고 주의를 줄 것이다. 요한이 달면서 쓴 메시지를 동시에 경험하는 것은 그리 놀라운 일이 아니다

(10:10). 두루마리의 메시지는 하나님은 의로우시며, 자신의 구원하시고자 하는 목적들을 실행함으로 믿는 자들을 보호하실 것을 약속하신다는 내용을 담고 있기 때문에 달지만, 궁극적으로 그 목적을 달성하는 데에 하나님의 백성의 고난과 그의 증인들의 죽음이 수반되기 때문에 쓰다.

III. 고난, 증인 그리고 개종(11:1-14)

그 천사는 "지체하지 아니하리니 일곱째 천사가 소리 내는 날 그의 나팔을 불려고 할 때에 하나님의 그 비밀이 이루어지리라"고 약속한다 (10:6-7). 이 약속은 종말이 곧 이루어질 것이라는 기대감을 높이나 일곱 번째 나팔은 불지 않는다. 대신 요한의 메시지의 요약을 포함한 한 환상과 함께 막간이 계속된다. 요약하면, 거의 비밀 형식으로 기술된 이 부분은 무저갱으로부터 올라와 성도들과 전쟁을 하는 짐승을 소개한다 (11:7). 짐승과 하나님의 백성 사이의 갈등은 요한계시록 12-19장에 충분히 묘사될 것이다. 그러나 여기에서 요한은 독자들에게 그 메시지를 요약해준다. 요한계시록 11장의 환상들은 이 책의 후반부를 도입하는 역할을 한다.

짓밟힌 성전인 믿음의 공동체(11:1-2)
요한은 성전과 제단 그리고 거기서 예배하는 자들을 측량하는 지팡이 같은 갈대를 받는다. 그러나 그는 성전 바깥마당은 측량하지 말라는 음성을 듣는다. 그 이유는 그곳은 거룩한 도시를 마흔두 달 동안 짓밟을 나라들에게 주어진 것이기 때문이다(11:1-2). 다섯 번째 나팔에서처럼, 관심은 이미 고통당하는 땅에 거하는 불신자들이 아니라 짓밟힘을 당하는 하나님의 백성에게 돌려졌다. 억압을 당하는 자들은 오히려 하나님의 백성이다.

사람들이 이 환상을 이해하는 방식은 대부분 그들이 요한계시록 자체에 대해 가졌던 추정들에 의해 형성되었다. 요한계시록이 미래의 사건들에 대한 직접적인 예언이라고 가정하는 사람들은 일반적으로 이 구절을 문자적으로 이해한다. 곧 예루살렘에 세워지게 될 새로운 성전에 대한 언급으로 받아들인다. 반대로 요한계시록은 상징적 언어로 독자들에게 전달되었다는 점을 인식한 사람들은 이 성전을 기독교 공동체의 상징으로 해석한다. 우리는 각각의 해석들을 차례대로 살펴볼 것이다.

11장 1-2절에 언급된 장소들에 관한 문자적인 해석들은 첫 번째 예루살렘 성전이 주전 587년, 바벨론에 의해 파괴되었으며, 두 번째 성전은 주후 70년, 로마에 의해 완전히 파괴되었다는 데 주목한다. 그러므로 만일 요한계시록이 미래 사건들에 대한 직접적인 예언이라면, 이 구절은 분명히 그 성전이 재건축될 것이라는 의미가 틀림없다. '성전'에서 예배하는 자들은 유대인들로 추정된다. '제단'에 대한 언급은 제2성전이 파괴될 때 멈추었던, 유대인들의 율법에 규정된 희생제사가 다시 시작될 것을 의미하는 것으로 이해할 수 있다. 성전의 재건축과 함께 마흔두 달 동안 이방인들에 의해 '거룩한 성'이 짓밟힐 것으로 전망할 수 있다. 이 때문에 이 접근 방법을 신뢰하는 많은 사람들은 그 예언이 이루어지는 징조를 찾기 위해 중동 지방에서 온 소식들을 철저히 조사한다.

11장 1-2절에 언급된 그 시간에 대한 문자적 해석들은 또한 이 사건들이 그리스도의 재림 이전에 일어나게 될 7년의 대환란 기간의 전반부인 삼 년 반 기간 동안에 벌어질 것이라고 주장한다. 그 고난이 정확히 칠년 동안 지속될 것이라는 믿음은 다니엘 9장 27절에 나오는 그 기간에 대한 언급에 근거한다. 이 해석을 제안한 사람들은 다니엘서에서처럼 요한계시록은 그 기간을 정확히 둘로 나눈다고 주장한다. 곧 각각 42개월 동안 지속된다는 것이다(계 11:2; 13:5). 1260일(11:3; 12:6) 혹은 삼 년 반이다(12:14). 환란 전 삼 년 반 동안에 그들은 예루살렘을 적대시하는 위협들이 증가할 것으로 기대하며, 환란 후 삼 년 반 동안에 그들은 적그리스도가 칠 년의 마지막 시기에 발생할 아마겟돈 전투에서 패배할 때까지, 그의 세력을 확대할 것으로 예상한다.

이 구절에 언급된 장소들에 대한 전혀 다른, 그리고 좀 더 가능성 있는 해석은 '성전'과 '거룩한 도시'를 기독교 공동체에 대한 은유들로 받아들이는 것이다. 억압당하는 하나님의 '성전' 환상은 처음 요한계시록이 전해진 소아시아의 그리스도인들로부터 수백 마일 떨어져 있는 장소와는 전혀 관련이 없다. 그 환상은 독자들로 하여금 주변 세계와 갈등을 겪는 상황에서도 신실하게 신앙을 지킬 것을 요청한다. 이전 상징들에서의 상징적인 언어의 폭넓은 사용은—어린 양은 그리스도이며, 활을 가진 말 탄자는 정복을 대변한다—독자들로 하여금 일반적인 방식으로 11장 1-2절에 나오는 상징성을 인식할 수 있도록 준비시킨다. 더욱이 요한이 비록 성전과 제단과 그 안에서 예배하는 자들을 '측량'하라는 명령을 받지만, 그 본문은 거룩한 장소의 물리적인 규모들에 관심을 보이지 않는다. 명령의 중요성은 이것이 의미하는 바가 무엇이냐에 달려 있다. 곧 하나님께 드리는 참된 예배를 보존하는 것이다.

상징성을 이해하기 위한 좀 더 특별한 준비는 3장 12절에 주어진다. 그 구절에서 그리스도는 충성스러운 신앙인들은 하나님 '성전'의 기둥들이 되게 하리라고 약속하셨다. 사람들을 기둥들로 가진 이 '성전'은 돌로 만든 건물이 아니라 사람들의 공동체이다. 더욱이 성전은 제사장들이 사역을 하는 장소이다. 그리고 1장 6절과 5장 10절에 따르면, 어린 양의 피에 의해 깨끗함을 받은 자들 모두는 제사장들이다. '성전'은 그들의 제사장적 공동체를 묘사하는 적절한 한 방식이다. 유사하게, 충성스러운 신앙인들이 하나님의 '도시'라고 불리어질 것이라고 말하는 것은 '거룩한 도시'가 거룩한 공동체, 곧 충성스러운 신앙인들의 모임을 가리키는 적당한 은유임을 보여준다. 교회를 '성전'이라고 하는 것은 요한계시록에만 사용된 독특한 표현이 아니다. 그것은 요한 시대의 그리스도인들 가운데에 사용된 중요한 은유였다(고전 3:16; 고후 6:16; 엡 2:20; 벧전 2:5). 요한은 환상의 형태로 이 공동 은유를 발전시킨다.

'성전'과 '거룩한 도시'를 그리스도인 공동체를 가리키는 은유로 선택한 것은 또한 전후 문맥에 적합하다. 그 구절에서는 하나님의 신실한 증인들을 '촛대들'이라고 부른다(계 11:3-4). 첫 번째 성전과 두 번째 성전들에서 사용한 중요한 가구들에는 촛대들이 포함된다(왕상 7:49; 요세푸스, 『유대 전쟁사』, 5.217). 만일 요한계시록 11장 2절에 나오는 '성전'이 그리스도인 공동체를 대변한다면, 이것은 그리스도인 증인들을 가리키는 데 촛대의 상징을 사용한 것과 잘 들어맞는다. 요한은 독자들로 하여금 1장 20절에서 촛대들이 그리스도인의 모임을 상징한다고 설명함으로 이러한 방식으로 그 표상을 받아들이도록 준비시킨다. 그리고 요한은 11장 4-10절에 그리스도인들의 예언적 증언과 죽음들을 언급함으로 촛대가 인간을 가리킨다는 점을 분명히 한다.

장소들에 대한 언급들처럼, 이 구절에 이야기된 삼 년 반이라는 시간은 상징적인 의미로 받아들이는 것이 좋을 듯하다. 요한은 이 시간을 기간과 관련시킬 수 있었는데, 그 이유는 이것이 다니엘서에 언급된 억압과 동일시되기 때문이다(단 7:25; 9:27; 12:7). 그러나 그 문맥은 이것을 엄격한 연대기적 용어로 취해서는 안 된다는 점을 인식시키는 데 도움을 준다. 요한계시록의 대체적인 문맥은 통례적으로 비문자적인 방식들로 시간의 주기들을 언급하고 있다. 예를 들면, 요한이 '한 시간 동안' 짐승의 협조자들이 권세를 받았다고 말할 때(계 17:12), 그가 정확히 60분 동안 지속될 미래의 정치적 동맹을 예언하고 있다고 믿기는 어렵다. 더욱이 요한은 시간적인 순서로 구분되지 않은 다양한 표상들과 삼 년 반의 기간을 연결시킨다. 11장 1-2절에서, 그 간격은 믿음의 공동체 혹은 '성전'이 위협을 당하는 기간으로 묘사된다. 12장 6절과 12장 14절에서는, 이것은 하나님의 백성을 대표하는 여자가 사탄 곧 용을 피해 광야로 도망하는 기간이다. 그리고 13장 5절에서 이것은 용의 하수인인 짐승이 성도들을 박해하는 기간이다. 이 장들에 묘사된 다양한 삼 년 반의 기간들 모두는 칠 년 이상을 뜻하는데, 이는 그것들이 부분적으로 중복된 실체들을 나타낸다는 사실을 암시해주고 있다.

삼 년 반이라는 숫자는 고통당하는 기간이 한정되었다고 말하는 일반적인 방식이다. 열왕기상 18장 1절에 따르면, 엘리야는 가뭄이 삼 년 동안 지속되기를 간구한다. 하지만 전통적으로 그 기간이 삼 년 반 동안 지속되었다고 알려져왔다(눅 4:25; 약 5:17). 요한은 숫자를 사용하여 고난당하는 삼 년 반의 기간을 언급하는 것으로부터 하나님의 증인들이 세상에 거하는 자들의 눈앞에서 죽임을 당하는 삼 일 반의 기간으로 초점을 변경한다(계 11:9, 11). 3과 1/2이라는 숫자의 형태는 이 장에서 고난의 시간을 확인하는 데 도움을 준다. 그러나 이 기간을 묘사하는 줄곧 변화하는 방식들은 엄격한 연대기적인 의미로 이것을 해석하는 것에 대해 경고한다.

요약하면, 요한계시록 11장 1-2절에 나오는 성전의 환상은 자신들을 압박하는 불신 세계의 위협들에도 불구하고 보존된 그리스도인 공동체를 나타낸다. 나라들의 공격으로부터 안전하게 지켜진, 성소 내부는 참된 예배가 계속되는 공동체를 가리킨다. 나라들에 넘겨진 외부 뜰에 관한 이야기에서는 공동체의 일부가 이교 세계의 통제하에 놓이게 되도록 하나님이 허락하실 것이라고 주의를 준다. 몇몇 사람들이 충성스러운 신앙인들에게 그들의 신앙을 양보하고 이교 문화에 동화되라고 권고했던 그룹들, 그리고 개인들과 논쟁했던 것처럼, 요한계시록의 첫 번째 독자인 일곱 교회는 이러할 가능성을 이미 인식하고 있었다(2:14-15, 20-25). 그리고 또 다른 사람들은 불신자들로부터 오는 공공연한 적대감을 경험했다(2:8-11; 3:8-9). 요한은 이러한 위협들에도 불구하고 하나님은 충성스러운 신앙인들을 위해 한 장소를 마련해놓을 것이라는 확신 가운데, 거룩한 영역으로 구별된 성전을 '측량하라'는 말씀을 듣는다.

두 증인(11:3-14)

공동체의 위협이 비기독교 세계에 의해 주도되었다는 것은 충성스러운 신앙인들이 물러섰다는 의미는 아니다. 요한은 '성전' 혹은 믿음의 공동체가 억압을 당하는 기간 동안, 예언하는 두 '증인'을 소개한다. 그 메시지의 특징은 그들이 입은 베옷에 암시되어 있는데, 그것은 그들이 사람들을 회개하도록 불러내고 있음을 암시한다. 두 증인이 입은 베옷은 슬픔과 참회의 표시이다. 그 이유는 자신들이 심판 아래 있다고 생각했던 사람들은 하나님 앞에서 자신을 겸손히 낮추었기 때문이다(욥 42:6; 단 9:3; 욘 3:6; 마 11:21). 증인들의 이러한 형태는 첫 번째 여섯 나팔이 인류를 회개로 이끌지 못함으로 인해 일어난 재앙들을 기술하는 문맥에 적합하다(계 9:20-21). 이 증인들은 비록 공동체가 공격을 당하지만 회개의 기회가 여전히 주어졌음을 지적한다.

두 증인은 충성스러운 그리스도인의 공동체를 상징한다. 증인들은 촛대로 묘사되며, 요한계시록 1장 20절에 의하면, 촛대는 그리스도인의 모임들을 상징한다. 비록 그 환상이 특별히 두 증인에 대해 언급하지만 이에 함축된 의미는 충실한 그리스도인들을 단지 두 곳에서만 보게 될 것이라는 것은 아니다. 그보다는 이 상징은 법정에서 진실을 말하는 두 증인의 행위를 적절하게 묘사한 것이다. 충성된 자가 법정에서 증언하는 증인이 되어야 하는 것처럼, '증인'이란 용어는 논쟁의 상황에서 진실을 말해야 할 의무가 있음을 암시한다. 더욱이, '증인'이 되는 것은 이미 하나님의 충성된 '증인'이라고 불려진(계 1:5; 3:14), 십자가에 달리시고 부활하신 예수님의 유산을 이어받는 것이다. 요한은 이미 '증인'이란 칭호를 자신의 신앙 때문에 죽임을 당한 안디바라 하는 그리스도인에게 적용했다(2:13; 참조. 17:6). 그리고 요한계시록 11장 3-13절에 묘사된 두 '증인'은 믿는 자들에 대한 충실한 증인의 역할로 보다 광범위하게 확대되었다.

일반적으로 충성스러운 신앙인을 대표하는 인물로 알려진 두 증인은 하나님 백성의 역사의 여러 시기들에 속한 개개인의 특성들을 망라한다. 그들을 감람나무와 촛대라고 부르는 것은 대제사장 여호수아와 통치자 스룹바벨―페르시아의 지배시기에 이스라엘을 이끌었던 인물―이 황금 촛대에 기름을 공급한 감람나무들로 묘사된 까닭이 무엇인지를 회상하게 한다(11:4; 슥 3:1-4:14). 요한 시대의 충성스러운 신앙인은 로마 통치 기간 동안에 이 특성들을 구체화한다. 그때에 그들은 하나님의 주권을 인정하는 '왕국'을 이루었으며, 하늘과 땅의 창조주를 위한 충실한 '제사장들'로 봉사했다(계 1:6; 5:10). 두 증인의 말은 그들의 입에서 쏟아져 나오는 불과 비교할 수 있는데, 그것은 바벨론이 예루살렘과 성전을 포위했을 당시 증인의 역할을 했던 선지자 예레미야의 특성이다(렘 5:14; 계 11:5).

다른 요소들은 여러 시기에 속한 하나님 백성의 특성들을 망라한다는 느낌을 강화시킨다. 그들은 하늘로부터 불을 요청하고, 사람들 가운데 거짓 신들에게 드리는 예배를 조장했던 통치자들의 시기에 하늘을 막아 비를 내리지 못하게 했던 선지자 엘리야와 같다(계 11:5-6; 왕상 17:1; 18:38; 왕하 1:10). 그들은 또한 이스라엘이 애굽에서 포로생활을 할 때에 물을 피로 변하게 하고, 땅에 재앙을 내리도록 하는 능력을 행사했던 모세와 비교된다(계 11:6; 출 7:17-21). 비록 모세와 엘리야가 여호와의 날 이전에 돌아올 것이라는 전승들이 있지만 두 증인은 위에서 언급된 모든 특성들을 망라한다.

이 두 증인의 마지막 요소는 죽음의 상황에서 예수님의 길을 따르는 그들의 신실한 믿음이다(계 11:7-10). 엘리야는 하늘로 직접 올리어졌기 때문에 죽음을 경험하지 않았다고 알려져 있다(왕하 2:11). 그러나 여기에 묘사된 증인들은 하나님의 말씀을 전하기 때문에 죽임을 당한 선지자들의 운명과 십자가에 달려 죽으신 예수님의 운명을 공유한다(마 23:30-31, 37; 행 7:52). 박해에 직면해서 행한 그들의 강한 예언은 그들의 대적자들이 제거됨으로써가 아니라 그들 자신의 순교에서 절정에 이른다. 충실한 신앙이 그들을 죽음으로부터 보호해주는 것이 아니다. 그 이유는 그들이 무덤에 장사 지내지도 못하게 되는 비참한 운명에 처해지기 때문이다(계 11:9). 보상은 죽은 뒤에야 주어진다. 이러한 상황에서도 그들은 십자가에 달려 죽으시고 후에 하늘 영광 가운데 올리어지신 예수님을 따른다.

이 두 증인의 죽음은 여러 시대와 장소들에 살아가는 충성스러운 신앙인들이 어떠한 운명을 맞이할 것인지를 예시하는 비유이다. 비록 요한은 그 증인들이 예수님이 십자가에 달리신 '큰 성'에서 죽음을 당한다고 말하지만(11:7-8), 그 구절은 그곳을 땅의 한 장소로 한정하지는 않는다. 그 장면은 그 장소들이 특별한 지역들보다는 선과 악의 특성들과 더 관련이 깊은 초현실적인 속성을 함축한다. 충성스러운 신앙인들을 대적하는 자는 무저갱으로부터 올라온 한 짐승이다(11:7). 무저갱의 입구는 지도에 표시할 수 없다. 요한계시록 9장 1-2절에서처럼, 무저갱은 악한 세력의 기원을 암시한다. 요한은 예수님이 십자가에 달리신 장소를 언급할 때, 예루살렘의 이름을 밝히지 않는다. 대신 그는 그 장소를 소돔과 애굽과 동일시함으로(11:8), 불로 멸망당하는 것이 당연시되는 소돔의 파렴치한 죄악들(창 18:20; 19:24)과 이스라엘 백성에 대한 애굽의 압제(출 1:8-14)의 기억을 떠올리게 한다.

충성스러운 신앙인들이 죽임을 당한 도시는 '큰 성'이라 불리는데(계 11:8), 그것은 억압이 발생한 전체 영역을 가리킬 수도 있다. 변화무쌍한 형태로 묘사된 '큰 도시'라는 명칭이 이 구절에서는 예루살렘과 소돔 그리고 애굽과 관련된다. 다른 곳에서는 바벨론을 가리킨다(14:8; 16:19; 17:18; 18:10, 16, 18, 19, 21). 또한 이것은 일곱 언덕 위에 세워진 도시인 로마에 대한 다른 이름이다(17:9). 그 도시는 "선지자들과 성도들과 **땅 위에서 죽임을 당한 모든 자**의 피"를 삼키는 도시이다(18:24). 증인의 시체를 지켜보는 자들은 단순히 예루살렘에 거주하는 자들만이 아니라, "백성들과 족속과 방언과 나라들에 속한 자들"이다(11:9). 그리고 충성스러운 신앙인들의 죽음은 "땅에 거하는 자들"에게 알려졌고 그들은 즐거워하며 기쁨을 나누었다(11:10). 이 장면의 비유적 특성은 후에 하늘 찬양대가 '이방인들'이 분노한다고 말할 때 강조될 것이다(11:18).

그 구절은 세상을 향해 충성스럽게 증언하는 신앙인들과 관련이 있으며, 그들은 궁극적으로 죽음으로부터 부활함으로 보상을 받게 될 것이다. 그들의 시체가 세상의 구경거리가 된 후에 마치 에스겔이 보았던 마른 뼈가 생기를 얻게 된 것처럼, 생기가 그들에게 들어가며 그들이 발로 일어선다(계 11:11; 겔 37:5, 10). 그리스도처럼 그들은 하늘로 들려 올리어진다(계 11:12). 이 장의 마지막 부분에서 울려 퍼지는 찬양의 노래는 이 증인들의 부활이 모든 충성스러운 신앙인들의 부활을 상징하고 있음을 보여준다. 그 환상은 하늘의 찬양이 "죽은 자를 심판하시며", "당신의 종들과 선지자들 그리고 신자들과 당신의 이름을 두려워하는 모든 자들 곧 작은 자와 큰 자에게 상을 주시는" 때가 임할 것임을 선포하고 있다는 사실을 독자들에게 알려준다(11:18). 이 구절에서 우리는 하나님 백성의 고난과 변호(vindication)의 표상을 본다.

결국 심판은 나라들에 임하게 되는데, 그 세력은 약화된다. 요한은 지진이 일어나며, "성의 십분의 일이 무너지며, 지진에 죽은 사람이 칠천이라"고 말한다(11:13). 요한계시록 8-9장에 이야기되는 환상군들에서 지속되는 것처럼 보이는 전체적인 심판을 향한 과정이 이제 전환된다. 이 환상들 각각은 땅의 삼분의 일에 떨어지며, 사람의 삼분의 일이 죽음을 당함으로 절정에 이르는 재앙을 계시한다(9:18). 그러나 요한계시록 11장의 마지막 부분에서는 단지 성의 십분의 일만이 파괴되는데, 그것은 백성의 십분의 구가 구원을 받는다는 의미이다. 변화의 크기를 파악하기 위해서, 어떻게 이것이 폭넓은 성서적 패턴을 전환시키는지를 살펴보자. 이사야는 하나님의 심판이 광범위하게 임하여서, 단지 십분의 일만이 살아나게 되며, 그 십분의 일도 다시 불에 탈 것이라고 경고한다(사 6:13). 마찬가지로, 아모스는 하나님의 심판이 임할 때, 십분의 구가 멸망할 것이라고 경고한다(암 5:3). 그러나 요한계시록에서는 그 반대가 사실이다. 그 이유는 십분의 구가 구원을 받으며 단지 십분의 일이 파멸을 당하기 때문이다(Bauckham, *Theology*, 87).

땅이 처음 여섯 나팔들의 공포를 경험한 후에도 사람들은 우둔하게 우상 숭배를 고집하며 회개하기를 거절한다(계 9:20-21). 그러나 사람들의 십분의 구는 하나님께 영광을 돌리며 하늘 코러스가 하나님께 찬양을 올린다(4:11; 5:13; 7:12). 증인과 죽음 그리고 믿음의 공동체에 대한 변호는 심판의 전망이 예상치 않았던 바를 성취한다. 이것은 많은 족속들과 언어들과 나라들이 하나님을 두려워하며, 하나님께 영광을 돌리게 한다. 엘리야 시대에—위에서 언급한 바와 같이 그의 유산이 두 증인에게 상속된다—칠천 명을 제외하고 모두가 우상 숭배에 빠졌다(왕상 19:18). 그러나 요한계시록에서 그 상황은 역전된다. 그 이유는 칠천 명 외에 모두가 하나님께 영광을 돌리기 때문이다(계 11:13). 나라들을 파멸시키기보다는 변화시키는 것이 세상을 향한 하나님의 뜻이다(14:7). 여기에 주어진 하나님의 목적의 성취에 대한 일별은 요한계시록의 마지막 장들에서 좀 더 온전히 발전되는데, 모든 도시들 중에 가장 위대한 새 예루살렘에서 왕들과 나라들은 다시 하나님과 어린 양에게 영광을 돌린다(21:24-26).

Ⅳ. 주님의 나라(11:15-19)

요한은 '화'가 임한다는 경고와 함께 일곱 번째 나팔을 불면서 서두를 시작한다. 그러나 비예언적인 형태로 예언하며, 그는 애도보다는 축하의 노래와 함께 화를 경고한다. 요한은 앞으로 일어날 일들에 대한 선포로 독자들의 기대감을 높인다. 그러나 그는 한 가지 형태를 확정하자마자, 이것을 변경하여 독자들로 하여금 하나님이 다음에 행하실 일들을 예견하는 자신들의 능력에 확신을 갖지 못하도록 한다. 이전에, 요한은 세 번 '화'가 이르렀다고 했는데 이것은 각각의 천사들이 불어야 할 나팔 소리가 남아 있다는 의미라고 설명했다(8:13). 다섯 번째 나팔을 불었을 때 황충들이 나타났다. 요한은 첫 번째 화가 이르렀다고 선포했다(9:12). 그러므로 여섯 번째 나팔이 사람의 삼분의 일을 죽음으로 몰아넣었을 때, 독자들은 요한이 두 번째 '화'가 이르렀다고 선언하기를 기대할 것이다. 그러나 요한은 그렇게 하지 않았다. 대신 그는 더 약한 심판이 임하고 사람들이 하나님께 영광을 돌릴 때까지 두 번째 '화'의 선언을 유보한다(11:13-14).

요한이 "셋째 화가 속히 임한다고" 경고할 때(11:14), 독자들은 이 화가 천사가 여섯 번째와 일곱 번째 나팔을 불 때에 임할 것으로 기대했을 것이다. 그러나 다시 요한은 그들을 놀라게 한다. '화'에 대한 경고 후, 기대했던 파멸의 이야기를 듣는 대신에 독자들은 "세상 나라가 우리 주와 그의 그리스도의 나라가 된다"는 것을 알게 된다(11:15). 그 장은 마치 하늘 예배의 이전 장면들에서 그들이 행했던 것처럼, 이십사 장로가 하나님께 경배하며 찬미의 노래를 부르는 다른 환상으로 넘치게 된다(4:9, 11; 5:8-14; 7:11-12). 이전에 하나님은 "전에도 계셨고 이제도 계시고 장차 오실 이"로서 환호를 받았다(4:8). 그러나 여기서는 단지 과거와 현재 시제만을 사용하여, 그들은 하나님을 향해 "옛적에도 계셨고 지금도 계신 분이라"고 갈채를 보낸다(11:17). 미래 시제가 빠진 것은 마지막 때가 이미 임했음을 암시한다.

그렇다면 종말이 '화'로 이해되어야 하는가(11:14), 아니면 하나님의 통치에 대한 '축제'로 이해되어야 하는가?(11:15). 이 질문에 대한 대답은 독자들의 관점에 달려 있을 것이다. 한편, 자신들의 보좌로부터 내려와 하나님께 경배하는 이십사 장로들처럼, 기꺼이 하나님의 주권을 인정하는 자들은 기뻐해야 할 근거로써 하나님의 통치의 소식을 들을 것이다(11:16-17). 다른 한편으로, 만일 하나님이 통치하신다면 이것은 하나님의 자리를 취하고자 하는 자들에게 '화'가 될 것이다. 하나님 나라의 임함은 그에게 적대감을 가지고 분노하는 나라들에게 '화'를 가져다준다. 그들은 자신들의 자리를 잃어버리게 될 것이다. 그리고 하나님의 나라가 임함으로 하나님의 종들을 박해하는 자들에게 '화'가 미칠 것이다. 왜냐하면 하나님은 이 종들에게 신실한 자에게 합당한 상을 주실 것이기 때문이다(11:18).

하나님의 나라는 세상에 파멸을 가져오는 것이 아니라 "땅을 망하게 하는 자들을" 멸망시킨다(11:18). 이 선언은 이어지는 장들에 등장하게 될 악한 세력들뿐만 아니라 이미 속박에서 놓임을 받은 악한 세력에게 통고하는 것이다. 창조자는 지하 세상으로 내려가는 '파괴자'를 억압하는데(9:1, 11), 그는 땅으로 쫓겨난 용뿐만 아니라 하나님의 백성을 억압하기 위하여 다른 세력들과 동맹을 맺는 짐승이다(11:7; 13:1-18; 17:1-18). 여기에서 선포되는 하나님의 승리는 요한계시록의 마지막 장들에서 보다 자세히 묘사될 것이다. 하나님의 나라의 임함은 단순히 사람들이 하늘에 안식처를 찾기 위해 이 세상의 수렁으로부터 이끌림을 받는 것을 의미하지는 않는다. 창조자는 이 세상을 포로로 잡고 있는 세력들로부터 세상이 자유롭게 되기를 원하신다(롬 8:18-25).

하나님의 성전이 열리고 하나님의 언약궤가 보이는 것은 하나님의 통치에 수반된 희망과 위협의 지속적인 의미를 전달하는 생생한 방식이다(계 11:19). 언약궤는 이스라엘 백성들이 하나님과 자신들의 언약 관계를 요약해놓은 율법의 서판을 보관한 황금으로 만들어진 상자이다. 모세가 하늘의 언약궤의 모양을 따라서 언약궤를 지었다고 말했기 때문에(출 25:9-10) 주전 587년, 바벨론이 첫 번째 성전을 파괴할 때 땅의 언약궤를 분명히 잃어버렸지만, 많은 사람들은 하늘에서 언약궤를 찾을 수 있을 것이라고 생각한다. 그 언약궤는 하나님의 임재와 관련이 있다. 지성소에 감추어졌지만 이곳은 하나님과 백성의 대표들이 만났던 장소이다(출 25:22).

요한계시록 11장 19절에 언약궤가 등장한 것은 사람들이 하나님과 만날 준비를 해야 한다는 표시이다. 그러나 그러한 만남은 한편으로는 축복이요, 다른 한편으로는 심판을 초래할 수 있다. 회개한 사람은 하나님의 은혜를 찾을 것이라는 희망을 가질 수 있으나 하나님을 반대하는 자들은 그의 심판을 접할 것으로 기대할 수 있다. 옛적에 언약궤는 이스라엘의 적들에 대항하는 전투에서 하나님의 임재를 경험하게 했다(수 6:13). 그리고 여기에서는 그것이 하나님을 억압하고 하나님 나라의 임함을 방해하는 자들에 대항하는 새로운 전투들의 시작을 알린다. 하나님의 성전이 열렸다. 전능하신 자는 거기에 갇혀 있지 않다. 번개와 우레와 지진과 큰 우박은 하나님의 대적자들에게 임하는 재앙의 전조가 된다(계 11:19).

5장

짐승과 어린 양

- 요한계시록 12-15장

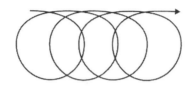

요한계시록의 1막은 일곱 번째 나팔을 불며, "세상 나라가 우리 주와 그의 그리스도의 나라가 된다"는 선언으로 종결짓는다(11:15). 파괴적인 재앙들의 환상군이 끝이 나고, 하나님께 속한 죽임을 당한 증인들이 다시 살아난다. 그리고 인류의 일부분에 심판이 임하며, 나머지는 하나님께 영광을 돌린다. 하늘 찬미의 장면에 통례적으로 등장하는 이십사 장로는 하나님의 것이 분명한 왕적인 권세를 취하신 하나님을 찬양하는 노래를 부르는 단계로 되돌아간다(11:16). 찬미의 노래가 천상의 홀에 다시 울려 퍼지자, 1막의 마지막 장면이 이 드라마의 끝이 아님을 알리는 불길한 저음이 들린다. 그 이유는 "땅을 망하게 하는 자들을 멸망시키실" 때가 왔기 때문이다(11:18).

2막의 장막이 올려지자, 청중들은 악한 세력들의 최후의 멸망으로 절정에 이르게 될 거룩한 세력들이 새롭게 시작할 공격과 대면할 준비를 한다. 거기에는 이미 이 이야기가 흘러갈 방향이 암시되어 있었다. 포위 공격을 당하는 성전과 자신들의 목숨을 담보로 증거하는 두 증인의 환상들은 그들의 공동체가 어떻게 사회적인 압박과 위협에 직면하여 하나님의 진리를 증거하도록 부름을 받았는지를 독자들에게 보여줄 수 있다. 무저갱의 연기로부터 올라온 신비로운 짐승은 하나님의 증인을 살해한다(11:7). 그리고 독자들은 곧바로 충성스러운 신앙인들을 억압하는 더 강한 세력들을 보게 될 것이다. 이전 장은 하나님의 증인의 고통이 헛되지 않음을 보여주었다. 그 이유는 하나님이 그들을 지키시고 많은 사람들을 회개로 인도하시기 때문이다. 그러나 불길한 짐승과 다른 세력들은 종말을 고하게 될 것이 틀림없다.

2막에 적어놓은 몇 가지 예정표는 요한계시록 21-22장에서 펼쳐질 이야기를 예견하는 데 도움을 줄 수 있다. 이 책의 후반부에 펼쳐지는 이 드라마는 하늘로부터 땅으로 쫓겨나고 땅에서 심연으로 떨어지는 사탄의 패배를 추적한다. 이야기의 전개 과정에서, 사탄은 두 짐승과 음녀를 포함한 다른 대리자들을 통하여 활동하고자 한다. 그러나 하나님과 어린 양이 결국은 이 '세상의 파괴자들'의 의도를 좌절시킨다. 전개되는 줄거리는 축복의 약속들과 경고들을 전하는 좀 더 짧은 환상군들로 이어진다. 그러나 사건들의 전반적인 과정은 매우 정형화되었으며, 아래와 같이 요약될 수 있다.

사탄이 하늘로부터 땅으로 쫓겨난다(계 12장).
짐승과 거짓 예언자가 정복한다(계 13장).
음녀가 짐승을 탄다(계 17장).
음녀가 짐승에 의해 파멸된다(계 17장).
짐승과 거짓 예언자가 정복을 당한다(계 19장).
사탄이 땅으로부터 심연으로 던져진다(계 20장).

이 개요는 요한이 이 드라마 안에 사탄과 짐승과 거짓 예언자 그리고 마지막으로 음녀를 어떻게 체계적으로 소개하며, 반대의 순서로 그가 음녀와 짐승과 거짓 예언자와 마지막으로 사탄 자체를 어떻게 소개하는지를 보여준다. 마지막 부분은 그 순서에서 점강법(anticlimax)으로 되어 있는데, 사탄이 잠시 놓임을 당했다가 불 못으로 던져진다(20:7-10).

악에 대한 하나님의 승리의 이야기는 우주적인 규모로 펼쳐지는데, 시간과 공간의 일상적인 한계들의 제약을 받지 않는다. 그 이유는 전투에 참여하는 자들이 하늘 높은 곳에서부터 땅 아래의 심연까지 펼쳐진 전쟁터를 누비기 때문이다. 발아래에 달이 있고 그의 머리에는 열두 별의 관을 쓴 한 여자가 등장하는데, 그 여자는 하늘로부터 도망쳐 땅에 피난처를 구하고자 한다(12:1, 6). 그 여자의 대적자인 용은 밤하늘을 휘젓던 뱀의 꼬리를 가지고 하늘의 별들을 끌어다가 땅에 던진다(12:4). 하늘에서 미가엘과 그의 사자들이 용과 그의 사자들과의 전투를 벌인 후, 그들을 땅으로 내쫓는데 그들은 땅에서도 싸움을 계속한다(12:7-12). 용은 새로운 추격에 착수하기 위해 분노 가운데 그 자체를 정리하며, 한때 달 위에 서 있었던 여자는 용으로부터 피할 수 있도록 날개를 받는다(12:13-14). 현대 청중들은 이 장면을 보면서 용의 입에서 강을 내뿜고, 땅은 그 입을 열어 그 강을 삼키는 만화 영화의 곡예(feat)를 생각할 것이다(12:15-16).

우주의 지배권을 차지하기 위해 벌이는 전투에서 영웅들과 전사들이 은하계를 횡단하는 것처럼, 현대 독자들은 요한계시록 12-22장에서 청중들에게 특별한 감동을 주는 영화와 유사하게 전개되는 우주적 드라마를 발견하게 될 것이다. 그와 같은 현대 대중문화와의 비교는 요한계시록을 하찮은 글로 전락시키기보다는, 실제로 이 책에서 진행되고 있는 것을 이해하는 하나의 방법을 인지하는 데 도움이 될 수 있다. 요한의 청중들은 자신들의 영웅들과 이미지 메이커와 그 신들의 풍설들과 고정관념들 그리고 예식들과 그래피티(graffiti)를 가진 폭넓은 문화 내에서 생활했었다. 그리스도인들은 자신들이 비기독교적인 관행들을 어느 정도 수용해야 하며, 어떤 점에서 저항해야 하는지를 판단해야 하는 지속적인 도전에 직면해 있다. 요한계시록 2-3장에 나오는 일곱 교회에 속한 일반 사회의 규범을 따르지 않는 그리스도인들은 때로 비기독교인들에게 혹독한 대우를 받았다. 그러나 방심할 수 없는 위협은 그리스도인들로 하여금 자신들이 가진 확신을 양보하고 세상적인 편안에 안주하도록 유혹하는 대중문화의 세력이었다(2장을 보라). 요한은 그 시대 대중문화의 우상들을 파악하여 그것들의 실체를 드러냄으로, 독자들로 하여금 그것들의 겉모습 배후에 놓여 있는 실체들을 올바로 파악하게 함으로써 그것들과 타협하지 못하게 하고 믿음을 잘 지키도록 권면한다.

요한계시록 12-15장은 보다 더 긴 드라마 내의 짧은 환상군들로 구성되어 있다. 이 환상들은 그리스도의 성육신(12:5)으로부터 재림까지(14:14-20)로 확장되는 메시아적 전투를 묘사한다. 요한 시대의 독자들과 우리 시대의 독자들은 이 두 사건 사이에 살고 있다. 그리스도의 초림을 되돌아보며, 재림을 기다리는 모든 사람들은 자신들의 믿음을 지키기 위해 투쟁해야 하며 인내할 것을 요청받는다(13:10; 14:12). 그 투쟁은 강력하다. 그러나 결국 요한은 독자들을 하늘 보좌가 있는 방으로 되돌아오게 하는데, 짐승을 이긴 성도들은 이전 환상군들의 마지막 부분에서 했던 것처럼, 하나님과 어린 양을 찬미하는 노래를 부른다(15:1-4).

I. 여인, 미가엘 그리고 용(12:1-18)

선한 세력들과 악한 세력들 사이에 벌어지는 전투의 이야기들은 독자들로 하여금 악을 멀리하고 선의 편에 서도록 하는 데 힘을 더해준다. 요한의 시대에 회자하는 그와 유사한 하나의 이야기에 의하면, 적대자는 파이톤(Python)이라 부르는 포악한 용이었으며, 지지자는 아폴로 신의 어머니인, 레토(Leto)라 하는 한 여인이었다. 레토가 제우스 신과 관계하여 임신하였을 때, 용은 그 여인과 그 여인의 아들을 죽이기 위해 그녀를 추격했다. 북풍이 레토를 멀리 날려 보내어 구출했다. 결국 그 여인은 에게 해에 있는 델로스 섬에 피난처를 찾게 되었다. 거기서 그 여인은 아폴로와 아르데미를 출산했다. 4일 후에 아폴로는 용을 추격하여 곧바로 살해함으로 자신의 어머니의 복수를 했다.

로마 황제들은 아폴로와 자신을 연결시킴으로 자신들에게 유리하도록 그 이야기를 적용시켰는데, 악한 용에 대한 그의 패배는 평화와 번영의 시대를 선도한다고 백성들을 설득했다. 제국의 시민들은 이 이야기를 들으면서 하늘의 여왕인 로마의 여신과 이 여인을 동일시했을 것이다. 그들은 그 여인의 아들이 악과 혼돈의 세력들을 정복하고 빛과 평화를 세상에 가져올 로마 황제가 될 것으로 기대했을 것이다. 이 때문에 가이사 아우구스투스는 새로운 아폴로로 환영을 받았다. 네로 황제는 아폴로로 변장하여 자신을 대중들에게 내보였으며, 아폴로의 트레이드 마크였던 머리로부터 빛나는 빔(beam)을 지닌 자신의 형상을 동전에 새겼다.

요한계시록 12장에서 요한이 임신한 여자와 용에 관하여 말할 때, 일곱 교회에 속한 그리스도인들은 이와 유사한 레토의 이야기를 회상했을 것이다. 그러나 그들은 또한 요한의 환상이 그 이야기에 함축된 의미들과는 전혀 다르다는 사실을 발견하게 될 것이다. 곧 요한의 환상에서 수고하는 여자는 이교 여신이 아니라 하나님의 백성이다. 아이는 황제가 아니라 그리스도이다. 용은 그리스도를 대적하고 그의 교회를 위협하는 세력을 대변한다. 결국 대중문화를 찬미하기 위해 사용된 이 이야기가 새롭게 변형되어서 독자들로 하여금 그 문화에 동화되고자 하는 유혹을 이겨내는 데 도움을 주게 되었다.

여자와 아이를 위협하는 용(12:1-6)

이 이야기는 요한이 하늘에 나타난 '이적'을 보는 때로부터 시작한다. 이 이적은 밤하늘에 빛을 발하는 별자리와 거의 유사하다. 요한이 하늘을 바라볼 때, 그는 해로 옷을 입고 발아래 달을 가진 한 여자를 보았다. 그 여자의 머리 위에 있는 열두 별은 승리와 통치의 상징인 관의 형상으로 되어 있었다(4:4, 10). 그 여자는 임신을 했으며, "철장으로 만국을 다스릴" 아이를 출산하기 위한 준비를 하면서 해산의 고통에 소리를 질렀다(12:5). 이 아이에 대한 묘사는 시편 2편으로부터 가져온 것으로, 그 시에는 하나님의 아들이라 불리고 그의 유산으로 나라들을 받게 될 분이신 '메시아' 혹은 여호와의 기름부음을 받는 자에 관해 노래하고 있다. 시편의 히브리 역은 기름부음을 받은 자가 철장으로 나라들을 '부술 것'이라고 말하나 헬라어 역은 그가 자신의 철장으로 나라들을 '다스리다' 혹은 문자적으로 '보살피게 될' 것이라고 한다(시 2:9). 이 표상은 하나님의 대적자들에게 위협이 되는데, 그 이유는 이것이 파멸을 가리키기 때문이다(계 2:27; 19:15). 반면 동일한 표상이 하나님의 백성들을 고무시킨다. 그 이유는 그리스도가 생명수의 샘으로 그들을 인도함으로 그들을 '보살피시기' 때문이다(7:17).

요한은 계속해서 하늘을 바라보는데, 포악한 붉은 용이 별들 사이에 모습을 드러낸다. 사람들은 용을 네 개의 다리를 가지고 뱀처럼 구물구물 움직이는 기괴한 파충류로 상상했다(12:9; 사 27:1). 요한의 환상 가운데 등장하는 예사롭지 않은 괴물은 일곱 머리와 열 개의 뿔을 가졌는데, 이 괴물은 매우 거대하여서 그의 샐쭉거리는 꼬리는 별들을 휘날려서 하늘의 빛의 삼분의 일을 비운다. 용이 그 여자와 그 여자의 아이를 싫어하는 이유가 분명히 진술되지는 않았으나 그의 모습을 통해 짐작할 수가 있다. 괴물의 머리에 놓인 일곱 왕관은 그가 통치에 대한 열망을 가지고 있음을 말해준다. 별들의 관을 쓴 여자와 나라들을 다스리게 될 아이는 용의 경쟁자들이기 때문에, 용은 그들을 쳐부숴야 한다. 이러한 방식을 전달함으로 요한은 독자들이 자신들을 그 여자와 아이하고 동일시하며, 새로 태어난 아이를 자신의 먹잇감으로 삼기 원하는 괴물에게 쫓김을 당하게 될 것이라는 생각을 갖도록 이끈다. 그 결과, 아이와 동일시되는 독자들은 자신들을 그리스도와 동일시하며, 자신들을 메시아를 파멸시키고자 하는 세력들에 반대되는 위치에 서게 한다.

그 여자와 그 여자의 아이에 대항하는 용의 위협은 불리한 결과를 초래하게 되었다. 자신의 경쟁자를 파괴하는 대신에, 그 아이를 삼키고자 하는 괴물의 사악한 시도는 오히려 그 아이를 하늘의 왕좌에 앉게 했으며 그 여자는 도피처로 피신한다. 요한계시록을 읽는 그리스도인의 독자들은 요한의 환상이 그리스도의 죽음으로부터의 구원과 부활을 통해 높임을 받아 하늘의 권세를 얻는 데까지를 망라한다고 인식했을 것이다. 이 환상 이야기는 십자가에 달리신 것에 대한 언급 없이 출생으로부터 곧바로 승귀로 옮겨진다(참조. 롬 1:3-4). 예수님의 죽음이 잊혔다기보다는 전제된 것이다. 요한은 분명히 그의 독자들이 메시아가 죽었다는 사실을 알고 있었다고 가정한다(계 1:5, 7, 18; 5:6, 9, 12). 그리고 그는 곧바로 예수님의 피가 지니고 있는 구원의 능력을 강조한다(12:11). 이 환상은 독자들이 이미 알고 있는 바를 반복해서 전하고자 하는 의도를 갖는 것이 아니라, 그리스도의 죽음이 악을 위한 승리가 아님을 강조하려는 데 그 목적이 있다. 용은 그리스도를 위협하나, 결국 보좌에 앉은 이는 용이 아니라 그리스도이다(5:6; 7:17; 12:5).

미가엘과 용(12:7-12)

그리스도가 보좌에 오르시는 것이 평화와 고요함의 시기를 예고하지는 않으나, 이것은 하늘의 서사시적 전투를 위한 촉매가 된다. 그리스도는 "모든 나라들을 다스리게 될 분"이시다(12:5). 그러나 그의 통치는 저항 없이 오지 않는다. 승귀한 그리스도가 보좌에 앉게 되자, 미가엘 천사가 그리스도를 파멸시키고자 하는 용에게 대규모의 공격을 개시한다. 미가엘은 이스라엘을 박해하는 세력들을 패배시킨 '천사장'이다(단 10:13, 21). 그는 하나님의 백성을 위한 하늘의 '보호자'이며, 사탄의 대적자이다(유 9). 천사장 미가엘을 이야기하는 민간전승의 대부분은 성서 이외의 자료에서 온 것이나, 요한계시록은 독자들이 이 천사장과 친숙해 있을 것으로 가정한다. 더욱이 미가엘이 하나님의 백성을 대신하여 싸우기 때문에, 자신을 하나님의 백성으로 이해하는 자들은 미가엘이 자신들을 위해 싸우는 것으로 가정한다.

미가엘의 공격은 용을 패배시키는데, 용은 이제 마귀와 사탄과 분명히 동일시된다. 이 패배는 극적으로 사탄이 활동할 수 있는 영역을 제한한다. 하늘에서 활동하는 대신, 하나님 앞에서 성도들을 참소하던(계 12:10) 사탄이 하늘로부터 추방당함으로 그의 활동 영역이 땅에 한정된다. 비록 현대 독자들이 때로 이 구절이 태초에 사탄이 하늘로부터 쫓겨난 것에 대한 언급이라고 주장하지만,[1] 이것은 그 경우는 아니다. 요한계시록 12장은 그리스도의 부활과 즉위의 결과로서 발생한 하나의 전쟁을 묘사한다(12:5, 11). 사탄에 대한 미가엘의 승리가 사탄이 하늘로부터 땅으로 쫓겨났다고 처음 말하는 것이 아니라는 점에 주목하라. 왜냐하면 사탄은 미가엘과 싸우기 오래전에 '온 천하'를 속였기 때문이다(12:9). 그 상황에 대한 요한의 상상에 따르면, 사탄은 미가엘과의 전투 이전에 하늘과 땅에 접근했다. 그러나 전쟁의 결과로 자신의 영역들 중 상당 부분을 상실한다. 이 때문에 그는 더 이상 하늘에 접근하지 못한다. 사탄의 잔인성은 주로 속박당한 데서 온 것이다.

하늘로부터 들려온 음성들은 마치 그리스의 연극에서 무대의 한편에 서 있는 코러스가 청중에게 그 줄거리를 해석하는 데 도움을 주는 것처럼, 하늘 전쟁의 의미를 선포한다. 그 코러스는 그리스도가 즉위하시고 사탄 곧 용이 축출됨으로 구원이 임한다고 선포한다(12:10). 구원의 두 차원은 특별한 관심의 대상이 된다.

첫째로, 하늘로부터의 사탄의 축출은 그가 더 이상 하나님 앞에서 성도들을 비난하는 자리에 있지 않다는 것을 의미한다(12:10). 히브리어로 **사탄**(satan)이라는 단어의 의미는 '대적자'인데, 구약성서에서는 사탄을 죄에 대해 사람을 고소하는 하나님의 하늘 궁전의 구성원으로 기술한다. 예를 들면, 하나님은 욥을 의로운 자라고 생각하시나 사탄은 욥이 진정으로 하나님을 경외하는 것이 아니라고 주장한다(욥 1:6-12; 2:1-6).

---

1) 사탄은 원래 하나님의 천사들 중의 하나였는데, 배반하여 하늘로부터 쫓겨난다는 사상은 성서에 있는 다양한 구절들로부터 가져온 내용을 근거로 구성한 것이다. 이사야 14장 12-15절은 교만하게 하나님을 대적하려다가 스올로 떨어진 개명성에 관해 말한다. 그는 이제 고리에 채워져 깊은 어두움에 던져진다. 창세기 3장에서는 이브를 유혹했던 뱀을 사탄과 동일시하지는 않는다. 그러나 후기에 기록된 구절들에서는 사탄을 통하여 세상에 들어온 죄와 죽음에 관하여 이야기한다(지혜 2:24). 반면, 이사야 27장 1절은 미래의 큰 용의 패배에 관하여 말하며, 누가복음 10장 18-19절에는 예수님이 자신을 따르는 자들이 귀신들을 쫓아낼 때에 사탄이 번개처럼 떨어지는 것을 보았다고 말씀한다.

알브레히트 뒤러, 사탄, 용과 싸우는 미가엘(계 12:7-9)

마찬가지로, 스가랴는 대제사장이 더러운 옷을 입고 등장하며 사탄은 그를 비난하기 위해 곁에 서 있는 환상을 보았다. 그러나 하나님은 사탄을 의식하지 않고 제사장의 죄를 걷어가 주시며 깨끗한 축제 옷들을 그에게 입혔다(슥 3:1-5). 유사하게 요한계시록은 하나님의 모든 백성이 어린 양의 피에 의해 깨끗함을 받은 제사장들이라고 선언한다. 그러므로 그들은 흰 옷을 입을 수 있었다(계 1:5-6; 5:9-10; 7:9-14). 요한계시록은 그리스도를 죽임을 당하신 어린 양으로 기술함으로 그리스도의 죽음이 사람들의 죄를 깨끗하게 하는 희생물이라는 사고를 강화시킨다. 하늘로부터의 사탄의 축출은 그리스도의 피가 마귀를 효과적으로 '정복했음'을 보여준다(12:11). 그 이유는 이것으로 사탄은 더 이상 그리스도께서 깨끗하게 하신 성도들을 비난하지 못하게 되었기 때문이다(참조. 롬 8:33-34).

둘째, 하늘로부터 들려온 음성은 땅에서 고난을 당하는 충성스러운 신앙인들에 대한 일상적인 개념들을 변화시키고자 한다. 이전의 계시에서 요한은 믿는 자들을 옥에 가두고 충성스러운 신앙인들을 죽이며 교회를 위협하는 사탄의 세력들에 관해 말했다(계 2:10, 13). 그러므로 그리스도인 독자들은 충성스러운 신앙인들의 죽음이 사탄에 대한 승리들의 구성 요소가 된다고 결론을 내릴 것이다. 그러나 전반적으로 요한계시록에서, 참된 정복과 참된 승리는 믿음을 통하여 성취된다. 믿음 가운데 머물러 있고 자신들에게 주어진 사명을 포기하지 않은 자들은 비록 죽임을 당하기는 하지만 결국은 사탄을 '정복한다'. 그 이유는 그들은 사탄의 뜻에 굴복하지 않았기 때문이다(12:11). 세상적인 시각에서 보면, 기독교 신앙에 참되게 머물러 있기 위하여 자신들의 생명을 잃은 그리스도인들은 어이없는 패배를 경험한다. 그러나 하늘의 시각에서 보면, 그들은 십자가에 못 박혀 죽으시고 부활하신 어린 양의 승리를 공유하기 때문에 승리한 것이다.

마지막으로, 사탄이 하늘로부터 축출된다는 이야기는 독자들에게 악의 계속되는 위협에도 불구하고 인내하도록 격려한다. 땅의 관점에 의하면, 악은 막을 수 없을 정도로 널리 퍼져 있는 것처럼 보인다. 사악한 자들이 번성하고 의로운 자들이 고난을 당하는 그곳을 사탄이 통치하는 것처럼 보인다. 그러나 하늘의 관점에서 보면, 악이 땅에서 사납게 날뛰는 것은 강해서가 아니라 쉽게 무너지는 약점을 가졌기 때문이다. 요한계시록은 사탄을 하나님의 세력을 둘러 진을 친 사악한 짐승에 비교한다. 곧 하늘의 광활한 평원으로부터 땅의 울타리 쳐진 곳으로 쫓겨난 짐승과 비교한다. 울타리가 쳐져 있는 새로운 환경에 떨어진 이 짐승은 미쳐 날뛴다. 그러나 잠시 동안 그의 머리 근처에 올가미가 끼워지고, 발들은 묶여지고 차꼬에 채워졌기 때문에 더 이상 손상을 입힐 수 없게 되었다(12:11; 20:2). 사탄이 사납게 날뛰는 모습을 보면서, 그가 정복되지 않을 것이라고 판단한 자들은 절망에 빠져 자포자기하게 될 것이다. 그러나 사탄이 이미 하늘의 자리를 잃었고 절망 상태에 빠져 땅에서 날뛴다는 사실을 인식하는 자들은 하나님이 이기실 것이라는 확신 가운데 그에게 저항할 이유를 가질 것이다.

용이 여자와 그의 자녀들을 박해하다(12:13-17)

이 장의 마지막 장면에서는 용을 피하여 광야에 도망하여 거기에 피난처를 찾는 여자의 이야기를 다시 시작한다(12:6). 우리는 이제 그 여자가 하나님의 백성을 대표한다는 사실을 알게 될 것이다. 이 장의 시작 부분에서, 그 여자는 모든 나라들을 다스리게 될, 메시아의 어머니로 보여진다(12:5). 그러므로 그리스도인 독자들은 자연스럽게 그 여자와 예수님의 어머니인 마리아를 동일시할 것이다. 그리고 이 장의 마지막 부분에 가서는 그 여자가 모든 신자들의 어머니라는 사실이 분명해질 것이다. 그 이유는 그 여자가 많은 '자녀들'을 가졌기 때문이다. 이 자녀들은 "하나님의 계명을 지키며 예수의 증거를 가진" 모든 자들이다(12:17). 이 여자는 그로부터 메시아가 날 것이라는 이스라엘의 이야기뿐만 아니라 예수님의 죽음과 부활 이후에 박해를 받게 될 교회의 이야기를 망라한다. 요한계시록 11장 1-2절에 의하면, 하나님의 백성은 성전으로 상징되는데 그들은 적대적인 세력들에 의해 위협을 당하며 삼년 반의 기간 동안 박해를 받는다. 요한계시록 12장 1-17절에서 요한은 용에게 위협을 당하며 삼 년 반의 기간 동안 박해를 받는 하나님의 백성을 여자로 묘사함으로 다시 동일한 이야기를 시작한다. 각각의 구절들에 다른 표상들이 사용되었으나, 그 메시지는 동일하다.

그 여자를 적대시하는 위협과 그 여자가 보호받는다는 것을 설명하는 요한의 환상은 하나님의 백성의 이야기의 모든 순간들을 총망라한 이미지를 사용한다. 이것은 다양한 시간과 장소들 가운데에 살아가는 사람들에게 이 이야기를 적용할 수 있게 한다. 모든 산 자의 어머니인 이브는 해산의 고통을 당할 것이라는 경고를 받는다. 그리고 요한계시록에 나오는 여자는 해산의 고통에 애쓰며 부르짖는다(창 3:16; 계 12:2). 비록 이브가 자신을 속이는 '옛 뱀'의 간계의 먹이가 되었지만, 하나님은 그녀의 자손이 뱀의 머리를 부술 것이라고 약속하셨다(창 3:15). 이 약속은 뱀인 사탄에 대한 어린 양과 성도들의 승리를 통해 성취되었다(계 12:11).

이 여자의 이야기는 또한 이스라엘의 출애굽과 광야에 머물렀던 일들을 회상시킨다. 이스라엘 백성들은 바로와 추격자들을 피해 바다를 건너 도망하였다. 그때 "바다를 나누시고", "용들의 머리를 깨뜨리실 수" 있는 능력의 하나님(시 74:12-15)은 마치 '독수리의 날개'처럼 자신의 백성들을 광야의 피난처로 인도하셨다(출 19:4). 광야에서 방황하는 동안 하나님은 그들을 만나로 먹이셨다(신 8:3). 마찬가지로, 요한계시록에 등장하는 여자는 입으로 물을 강같이 토하여 자신을 떠내려가게 하려는 용으로부터 구원을 받았다. 하나님은 여자에게 독수리의 날개를 주어서 광야로 인도하셨다. 그리고 여자는 광야에서 하나님이 이스라엘을 양육하신 것처럼, '양육함'을 받았다(계 12:6, 14-16).

이 구절들은 이 드라마를 독자들의 상황과 더욱 가깝게 인도한다. 출애굽 후에도, 이스라엘 백성들은 에스겔 선지자가 용이라 부르는 애굽 왕으로부터의 위협을 지속적으로 경험했다(겔 29:3; 32:2). 그 후에 바벨론 군대들이 예루살렘을 위협하고 마침내는 정복했다. 그러므로 바벨론 왕은 하나님의 백성으로 자신의 배를 채우는 용에 비유할 수 있다(렘 51:34). 다니엘은 요한계시록 12장 3절에 나오는 용과 같은 열 뿔을 가진 무시무시한 생물들에 대해 말한다(단 7:7). 그리고 이사야서는 구원의 징표로서 아들을 낳는 수고를 하는 하나님의 도시인 시온에 대해 이야기한다(사 66:7-9). 여러 구약의 구절들과 연결시킬 수 있는 연상 표상을 사용한 후에, 요한은 "예수의 증거를 가졌기" 때문에 위협을 당하는 그리스도인들의 경험들을 분명히 보여주는 환상으로 결론을 내린다(계 12:17). 여자의 이야기에서, 독자들은 하나님의 백성의 이야기 내에 있는 자신들의 이야기를 볼 수 있게 된다.

Ⅱ. 두 짐승(13:1-18)

요한계시록 12장에 생생하게 묘사된, 사탄의 세력들과 하나님과 어린 양을 따르는 자들 사이의 우주적 전쟁은 13장에서도 중단 없이 계속된다. 이 장에서 용은 자신의 하수인인 바다로부터 올라온 짐승과 땅으로부터 올라온 짐승을 통해 활동한다. 대중적인 지지를 받는 해석자들은 요한계시록 12장에 나오는 여자와 아이와 미가엘과 용의 상징적 이야기들에 거의 관심을 기울이지 않는다. 대신 그들은 그 구절이 현 세상에서 일어나게 될 사건들에 대한 암호화된 예언이라고 가정함으로, 요한계시록 13장에 묘사된 짐승들의 외모에 관심을 집중한다. 우리는 아래에서 이 접근 방법을 살펴볼 것이나, 그보다 먼저 짐승들의 환상이 이전 장에서 시작했던 이야기를 어떻게 계속해나가는지를 묻고자 한다. 요한계시록 12장에 묘사된 용과 여자의 갈등은 미래 사건에 대한 단순한 예언들을 전하는 것이 아니라 다양한 시대들과 장소들에 거주하는 하나님의 백성을 위한 하나의 메시지를 전달했다. 짐승들의 환상들도 동일한 역할을 한다. 용의 이야기를 계속함으로, 여러 세대의 독자들에게 계속적으로 악의 세력에 주의하도록 경고하며, 믿음과 인내를 새롭게 하도록 요청한다(12:10).

바다로부터 올라온 짐승(13:1-10)

짐승들이 등장하기 전에, 사탄은 새롭고 가공할 만한 악의 정체를 드러내려는 것처럼 바다 모래 위에 서 있었다(12:17). 물로부터 올라온 공포감을 주는 짐승은 사탄인 용과 흡사하다. 독자들은 용과 같은 모습으로 변장한 짐승의 실체를 파악하는 데 별 어려움을 갖지 않을 것이다. 그 이유는 그 짐승은 일곱 머리와 열 뿔을 가지고 있기 때문이다. 그러나 관심을 끄는 점은 이 짐승이 열 왕관을 쓰고 있었으나 용은 단지 일곱 왕관을 쓰고 있다는 것이다(12:3; 13:1). 통치권을 얻고자 하는 용의 소망은 하늘로부터 쫓겨남으로 인해 증가되었다. 가공할 만한 외모를 가진 짐승은 표범의 몸을 가졌고 그 발은 곰과 같았으며, 사자의 입을 가지고 있다(13:2). 짐승의 머리 중 하나가 상하여 죽게 되었다가 다시 회복되었는데, 이것은 그가 정복되지 않을 것이라는 인상을 준다.

많은 사람들이 마치 마법에 걸려 그를 따르듯이, 이 기괴한 피조물에게 마음을 빼앗겼다(13:3). 무리들은 독자들로 하여금 자신들이 보고 있는 바가 무엇인지를 숙고하게 하는 두 가지 질문을 던진다. 첫째, 그들은 묻는다. "누가 이 짐승과 같으냐?"(13:4). 무리들은 다음과 같은 말로 자신들의 질문에 대답한다. "짐승과 같은 이는 없다. 짐승은 비교할 수 없는 존재이다." 그러나 요한은 다른 측면에서 그 질문에 답하도록 자신의 독자들을 준비시킨다. 독자들은 어떤 점에서는 짐승이 사탄과 같다고 인식할 수 있을 것이다. 그러나 사악하게도 짐승은 자신을 그리스도로 위장하려 하는데, 우리는 그것을 보게 될 것이다. 둘째, 그들은 짐승을 보면서 묻는다. "누가 능히 이와 더불어 싸우리요?" 다시 무리들은 다음과 같이 대답함으로 그 질문에 답한다. "그 짐승과 더불어 싸울 자는 없다. 짐승은 정복할 수 없다." 다시 요한은 독자들을 다른 방향에서 그 질문에 답하도록 준비시킨다. 그 이유는 이전 장에서 독자들은 하늘의 군대들이 이미 하늘에 있는 용을 패배시켰으며, 사탄은 어린 양의 피와 성도들의 증언에 의해 패배당했다는 사실을 알고 있기 때문이다. 하나님과 어린 양을 따르는 자들이 용에 대항하여 싸울 수 있다면, 독자들은 자신들도 확실히 짐승에 대항하여 싸울 수 있을 것임을 확신하게 된다.

짐승은 어린 양의 사탄적 대적자이다. 요한계시록은 사탄의 대리자들과 하나님의 대리자들을 묘사하기 위해 이 두 표상을 사용한다. 이전에, 우리는 요한이 마치 비밀 코드로 요한계시록을 기록했던 것처럼 그리스도의 신분을 감추기 위한 목적에서 그리스도를 어린 양으로 묘사한 것이 아니라는 점에 주목했다. 대신 요한은 그리스도의 자기희생의 구원하는 능력을 나타내기 위하여 어린 양을 언급한다(3장을 보라). 동일한 방식으로, 요한은 짐승의 신분을 감추지 않고 악의 파괴적인 힘에 관한 무언가를 계시하기 위해 짐승을 언급한다. 그리스도를 어린 양으로 묘사하는 것은 독자들로 하여금 자신들을 위해 고난을 당하신 무죄한 희생자에게 관심을 돌리게 하는 데 도움을 준다. 반면 악의 대리자를 공포감을 주는 짐승으로 묘사한 것은 이 악한 존재가 대변하는 모든 것으로부터 독자들을 멀리하는 데 도움을 준다.

　짐승의 특징들 중의 상당 부분은 어린 양의 특징을 과도하게 왜곡한 것이다. 그리스도인들은 하늘 보좌에 앉으신 하나님이 사람들을 위하여 고통딩하고 죽으신 어린 양으로 세상에 보내셨다는 사실을 믿었다. 이 이야기의 왜곡된 대응부에서는 하늘에서 쫓겨난 마귀가 다른 사람들을 고통스럽게 하고 죽이기 위해 짐승을 세상에 보냈다. 이전 장들에서, 독자들은 어린 양이 하나님의 권세와 보좌와 능력을 공유하고 있다는 점을 파악했을 것이다(5:6, 12, 13; 12:5, 10). 이제 그들은 짐승이 용과 사탄의 능력과 보좌와 권세를 공유하였음을 알게 된다(13:2). 요한이 하늘 보좌가 있는 방에 있을 때, 그는 마치 '죽임을 당한' 것처럼 서 있는 어린 양을 보았으며, '죽임을 당했으나' 여전히 살아 계신 어린 양에게 성도들이 드리는 찬양의 소리를 들었다(5:6, 9, 12). 그러나 이제 그는 머리 하나가 상하여 '죽게 되었으나', 그 상처가 나아서 살아 있는 짐승을 본다(13:3). 비록 영문 역본들이 다양하지만, '죽임을 당하다'는 의미를 함축한 동일한 헬라어가 짐승과 어린 양 모두를 가리키는 데 사용되었다. 어린 양의 사역 결과로 세상은 창조주 하나님께 경배하며(5:10, 13), 짐승의 사역 결과로 세상은 파괴자인 사탄에게 경배한다(13:4).

　요한은 하나님과 사탄 사이의 갈등을 묘사하는데, 거기에는 중간지대는 없다. 독자들은 어린 양이 다른 사람들을 위해 충성스럽고 참을성 있게 죽임을 당함으로 '이기었다'는 사실을 알게 되었다(5:5-6; 12:11). 그리고 이제 그들은 짐승이 다른 사람들에게 전쟁과 죽음의 고통을 가함으로 '이기었다'는 것도 알게 된다(13:7). 어린 양은 "각 족속과 방언과 백성과 나라들"의 백성을 자유롭게 하기 위해 고난을 당했으며, 그들이 제사장들의 나라가 되어 하나님을 섬길 수 있도록 인도했다(5:9-10). 그러나 짐승은 "각 족속과 백성과 방언과 나라들"의 백성을 억압하는 행위들을 하며, 그들은 짐승을 자신들의 주인으로 섬기며 그 앞에 경배한다(13:7-8). 독자들은 악에 대항하는 하나님과 어린 양의 편에 서도록 자신들이 부름을 받았다는 사실을 알게 된다.

요한은 다양한 시간들과 장소들로부터 억압하는 세력들의 특성들을 모아서 악의 통합적인 형태를 나타내려는 의도로 짐승을 묘사한다. 요한계시록 13장은 요한계시록 12장의 형식을 따른다. 그 장에서 여자와 용은 이스라엘 역사의 다른 시대들에서 가져온 요소들과 요한 시대에 겪었던 그리스도인들의 경험을 함께 결합시킨다. 짐승의 외형적인 모습은 다니엘서 7장을 연상시킨다. 그 장에서는 하나님의 나라가 도래하기 이전에 일어나는 왕국들에 대해 이야기하고 있다. 다니엘은 계속 이어지는 네 왕국을 바다로부터 올라오는 네 큰 짐승으로 상상했다. 첫 번째는 사자와 같고 두 번째는 곰과 같으며, 세 번째는 표범과 같고 네 번째는 열 뿔을 가졌다(단 7:1-8). 요한계시록은 이 모든 특징들을 한 짐승에게로 집약시킨다(계 13:1-2). 다니엘서에 등장하는 네 번째 짐승은 한 뿔을 가졌고 교만하게 말을 하며, 성도들과 전쟁을 하고 삼 년 반의 기간 동안 힘을 가졌다(단 7:21, 25). 요한계시록에서는 짐승 자체가 이 모든 일들을 행한다(계 13:5-7). 네 짐승을 하나의 큰 짐승으로 대체함으로, 요한계시록은 계속되는 네 왕국이 가져다주는 위협들이 하나의 큰 위협의 일부분임을 암시해준다.

짐승에 대한 요한계시록의 묘사는 요한 시대의 대중문화에 의존하는데, 악의 실체와 독자들의 경험을 연결시키는 데 도움을 준다. 짐승의 많은 특징들은 로마와 로마 황제들의 특성들에 일치하는데, 요한은 요한계시록 17장 9절에서 이 점을 분명히 할 것이다. 이 구절에서 요한은 짐승과 일곱 언덕 위에 세워진 한 도시의 왕들을 연결시킨다. 아시아로부터 유럽과 북아프리카까지 뻗어 있는 힘센 제국의 지도자인, 로마 황제들은 많은 족속들과 방언들 그리고 나라들의 백성을 지배하는 권세를 가졌다(13:7). 경배자들은 때로 '신성을 모독하는 이름들'로 고려되는 것들로 황제들을 찬양하며(13:1), 그들을 '주'와 '신의 아들'과 '구원자', 그리고 심지어는 '신'이리 부른다(Tacitus, *Annals*, 14.15; Martial, *Epigrams*, 5.8). 이와는 대조적으로, 요한은 그 칭호들이 하나님과 어린 양에게 속한다고 주장한다(계 2:18; 4:11).

그리스도인들을 향한 적대감을 최고로 구체화한 인물은 황제 네로이다. 짐승의 표상을 그리는 마지막 터치를 할 때, 네로는 자신의 초상화를 그리기 위해 의자에 앉아 있었을 것이다. 요한의 독자들은 네로가 어떤 사람들은 사나운 개들을 풀어 찢기게 하고, 다른 사람들은 십자가에 못 박고, 몇몇 사람들은 산채로 불태우면서, 무자비하게 "성도들과 싸웠던"(13:7) 사실을 기억했을 것이다(Tacitus, *Annals*, 15:44). 네로의 생애의 마지막은 상하여 죽게 되었으나 여전히 살아 있던 짐승의 초상에 왜곡된 신뢰감을 주었다(계 13:3, 12, 14). 네로는 단도로 자신의 목을 찔러 자살했다(Suetonius, *Nero*, 49.2). 그러나 당시에는 네로가 여전히 살아서 숨어 있다가 언젠가 자신의 적들에게 복수하기 위해 돌아올 것이라는 소문이 퍼졌다. 현대 독자들은 타블로이드판 신문을 통해 이러한 현상에 친숙해졌을 것이다. 그 이유는 이 신문은 때때로 이미 죽은 한 유명인이 실제로는 죽지 않고 살아서 다른 곳에 숨어 있다는 소문들을 보도하기 때문이다. 요한의 시대에, 네로의 대중적인 인기는 네로의 분장한 외모에서 얻어진 것이다(Suetonius, *Nero*, 57; Tacitus, *Histories*, 2.8). 다니엘 7장에 언급된 네 왕에 의해 대표되는 위협들과 네로를 생각나게 하는 표상들을 연결시킴으로, 요한은 짐승을 통해 여러 세대에 하나님의 백성들이 직면한 위협들을 예시한다.

이러한 위협들에 직면해서도 '인내와 믿음'을 가질 수 있는 용기는 자신의 이름이 어린 양 혹은 요한계시록에 언급된 바와 같이 "죽임을 당한 어린 양의 생명책"에 기록되어진 이름들 가운데에 속해 있다는 확신을 가진 데서 온 것이다(계 13:8). 생명책에 대한 언급들을 죄악에 빠져 들어간 자들이 하나님의 '책'으로부터 배제된 자들 가운데 속해 있음이 틀림없다는 사실을 언급한 것으로 받아들인다면, 이것은 잘못 이해한 것이다. 요한계시록은 인간의 생명을 그러한 결정론적인 방식으로 바라보지 않고 교회의 내부와 외부에 속한 사람들의 회개의 중요성을 강조한다(2:5, 16, 21, 22; 3:3, 19; 9:20, 21). 생명책을 언급하는 것은 독자들로 하여금 사람들이 하나님의 은혜로 하나님께 속해 있다는 사실을 기억나게 해준다. 요한계시록은 영적인 인내의 시험에서 합격점을 받아야 생명책에 그의 이름이 기록된다고 주장하지 않는다. 하나님은 '창세로부터' 자신의 백성들을 선택하셨기 때문에(13:18; 17:18) 이 책에 그의 이름이 기록된 것은 하나님 편에서의 순수한 은혜의 행동이다. 그러므로 요한계시록은 독자들에게 언젠가 구원받은 자들 사이에 자신의 이름이 포함될 것이라는 소망 가운데 인내하라고 요청하지 않는다. 대신 하나님이 이미 그들을 자신의 것이라 주장하셨고 그들이 떨어져나가는 것을 원치 않으시기 때문에 참고 견디라고 요구한다.

하나님께 속한 것으로 고통으로부터 면제되지 않는다. 사로잡히게 될 것이라는 경고(13:10)는 하나님의 백성—어린 양처럼—은 고난이 믿음 생활의 일부라는 사실을 발견하게 하는 메모(reminder)이다. 더욱이 짐승은 다른 사람들에게 고통과 죽음을 가함으로 영향을 미치기 때문에 독자들은 동일한 책략들을 수용하지 않아야 한다는 경고를 받는다(13:10). 사람들은 짐승보다 더 많은 손상을 가함으로 짐승을 '이기는' 것이 아니라, 신실한 인내와 어린 양에 의해 제거될 박해와 우상 숭배에 저항하는 선택적인 과정을 따름으로 짐승을 이긴다(12:11).

땅으로부터 올라온 짐승(13:11-18)

하나님의 세력들과 악의 세력들에 대한 요한의 특징짓기는 사탄적 '삼위일체'의 세 번째 구성원인 땅으로부터 올라온 짐승을 소개하는 데로 이어진다. 갈등의 한편에는 하나님과 하나님께 예배드리도록 사람들을 인도한 어린 양과 선지자들을 통하여 말씀하시는 성령이 있다. 갈등의 또 다른 편에는 사탄과 사람들로 하여금 사탄을 섬기도록 인도하는 바다로부터 올라온 짐승과 거짓 선지자의 역할을 하는 땅으로부터 올라온 짐승이 있다. 우리는 죽임을 당한 것 같으나 여전히 살아 있는 바다로부터 올라온 짐승이 자신을 그리스도의 왜곡된 이미지로 제시한 것에 주목했다. 짐승의 참된 특성은 사람들을 억압하고 하나님보다는 사탄인 용을 예배하도록 인도하는 데서 드러난다. 유사한 방식으로, 땅으로부터 올라온 짐승은 "어린 양과 같이 두 개의 뿔"을 가지고 있다는 점에서 그리스도를 닮았다. 그러나 다시 그의 참된 특징이 사탄의 표상(emblem)인 용과 같은 모습에서 드러난다. 참으로 짐승은 그리스도, 어린 양보다는 첫 번째 짐승을 섬기도록 사람들을 유도한다(13:11).

요한은 두 번째 짐승을 거짓 선지자로 이해한다(16:13; 19:20; 20:10). 거짓 선지자는 11장 3-13절에 묘사된 두 예언적 증인과 대조되는 위치에 있다. 우리는 바로 전 장에서 두 증인이 물을 피로 변하게 하고 재앙을 땅에 내리도록 하는 표적을 행한 모세의 전승을 따르고 있음을 보았다(계 11:6; 신 34:11). 이제 우리는 거짓 선지자가 유사한 표적들을 행할 수 있다는 점에 주목한다(계 13:13). 불로 대적자들을 이김으로 엘리야의 전승을 이어가는 두 증인과 같이(계 11:15; 왕상 18:38; 왕하 1:12), 거짓 선지자도 하늘로부터 불이 땅에 내리도록 요청한다(계 13:13). 그럼에도 불구하고, 그의 그러한 모습은 속이는 것이다. 표적들은 어떤 사람이 참된 선지자인지를 입증해주지는 못한다. 참된 예언을 판단하는 시금석은 이 예언이 사람들로 하여금 하나님을 섬기게 이끄느냐 아니면 사탄을 섬기도록 인도하느냐이다. 행한 표적들의 숫자와는 상관없이, 거짓 신에게 예배하도록 사람들을 유혹하는 자는 참된 선지자가 아니다(참조. 신 13:1-11; 요일 4:1-6).

요한은 죽임을 당했으나 여전히 살아 있는 짐승의 표상은 단순히 사람들을 미혹하는 행위에 불과하다고 엄격하게 선언함으로 땅으로부터 올라온 짐승에게 비아냥거린다(계 13:14). 땅으로부터 올라온 짐승은 표적들과 기적을 행함으로써 속기 쉬운 청중들에게 감동을 주는 광경을 창출하지만, 속이는 그들의 모든 행위는 사람들로 하여금 사람의 손으로 만든 사물에게 경배하도록 유혹하는 연기나 거울들에 불과하다. 요한은 우상 숭배가 터무니없는 일이라고 고려했던 전승 편에 서 있었다. 이사야서에서는 우상을 만드는 사람을 한 그루 나무의 반은 음식을 만드는 데 연료로 사용하고 나머지 반은 신의 형상을 만드는 것에 비유함으로 이를 흥미롭게 풍자한다. 목공은 나무의 반은 자신의 저녁을 짓기 위해 땔감으로 사용하고, 그 후에 몸을 돌려 나무의 나머지 반으로 만든 형상에게 절을 한다. 이사야처럼, 요한은 "나의 신이여 나를 구원하라"는 호소를 듣지도 보지도 못하는 형상에게 외치는 것은 우스꽝스러운 행위로 간주한다(사 44:9-20).

요한계시록 13장에 언급된 거짓 선지자는 "짐승의 우상에게 생기를 주어 그 짐승의 우상에게 말하도록" 애씀으로 우상들이 단순히 생명이 없는 존재들이라는 인상을 극복하고자 한다(계 13:15). 요한과 같은 부류에 속하는 일부의 사람들에게, 말을 하는 소상(a talking statue)은 순회 서커스를 보며 여흥을 찾고자 하는 자를 속이는 재주에 불과하다. 고대의 좋은 예는 줄을 사용하여 돌쩌귀로 된 턱을 들어올리기도 하고 내리기도 하는 인공 머리를 가진 소상을 설치한 사당을 지은, 알렉산더라 하는 종교 선전원(huckster)이다. 조그만 관이 머리 뒤쪽에 삽입되어 있어서 턱을 움직이게 하고, 무대 뒤에 있는 사람들이 관을 통해 말을 하여서 관중들로 히여금 우상이 말하고 있다는 착긱을 불러일으키게 한다(Lucian, *Alexander the False Prophet*, 26).

짐승에 대한 요한의 풍자적인 묘사는 흥미를 불러일으키지만, 그의 목적은 상당히 진지하다. 그 이유는 그가 진리와 사명을 위한 투쟁에서의 하나의 무기로 유머를 활용하고 있기 때문이다. 대부분의 관찰자들에게 짐승은 자신의 뜻에 복종하기를 거절하는 자들을 죽일 수 있는 힘을 가졌기 때문에 매우 강한 능력이 있어 보인다(계 13:15). 서머나에 거주하는 자들과 동일한 상황에 있는 독자들은 그와 같은 위협을 실제적인 것으로 이해했는데, 그 이유는 그들이 자신들의 믿음을 지키기 위해 옥에 갇히기도 하고 죽임을 당하기도 하는 상황에 처해 있었기 때문이다(2:10). 그러나 풍자는 힘없는 자가 힘 있는 자에 대항하여 펼칠 수 있는 무기이다. 이것은 인식을 바꾸기도 하고, 공포의 대상을 조롱의 대상으로 변경시키기도 한다. 어떤 것을 조롱할 수 있는 자들은 그 위에 올라서게 되는데, 이러한 행위는 그것에 대한 저항을 용이하게 해준다. 요한의 독자들 중 몇몇은 거짓 종교적 주장의 제안자들에게 단지 흥미를 느끼거나 그들에게 악의가 없다는 점을 인지했을 것이다. 그러나 또한 다른 사람들은 그들에게서 위협적인 요인들을 발견했을 것이다. 요한은 두 가지 유형의 독자 모두에게 그 주장들이 터무니없음을 확인시켜 줌으로 타협에 저항하려는 그들의 의지를 좀 더 강화시키기를 원한다.

그 환상은 독자들로 하여금 중립적인 상태에 머물러 있도록 허락하지 않는다. 만일 천사가 하나님을 경배하는 자들의 이마에 하나님의 이름으로 인을 친다면(7:2-4; 14:1), 땅으로부터 올라온 짐승은 짐승을 경배하는 자들의 오른손이나 이마에 바다로부터 올라온 짐승의 이름을 새겨 넣는다(13:16; 14:9, 11; 16:2; 19:20; 20:4). 모든 사람들은 누군가에게 속해 있다. 던질 수 있는 유일한 질문은 그가 참되신 하나님의 이름을 간직하느냐 아니면 허울 좋은 신의 이름을 갖느냐이다. 독자들은 인 혹은 표식이 눈에 보일 것이라고 추정하지는 않는다. 또한 그들은 거짓 선지자의 머리에 솟아 있는 두 개의 뿔을 볼 것이라고 기대하지도 않는다(13:11)―거짓의 속임수가 그같이 단순하겠는가! 대신, 인과 표식을 가졌다는 것은 그것들을 지닌 사람들의 헌신에서 분명해진다.

요한은 "이 표 혹은 짐승의 이름을 가진 자 외에는 매매를 못하게 하는" 한 상황을 언급함으로 일상의 삶에 헌신의 문제를 제기한다(13:17). 일곱 교회에 속한 상당수의 그리스도인들의 믿음은 상당히 미묘하지만, 공공연한 폭력의 위협들에서보다는 경제적인 압력들로 인해 보다 심각한 도전을 받아왔을 것이다. 2장에서 다룬 일곱 교회에 대한 논의는 사회적이며 경제적인 요인들이 어떻게 자기 만족감을 증진시키며 그리스도인들로 하여금 이교 문화에 동화되도록 자극을 주었는지를 살펴보았다. 사회적으로나 경제적으로 진보하기를 바랐던 자들은 비록 이 조합들의 모임에 자주 이교 신들을 섬기는 예전과 식사가 포함되었지만, 기꺼이 지역 상업조합에 참여하고자 했을 것이다. 사업상의 계약은 전형적으로 그리스도인들의 죽음과 관련된 자들을 포함한, 로마 권력자들과 좋은 관계를 맺는 자들에게 주어진다(18:15-19, 24). 거래를 하고자 할 때, 사람들은 로마 신들과 황제들의 형상이 새겨진 동전들을 사용했다. 그러므로 그러한 동전들을 사용함으로 성사되었던 상호 교류는 사람들로 하여금 참되신 하나님을 인정하지 않는 정치권력들에 의존하여 경제적인 이득을 얻게 하는 독촉장의 역할을 한다.

요한은 독자들에게 짐승에게 굴복하는 것에 대한 대안을 제시하기 전에, 그는 짐승의 이름을 666이란 숫자와 연결시킴으로 그들의 호기심을 자극한다(13:18). 그들에게 불쾌감을 주기 위해서는 삼중적인 6이 불완전성을 의미한다는 점에 주목하도록 하는 것으로 충분할 것이다. 이전 요한계시록에서, 완전함과 축복은 7이라는 숫자와 연결되어 있다. 일곱 번째 인은 경건한 침묵을 가져다주며(8:1), 일곱 번째 나팔은 하나님의 왕국을 선포한다(11:15). 그러나 6이란 숫자는 불완전과 심판에 좀 더 밀접하게 관련된다. 그 이유는 여섯 번째 인과 여섯 번째 나팔은 진노와 파멸의 환상들을 풀어놓기 때문이다(6:12-17; 9:13-19). 이 패턴에 따르면, 666이란 숫자는 짐승이 미완성과 파괴를 의미한다는 암시를 주고 있다.

요한은 "짐승의 수를 세어보라 그것은 사람의 수라"라는 외침으로 독자들을 초대하며 좀 더 나아간다(13:18). 이 본문은 한 단어로 편지들의 숫자적 가치를 더하는 관행을 따르는 *gematria*에 독자들이 친숙해 있었을 것이라는 추정을 가능하게 한다. 고대에 알파벳은 숫자 값을 가졌다. a=1, b=2, 등등이다. 요한은 666이 '짐승의 수'라고 설명하는데, 이것은 666이 개인의 이름을 가리키는 것으로 글자의 값을 합한 것이다. 예를 들면, 길거리 문화에서, 폼페이의 그래피티 아티스트(graffiti artist)가 벽에 "나는 그녀를 사랑하는데, 그녀의 숫자는 545이다"라고 휘갈겨 썼을 때, 그는 자신의 사랑하는 사람의 이름을 나타내는 숫자를 사용했다. 한편 종교적인 글에서, 그리스도인 작가들은 헬라어 글자로 '예수'라는 이름을 합하면 888이 된다는 점을 지적함으로 즐거워했다 (*Sibylline Oracles* 1.324-29).

누군가가 이미 그 이름을 알고 있었다면 그 숫자를 계산하기가 훨씬 더 쉬웠을 것이다. 그 이유는 그가 단지 숫자들의 값을 더하는 것만 하면 되었기 때문이다. 그러나 그 숫자에만 근거해서는 그 이름을 결정하기가 매우 어려웠을 것이다. 그 이유는 많은 다른 글자들을 합한다고 해도 합계는 같을 수 있기 때문이다. 여기에 문제가 있다. 약간의 재간만 있어도, 모든 시대의 사람들은 어떠한 방식으로든 숫자와 연결시킬 수 있는 자신들의 대적자를 찾을 역량을 가지고 있다. 666의 대상자는 중세의 교황으로부터 히틀러와 같은 현대의 독재자까지 참으로 다양하다.[2] 그러므로 이 비밀스러운 본문을 읽을 때, 두 가지 점을 염두에 두는 것이 중요하다. 첫째, 우리는 그 숫자가 요한계시록을 처음으로 받는 일곱 교회의 그리스도인들에게 어떤 의미로 전달되었는지 반드시 물어야 한다. 그 이유는 요한은 그들이 이해할 수 있는 범위 내에서 이 본문을 기록했을 것이기 때문이다. 둘째, 우리는 그 숫자가 그 문학적인 정황과 일치시킬 수 있는지에 대해 물어야 한다. 요한은 약간 상세

---

2) 교황 베네딕투스의 숫자 값은 위를 보라. 보다 최근에 몇몇 사람들은 로날드 윌슨 레이건(Ronald Wilson Reagan)의 세 이름 각각이 6이란 숫자를 가지며 666이 된다는 사실에 주목했다. 또한 '컴퓨터'(computer)라는 단어도 a=6, b=12, c=18 등등으로 환산하면, 666과 동일하게 만들 수 있다. 곧 c=18, o=90, m=78, p=96, u=126, t=120, e=30, r=108이다(Boyer, *When Time Shall Be No More*, 283). 진담 반 농담 반이지만, 인기 있는 아동 프로그램에 나오는 공룡 '바니'조차도 잠재적인 적그리스도일 가능성이 있음을 보여준다. "CUTE PURPLE DINOSAUR"로 시작하고 그 후에 U를 V로 변경하며, 그 구문의 모든 로마 숫자들을 뽑아내 보자(CVVLDIV). 이것을 아라비아 숫자로 변경하고(100, 5, 5, 50, 500, 1, 5) 그것들을 합산해보자. 그 결과는 666이다 (Clouse, Hosack, and Pierard, *New Millennium Manual*, 171).

하게 짐승을 묘사할 때까지 그 숫자를 언급하지 않았다. 그 이유는 요한이 그 숫자를 사용한 것이 새로운 지식을 전해주려는 데 목적이 있지 않고 독자들이 이미 알고 있는 바를 강화시키는 데 그 목적이 있었기 때문이다.

요한계시록 13장에 네로에 대한 암시가 있다고 가정할 때, 666은 Nero Caesar[3]라는 이름의 히브리적 형태인, *Nerōn Kaisar*와 일치한다고 생각할 수도 있다. 비록 요한이 헬라어로 이 책을 기록했지만, 그는 분명히 파멸을 가져올 자인 아바돈(Abaddon)이란 이름은 히브리어를 사용하여 언급하고 있다(9:11). 그리고 하나님의 대적자들이 모이는 장소인, '아마겟돈'(Armageddon)에 대해서도 마찬가지이다(16:16). 요한계시록이 기록될 당시, 네로는 이미 죽었다. 그러나 요한은 그리스도인들을 고통스럽게 하는 위협을 강조하기 위해 네로라는 인물을 짐승으로 묘사하고 있다. 요한의 관심은 이교 사회에 적응하는 최선의 방법이, 이교 관습이 전혀 무해하다는 가정하에 이를 수용하는 것이라고 생각하는 그리스도인들에게 경각심을 불러일으키는 데 있다. 네로의 이미지를 통해, 요한은 "경계하라, 네로를, 그리고 새로운 독자적 반셈족주의의 대표자인 히틀러를 다시 한번 더 경계하라"고 말하고 있다(Boring, *Revelation*, 164).

몇몇 현대 독자들은 신문에 보도된 사건들에서 짐승들의 환상을 찾고자 시도한다. 그 일반적인 가정은 요한계시록이 유럽 연합 혹은 세계

---

3) 그 이름을 히브리어로 기록할 때는 *nrōn qsr*이다. 그 이름값을 계산하면 아래와 같다: nun(50) + resh(200) + waw(6) + nun(50) + qof(100) + samech(60) + resh(200) =666. 몇몇 필사자들은 여러 성서의 주석들에 언급된 바와 같이, 그 숫자를 616으로 변경시킨다. 이 다양성은 그 이름이 'Neron'이라기보다는 'Nero'로 기록되어야 한다는 주장을 하게 한다. 마지막 글자인 n을 빼뜨리면, 글자 값은 50이 줄어들어서 666이라기보다는 616이 된다. 어떤 경우든 네로의 이름에 적용할 수 있다.

국가를 형성하여 세계를 지배하고자 하는 한 독재자의 출현을 예언하고 있다는 것이다. 유럽 공동시장의 형성과 유럽의 경제적 연합을 향한 또 다른 시도 혹은 강력한 미국을 일으켜 세우고자 하는 시도들은 짐승의 세력이 전면에 등장하는 것의 표징으로 받아들여졌다. 미래의 독재자와 그의 지지자들은 하나의 세상 종교를 증진시키며, 지구촌 경제를 통제하기 위해 컴퓨터 기술을 사용할 것으로 기대해왔다. 그러므로 이 일에 참여하는 모든 사람들은 하나의 숫자로 표를 받아야 하기 때문에, 일부의 사람들은 사회보장번호, 신용카드 번호 혹은 국제 상품코드가 짐승의 활동을 가리킨다고 경고한다.[4]

이 시나리오의 구성 요소들은 현대인들의 막연한 미래에 대한 공포를 교묘하게 이용하며, 성서는 엄격히 문자적으로 이해해야 한다는 주장에 근거하여 신뢰를 얻고자 한다. 그러나 이것은 그러한 경우가 아니다. 요한계시록이 문자적으로 미래 세계의 독재자의 출현을 예견한다고 주장하는 사람들조차도 결국에는 요한계시록이 문자적이 아니라 상징적으로 기술되어 있다는 점을 인정한다. 그들이 일곱 머리 혹은 열 뿔 혹은 표범의 몸을 가지고 있거나 어린 양처럼 보이는 독재자를 기대하지 않는다는 점에 주목하라. 비록 요한계시록이 이러한 방식으로 그 독재자를 묘사하고 있지만 그러한 모습을 가진 독재자를 예상하지는 않는다. 던져야 할 질문은 그 본문을 상징적으로 읽어야 하느냐 그렇지 않느냐가 아니라, '어떻게' 이 상징들을 읽어야 하느냐이다. 논제는 요한계시록 13장에 나오는 짐승들의 환상들이 마지막 때에 나타날 인물들에 관한 암호화된 예언으로서의 기능을 하느냐 아니면 그 구절이 다

---

4) 예를 들면, "The Future Fuehrer" in *The Late Great Planet Earth*, 8장의 Hal Lindsey 의 설명과 Tim LaHaye와 Jerry B. Jenkins가 *Left Behind*, 413-15, 426, 435-36에서 Nicolae Carpathia를 적그리스도로 묘사하는 방식에 주목하라.

양한 시간들과 장소들에 거주하는 사람들에게 영향을 미치는 위협들을 묘사하느냐에 있다.

여러 면에서 미래적 해석과는 차이가 있는, 짐승들에 대한 역사적 해석들은 이 표상이 일곱 교회에 속해 있던 독자들에게 어떻게 전달된 방식을 이해하기 위해 노력한다. 반면 몇몇 역사적 해석들은 그 표상이 암호로서의 기능을 한다고 가정한다는 점에서 미래적 해석과 닮았다. 차이는 역사적 해석들이 그 암호가 21세기에 사는 인물을 가리킨다기보다는 1세기에 살았던 인물들을 가리킨다고 가정한다는 데 있다. 마찬가지로, 바다로부터 올라온 짐승은 로마를 대변하는 반면, 땅으로부터 올라온 짐승은 소아시아에 거주하는 로마의 지지자들을 상징한다. 일부 사람들은 땅으로부터 올라온 짐승과 황제의 정책들을 강요하는 소아시아의 정치 지도자들을 동일시하며, 혹자들은 그 짐승은 황제 제의를 증진시켰던 제사장들 혹은 제사장들의 동료들임이 틀림없다고 주장한다. 그 이유는 땅으로부터 올라온 짐승은 거짓 선지자이며, 그리스도인 공동체를 오염시켰던 '발람'과 '이세벨'과 같은 거짓 선지자들을 짐승의 활동들과 연결시키기를 선호하기 때문이다(2:14, 20).

해석자들이 땅으로부터 올라온 짐승을 요한의 시대 혹은 우리 시대의 어떤 한 인물로 제한시키는 데 어려움을 겪는다는 점은 문제가 되지 않는다. 그보다, 이것은 이 이미지가 한 시기와 장소에 한정할 수 없는 위협들을 묘사하고 있다는 사실이다. 한편 두 짐승의 형태는 독자들에게 종말의 때가 언제 임할 것인지를 알도록 허락해줄 암호화된 지식을 전달하지 않는다. 다른 한편, 그 환상들은 1세기 독자들에게 로마의 행위들에 저항하도록 요청하지만 그 본문을 정치적인 소책자라고 단순화시킬 수는 없다. 그보다 그 환상들은 독자들에게 "성도들의 인내와 믿음을 요청"함으로 악의 실존을 인식하는 한 가지 방안을 제시한다(13:10).

짐승이 언제 나타날 것인지를 묻기보다는, 짐승이 나타나지 않은 때가 언제인지를 묻는 것이 더 나을 것이다. 우상 숭배가 위협이 되지 '않았던' 때가 언제인가? 어린 양을 따르는 자들이 그들의 헌신을 포기하도록 하는 압박을 경험하지 '않는' 때가 언제인가? '인내'와 '믿음'은 요한과 그의 1세기 독자들이 이미 따르도록 요청받았던 길이다(1:9; 2:2, 3, 19; 3:10). 그리고 그것은 그들의 뒤를 따라갔던 사람들을 위한 길이었을 것이다. 인내에 대한 요청은 단순히 1세기나 마지막 때를 살았던 한 세대를 위한 메시지가 아니다. 이것은 우상 숭배와 폭력에 직면해 있는 모든 세대를 위한 메시지이다.

Ⅲ. 심판, 축복 그리고 인내(14:1-20)

요한의 환상들은 독자들이 중립 상태에 머물러 있는 것이 가능하지 않은 상황에서, 하나님의 권세와 악의 세력 사이의 갈등의 한가운데 서 있는 자신들을 보도록 강요한다. 이 장에서 펼쳐지는 환상들은 갈등의 결과를 어렴풋하게나마 알려줌으로써 독자들로 하여금 하나님은 충성스러운 신앙인들을 버리시지 않을 것이며, 악의 최종적인 승리를 허용하지 않을 것이라는 확신 가운데 인내하도록 동기를 부여한다.

시온 산에 서 있는 구원받은 무리들(14:1-5)

이제까지의 우주적인 전쟁의 이야기는 어떻게 사탄의 하수인들 중의 하나인 일곱 머리 달린 큰 짐승이 바다를 지배하며, 다른 괴상한 짐승이 땅을 지배하는지를 좀 더 분명히 보여주었다(13:1). 사탄적 짐승들과 대조적으로, 하나님의 어린 양은 높은 곳인 시온 산에 자리한다. 그곳은 구원받은 무리들이 모여 있는 장소이다(14:1). '시온 산'이란 이름은 충성스러운 신앙인들이 안전하게 모여 있는 장소라는 긍정적인 의미를 함축하고 있다(사 24:23; 욜 3:21). 그곳은 그들을 창조하시고 구원하신 하나님에게 예배를 드리는 장소이다(시 146:10). 비록 전통적으로 시온 산이 예루살렘에 있는 어떤 한 장소를 가리키지만, 여기서는 하늘을 가리킨다. 그곳에서 성도들은 하나님의 하늘 보좌 앞에서 노래한다 (계 14:3; 참조. 4:2). 144,000명의 그룹으로 묘사된 구원받은 무리들은 우리가 이미 7장 4-8절의 논의에서 보아왔던 바와 같이, 하나님의 백성의 일부분이 아니라 전체이다(3장을 보라). 144,000명이 하나님의 전체 백성을 대표한다는 느낌은 여기에서도 계속된다. '속량함을 받은 무리들'은 하나님 앞에서 '새 노래'로 찬양한다(14:3). 이 설명은 이미 '새 노래'가 "모든 족속과 언어와 백성과 나라"로부터 와서 하나님을 섬기도록 사람들을 '속량한' 어린 양을 찬양하는 것이라는 사실을 그들이 알고 있음을 독자들에게 기억나게 한다(5:9-10).

요한은 하나님과 악 사이의 갈등과 전혀 관계없는 상태에 머물러 있을 수 있는 사람은 없다고 주장한다. 누구든 짐승의 표와 짐승의 이름을 받든지(13:16-18), 하나님과 어린 양의 인과 이름을 가진다(14:1). 요한이 이와 같이 엄격하게 구분하는 이유는 독자들에게 있어서 그 선택이 분명하기 때문이 아니라 선택이 분명하지 않기 때문이다. 요한이 요한계시록을 보낸 일곱 교회의 그리스도인들은 주변 문화와 동화되기 위해 그리스도인으로서 자신들에게 주어진 위임들을 망각한 상태에서 그것들과 기꺼이 타협하려는 태도를 취했던 것으로 보인다(2:14, 20). 이 소아시아에 위치한 많은 도시들은 더 넓은 사회의 관행들에 합류하는 것이 평안을 누리는 데 훨씬 더 유리하던 시기에, 하나님과 어린 양에게만 온전히 헌신하는 것은 우스꽝스러운 행위로 생각했을 것이다. 요한의 환상은 누군가가 하늘과 땅의 참되신 주님을 찬양하는 일에 참여할 수 있는데도 불구하고, 그 사회의 억압하는 세력들을 숭배하는 그릇된 일에 참여하는 것은 참으로 어리석은 일이라고 지적함으로 이와는 대립된 의견을 제시한다.

어린 양을 따르는 자들은 "여자와 더불어 더럽혀지지 아니한" 거룩한 전사들로 묘사되었다(14:4). 전통적으로, 성적인 관계를 금하는 것은 전투에서 전사들에게 기대되는 바이다(신 23:9-10; 삼상 21:5). 요한은 이 사상을 종교적 헌신을 전투로 묘사하는 자신의 진술에 포함시켰다. 앞서의, '행음'(계 2:14, 20-21)과 '간음'(2:22) 그리고 더럽게 되는 것(3:4)에 대한 그의 언급은 우상 숭배 행위들에 참여하는 것과 관련이 있었다. 뒤에서, 성적으로 더럽혀졌다는 개념은 바벨론 창녀에 의해 종용되는 폭력과 억압, 그리고 탐욕과 관련될 것이다(17:1-6; 18:3, 9). 여기에서, '처녀들'은 어린 양을 따르며, 하나님의 대적자들과 연관된 행위들을 거절하는 자들이다. 요한이 성적인 관계를 본성적으로 더럽혀지는 행위로 생각한다거나 여성을 특별히 부정하다고 보는 견해를 염두에 두고 있는 것은 아니다. 그 이유는 다른 곳에 그가 하나님의 백성을 많은 자녀를 가진 한 여자로(12:17), 그리고 또한 하나님의 백성을 그 여자의 혼인날에 신부로(19:7-9; 21:2, 9) 묘사하기 때문이다. 144,000의 순결한 전사들(14:1-5)과 많은 자녀들을 가진 여자(12:13-17)는 하나님과 하나님의 동일한 백성을 대표한다(Schüssler-Fiorenza, *Revelation*, 88-89).

이미지가 다시 변경되는데, 요한은 충성스러운 신앙인들을 수확의 '첫 열매'로 그리고 있다(14:4). 전통적으로, 처음 익은 열매들은 첫 번째 곡식의 익은 다발로 하나님께 드려지는데, 이 행위는 전체 수확물에 대한 하나님의 권리를 인정하는 것이다(출 23:19). 요한계시록 14장 14-16절에서 간단히 처음 익은 열매들을 언급하는 것은 수확이 이제 시작되었으며, 땅의 수확을 계속하기 위해 그리스도가 무대에 오르셨음을 암시한다.

세 천사들의 메시지(14:6-13)

이제 세 천사들이 연속적으로 등장한다. 첫 번째 천사는 모든 사람들에게 "하나님을 두려워하며 그에게 영광을 돌리라 이는 그의 심판의 시간이 이르렀음이니 하늘과 땅과 바다와 물들의 근원을 만드신 이에게 경배하라"고 요청한다(14:7). 요한은 독자들이 천사의 메시지를 모든 세대를 위한 복음으로 받아들이기 원한다는 의미로 이를 '영원한 복음'이라 부르는데, 이는 사람들이 반드시 들어야 할 것이다(14:6). 그 메시지는 좋은 소식 혹은 '복음'이다. 그 이유는 하나님이 "모든 나라와 족속과 언어와 민족"에 속한 자들로 하여금 그들의 창조주에게 영광을 돌리며, 하나님의 보좌 주위에서 찬양하는 성가대에 속한 자들의 찬양을 더하기를 원하시기 때문이다(4:11; 5:13; 7:12). 천사의 음성은 일곱 나팔에 의해 폭발되는 심판의 여울이 궁극적인 파멸 이전에 어떻게 저지되는지를 회상하게 하며, 그로 인해 땅에 거하는 자들이 하나님을 두려워하며 그에게 영광을 돌리도록 이끈다(11:3). 파멸보다는 회개가 하나님의 소망이다. 악의 세력들이 땅에 범람하나 하나님은 주님으로 남아 계신다. 짐승들이 바다와 땅에서 올라오나(13:1, 11), 하나님은 바다와 땅을 만드셨으며, 결국에는 세상을 탄압하는 세력들에게 자기의 세상을 넘겨주지 않을 것이다(14:7). 창조자는 피조물을 포기하지 않으신다.

두 번째 천사는 선포한다. "무너졌도다 무너졌도다 큰 성 바벨론이여"(14:8). 이것이 요한계시록에서 바벨론에 대한 첫 번째 언급이기 때문에, 그 선포는 앞뒤가 들어맞지 않게 보일 수도 있다. 그 천사는 바벨론이 '무너졌다'고 외친다. 그렇지만 그 도시와 그곳의 종말은 요한계시록 17-18장까지 언급되지 않을 것이다. 그럼에도 불구하고, 여기의 특별한 움직임은 다시금 독자들로 하여금 요한계시록이 연대기적인 순서로 사건들을 기술하고 있지 않다는 사실을 기억나게 한다. 그 천사의 메시지는 단순한 묘사가 아니라 독자들의 현실에 영향을 주도록 계획된 경고이다. 바벨론이 무너질 운명임을 알리는 것은 독자들로 하여금 어떠한 형태로든 그 도시에 확신을 두는 것에 대해 경계하도록 한다. 그러나 그들은 아직 바벨론이 무엇인지에 대해 듣지 못했다. 구약성서에 의하면, 바벨론은 주전 587년에 제1성전을 파괴했던 세력이었다. 이어지는 뒤 장들에서 요한은 '바벨론'이란 이름을 주후 70년에 제2성전을 파괴했던 세력을 가리키는 것으로 확대할 것이다. 그러나 우리는 '바벨론'이 로마를 가리키는 암호화된 이름 이상의 의미를 가진다는 사실을 알게 될 것이다. 그 이유는 요한이 '바벨론'을 다양한 시대와 장소들로부터 하나님의 백성에게 가해진 위협들을 망라한 모습으로 묘사하기 때문이다.

세 번째 천사는 요한계시록에서 가장 소름끼치는 경고 중의 하나를 전달한다(14:9-11). 그 경고는 하나님의 심판이 정당하다는 점을 강조함으로 시작한다. 14장 8절에서 청중들은 바벨론이 "모든 나라에게 그의 음행으로 말미암아 진노의 포도주를 먹이던 자"라고 하는 음성을 들었다. 14장 9-10절에서, 그들은 짐승에 동조하는 자들이 "하나님의 진노의 포도주를 마시게 될 것"이라는 음성을 듣는다. 다른 말로 하면, 이전 장에 묘사된, 짐승의 포악한 행위들에 참여하는 자들은 결국 심판을 받게 될 것이라고 한다. 하나님의 정의는 변덕스러운 것이 아니다. 이 심판은 잘못된 길을 가던 희생자들 위에 임하는 것이 아니라, 죄악 위에 임한다. 그런데 문제는 요한이 불과 유황으로 고통을 당하는 저주받은 자의 영원한 고뇌를 지켜보는 그리스도와 천사들에 관해 계속 말하고 있다는 점이다. 하늘의 주인들 앞으로 그들의 고난의 연기가 피어올라 가는데, 이것은 하나님의 보좌 앞의 향연처럼 올라가는 성도들의 기도 와 비교할 수 있다(5:8; 8:4; 14:11).

현대 독자들은 이 무자비한 심판의 환상에 여러 다른 방식들로 응답 하는데, 이 응답들 모두가 도움이 되는 것은 아니다. 일부 사람들은 자 신들의 대적자들에 대항하는 무기로 영원한 정죄의 망령을 휘두른다. 이러한 태도를 취하는 자들 모두는 심판이 자신들에게 임하는 것이 아 니라 틀림없이 다른 사람들에게 임하게 될 것이라고 추정한다. 독선은 사람들로 하여금 자신들의 죄를 보지 못하게 하는 자기기만의 한 형태 이다. 역설적이게도, 사랑을 나타내기를 거절하는 자들은 그리스도의 심판 아래 있다(2:4). 이에 대한 반응으로, 다른 현대 독자들은 영원한 고통을 묘사하는 요한의 이 환상을 비기독교적인 것으로 폄하한다. 그 이유는 이것이 함축하고 있는 무자비한 복수심 때문이다. 이 사상은 예 수님이 다른 사람들을 비판하지 말라고 말씀하셨기 때문에(마 7:1; 눅 6:37), 하나님이 심판을 보류하실 것이라고 가정할 수 있다는 것이다. 문제는 심판에 대한 요한의 환상이 신약성서에 독특한 것이 아니라는 점이다. "비판하지 말라"고 말씀하신 동일한 복음서들은 또한 "풀무불 에 넣어, 거기서 울며 이를 갈게 될 것이라"라고 사람들을 정죄하시는 하나님에 관해 알려준다(마 13:36-43, 47-50; 눅 16:19-31). 심판은 기독교 메시지의 빠뜨릴 수 없는 부분이다.

하나님의 진노의 환상은 경고로 읽혀지는 것이 적절하다. 경고는 사 람들을 절망에 빠뜨리기 위해 주어진 것이 아니라, 변화를 가져오며 재 난을 피하도록 하기 위해 주어진 것이다. 한 아이가 지혜롭지 못하게 번잡한 교차로를 향해 자전거의 속도를 낼 때, 그 부모는 다가올 재난 을 경고하는 소리를 지를 것이다. 그 부모는 교차로의 차들이 실제적인 위협이 되기 때문에, 그 아이를 안전하게 보호하려는 의도에서 소리를 지르는 것이다. 요한계시록 14장 9-11절에 나오는 공포감을 주는 환상 역시 동일한 기능을 한다. 요한은 하나님의 심판의 위협이 실제적이기 때문에 편지를 쓸 수밖에 없었다. 그리고 심판을 피하고자 하는 소망 역시 실제적이었기 때문에 편지를 쓸 수 있었다. 위험의 실체를 간단히 처리하거나 소망의 실체를 차단하는 것은 그 메시지를 왜곡하는 것이다. 결국 심판의 망령을 대하는 최선의 반응은 이것을 잘 설명해주는 것이 아니라, 천사들의 회개하라는 요청에 귀를 기울이며(14:6-7), 하나님의 자비를 구하는 것이다.

요한은 그의 경고를 주 안에서 죽는 자들은 "복이 있을" 것이며, 그들의 수고로부터 "쉼을 얻게 될 것이라"는 약속과 연결시킨다(14:13). 이전 장들에 나오는 하늘 찬양의 장면들은 독자들에게 축복과 쉼에 수반된 바가 무엇인지를 알려준다(14:3; 참조. 4:1-5:14; 7:9-17; 11:15-17). 여기에서 중요한 것은 요한계시록의 심판에 대한 경고와 축복의 약속들이 어떻게 함께 영향을 미칠 수 있느냐이다. 각각의 기능들은 차이가 있다. 경고는 독자들을 혼란스럽게 한다(14:9-11). 반면 약속은 그들에게 확신을 준다(14:13). 그럼에도 불구하고, 경고와 약속 둘 모두는 독자들에게 믿음을 지켜나가도록 권면하는 동일한 목적을 갖는다(14:12). 어떤 점에서는 다르게 작용하는 환상들이 독자들로 하여금 참을성이 강한 믿음의 공동 목표를 향해 나아가도록 권면했을 때, 그것들은 자신들이 계획했던 바를 이루는 것이다.

수확과 심판(14:14-20)

약속과 경고의 상호 작용은 이 장의 마지막 두 환상에서도 계속되는데, 이 장은 성도들의 거두어들임과 사악한 자의 심판을 묘사한다. 첫 번째 환상은 인자가 땅의 곡식을 거두기 위해 하늘 구름 위에 오신다는 약속이다(14:14-16). 요한은 이미 인자와 교회들 가운데 임재하신 부활하신 그리스도를 동일시했다(1:12-20). 그리고 그는 하늘에 있는 충성스러운 신앙인들을 그리스도의 재림으로 완성되어질 더 큰 수확의 '첫 열매'로 묘사해왔다(14:4). 곡식 추수의 이미지는 초기 그리스도인들이 사람들을 하나님의 나라로 인도하는 것과 관련된 긍정적이며, 기쁨의 의미를 함축한다(막 4:29; 요 4:35-38). 성서 본문들이 부정적인 의미에서 추수를 심판의 때라고 언급할 때, 그 구절들에서 가리키는 바는 알곡을 가라지로부터 분리하여 곳간에 들이고(마 13:30), 쭉정이는 불태우거나 바람이 날려버리는 타작마당이다(시 1:4; 마 3:12; 13:20; 눅 3:17). 그러나 요한계시록 14장 14-16절의 견해는 이러한 위협과 관련되어 있지 않다. 이 구절들은 하나님이 행하시는 영혼들의 마지막 추수에 관해서만 기술하고 있다.

심판의 부정적인 면은 포도를 거두어 짓이기는 환상을 통해 설명된다(14:17-20). 비록 수확한 포도들은 긍정적으로 이해될 수는 있으나, 포도들이 "하나님의 진노의 큰 포도주 틀"에 던져지기 때문에 이 환상은 심판을 의도한 것이 분명하다(14:19). 14장 4에 나오는 구원받은 자들이 14장 14-16절에 언급된 수확된 하나님의 백성의 '처음 익은 열매'인 것처럼, 14장 8절에 언급된 바벨론의 진노의 포도주를 마시는 사악한 자들은 이제 14장 17-20절에 나오는 하나님의 진노에 의해 짓밟혀진 포도주 틀의 역할을 한다. 이 이미지는 사악한 자들이 포도주 틀을 다루는 자들의 발에서 부서지는 포도들과 같이 밟혀진다는 성서 구절들을 상기시킨다(욜 3:13; 사 63:3). 요한계시록의 나선형 모양으로 전개되는 환상들에서는, 동일한 장면이 그리스도 자신이 "하나님 곧 전능하신 이의 맹렬한 진노의 포도주 틀"을 밟을 때에 다시 펼쳐질 것이다(계 19:15).

요한계시록은 하나님의 목적이 성취되는 과정을 연대기적 순서로 기술하지 않기 때문에 독자들은 이것을 시간의 순서로 추적할 수는 없다. 대신 요한계시록은 포도주 틀의 환상을 반복한다(14:17-20; 19:15). 심판의 실체를 강조하기 위해, 바벨론의 멸망의 선언이 반복되는 것처럼 그렇게 한다(14:8; 18:2).

요한계시록 14장의 결론에서, 독자들은 두 가지 가능성에 직면한다. 포도주 수확으로 상징되는 구원의 희망과 포도를 짓밟는 것으로 대변되는 심판의 위협이다. 두 대안은 사람들이 경쟁하듯 제시되는 진리에 대한 주장들로 인해 혼란스러워하는 상황을 명료하게 하기 위해 계획된 것이다. 악의 대리자들은 속임수와 위협으로 세상에 머물러 있는 자들에게 영향을 미치고자 하지만, 하나님의 천사들은 "모든 민족과 종족과 방언과 백성"으로 하여금 창조자에게 경배하도록 요청한다(14:6-7). 독자들은 악이 정복되지 않거나 아니면 아마도 전혀 악이 아니라고 믿도록 유혹을 받을 것이며, 경건한 마음을 상실하게 된다는 생각을 가질 수도 있다(13:4, 7). 그러나 요한은 이 이야기의 마지막 부분에서, 땅의 상황이 역전되어서 사악한 자들은 짓밟혀지며, 충성스러운 신앙인들은 함께 모아지게 될 것이라고 지적해줌으로 이러한 개념에 도전을 준다.

Ⅳ. 만국의 주(15:1-4)

요한은 독자들을 하늘 보좌의 방으로 되돌아가게 함으로 인내와 소망의 긴급성을 강조한다. 요한이 보니 그곳에서는 "짐승과 그의 우상과 그의 이름의 수를 이긴" 자들이 유리 바닷가에 서서 하나님의 거문고를 가지고 하나님을 찬양하는 노래를 부르고 있었다(15:1-4). 유리 바다와 거문고에 대한 언급은 독자들로 하여금 수정 같은 바다가 하나님의 보좌 앞에 펼쳐져 있다고 설명하는 4장 6절을 되돌아보게 하고, 하늘 코러스가 거문고를 가지고 어린 양 앞에서 새 노래를 올리는 장면을 기술한 5장 8-9절을 회상하게 한다(참조. 14:2-3). 구원받은 자들을 '이기는 자들'이라고 부르는 것은 다른 사람들을 속량하기 위해 희생 제물로 자신을 드림으로 '이기신' 어린 양을 회상시키고자 함이다(5:5-6). 뿐만 아니라 어린 양을 따르는 자들이 자신들의 생명을 희생하면서까지 하나님과 그리스도에게 충성되게 남아 있음으로 '이기었다'는 사실을 기억나게 하려는 것이다(12:11). 또한 일곱 교회에 속한 그리스도인들은 하나님과 어린 양에게 충성스럽게 머물러 있기 때문에 '이기는 자'라고 불린다(2:7, 11, 17, 26; 3:5, 12, 21). 요한은 하늘 예배 환상들을 반복함으로 요한계시록이 독자들에게 원하는 미래가 이것이라는 점을 강조하고자 한다. 이곳은 하나님과 어린 양이 백성들이 있기를 원하는 장소이다 (4:8, 11; 5:9-14; 7:9-17; 11:15-18).

요한은 그들이 "하나님의 종 모세의 노래와 어린 양의 노래"를 부른다고 외친다(15:3). 생동감을 주는 표상은 모세 시대에 노예로부터 구원함을 받은 이스라엘의 이야기를 하늘 보좌가 있는 방에서 절정에 이르는, 어린 양을 통한 구원의 이야기로 변형시킨다. 모세 시대에 이스라엘은 바로에게 위협을 당했다. 그러나 바다에서 멸망으로부터 구출되었으며, 광야로 피신하여 양육을 받았다. 우리는 이미 요한계시록 12장에서 하나님의 백성을 상징하는 여자가 사탄인 용으로부터 위협을 당했으나, 물에 의해 죽음으로부터 보호함을 받고 피신하여 광야에서 양육되었다는 이야기가 어떻게 다양한 시대와 장소들을 위한 이야기로 변형되는지를 살펴보았다(12:1-6, 13-17). 이제 요한은 이 이야기에서 다른 요소를 취한다. 모세 시대에, 바로로부터 구원함을 받은 사람들은 홍해 바닷가에서 노래를 불렀다(출 15장). 그리고 여기에서는 짐승을 이긴 자들이 격렬하게 요동치는 바닷가에서 노래를 부른다. 새로운 요소는 그들이 모세뿐만 아니라 어린 양에게 드리는 노래를 부른다는 점이다. 그 이유는 어린 양의 피를 통해 악에 대해 승리하기 때문이다(계 5:5-10; 12:11).

주목할 점은 충성스러운 신앙인들이 자신들의 구원에 대해서 노래하지 않고 만국의 왕이신 하나님의 지위를 찬양한다는 것이다. 요한계시록 15장에 나오는 노래는 출애굽기 15장에 나오는 모세의 노래에서처럼, 이스라엘의 대적자들의 멸망에 초점을 맞추기보다는 세상 백성들의 회심에 초점을 맞춘다. 그 노래는 "주 하나님 전능하신이시여 하시는 일이 크고 놀라우시도다"라는 가사로 시작한다(15:3). 구약성서의 수많은 구절들에서 영감을 받은(신 32:4; 시 86:8-10; 111:2; 139:14; 145:17; 렘 10:6-7), 하늘의 찬양단은 하나님의 능력과 정의를 외치며, "주여 누가 주의 이름을 두려워하지 아니하오리까?"라고 묻는다. 그들은 "만국이 와서 주께 경배하리이다"라고 선포함으로 자신들의 질문에 답한다(계 15:4).

요한계시록에 따르면, 하나님은 세상 나라들이 악의 세력들과 동맹을 맺고자 하는 유혹에 넘어가기를 원치 않으시며(13:7-8) 그 나라들이 파괴되기도 원치 않으신다. 대신, 하나님의 바람은 나라들의 회심에 있으며, 이것이 세상을 위한 하나님의 뜻이라고 찬양하는 우주적인 코러스에 그 나라들이 동참하도록 인도하는 것이다(5:11-14). 이전 환상군의 마지막 부분에서, 우리는 땅에 떨어지는 일련의 무자비한 심판들을 하나님이 어떻게 경감하셨으며, 하나님의 백성들의 고난과 증언 그리고 헌신을 통하여, 땅에 거하는 자들이 회개하고 하나님께 영광을 돌리는지에 주목했었다(11:13). 현 환상군에서, 천사는 "모든 민족과 종족과 방언과 백성"에 속한 자들이 하나님께 영광을 돌리도록 요청한다(14:6).
이제 이 환상군을 종결짓는 승리의 노래는 그 천사의 메시지에 대한 긍
정적인 반응을 찬미한다. 곧 세상의 회심에 대한 소망을 독자들의 눈앞
에 확고히 한다. 15장 2-4절에 나오는, 소망의 환상은 최종 종말이 도래
했다는 소식을 전하려는 것이 아니다. 그 이유는 승리의 노래가 불러지
기 전에, 더 많은 재앙이 일어날 것이라고 요한이 경고하기 때문이다
(15:1). 계속되는 위협들을 통하여 하늘 찬양의 장면으로 독자들을 반복
적으로 인도하는 나선형의 형태로 구성된 환상군들이 다시 동일하게
진행될 것이다.

6장

음녀와 신부

– 요한계시록 15-19장

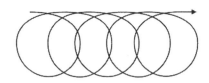

　다섯 번째 환상군은 충성스러운 신앙인들의 모임으로부터 들려오는 승리의 노래와 함께, 이전 환상군이 끝이 나는 데서 시작한다. 하프 소리가 하늘에 울려 퍼지고, 성도들은 모세와 어린 양의 노래를 부르며, 만국의 주권을 행사하시는 하나님을 찬양한다. 어린 양을 따르는 자들은 마치 이스라엘 백성들이 바로에게서 구원함을 받은 후에 바닷가에서 노래한 것처럼, 짐승을 정복한 후에 요동치는 유리 바닷가에서 노래한다(15:2-4). 하늘의 노래가 끝나기 전에, 요한은 종말이 아직 도래하지 않았다고 경고한다. 그 이유는 짐승이 여전히 땅에서 사납게 날뛰기 때문이다. 그러므로 하나님이 이스라엘을 포로상태에서 자유롭게 하기 위해 바로와 그의 추종자들에게 재앙을 내리셨던 것처럼, 하나님의 천사는 짐승의 포악으로부터 세상을 구원하기 위해 짐승과 그의 추종자들에게 재앙을 내린다(16:1-21). 이 다섯 번째 환상군에 나오는 재앙들의 수는—독한 종기, 물이 피로 변함, 어두움, 개구리 그리고 우박—애굽에 떨어진 재앙과 유사하며, 그것들의 목적 역시 유사하다. 불신자들을 회개로 인도하며, 충성스러운 신앙인들을 억압하는 세력들로부터 자유롭게 해주는 것이다.

드라마가 이 시점에 이르기까지, 악한 세력의 지도자들은 용 곧 사탄과 바다로부터 올라온 짐승과 땅으로부터 올라온 짐승으로 알려진 거짓 선지자였다. 이제 이 비열한 집단은 네 번째 인물과 합류한다. 일곱 머리를 가진 짐승을 탄 큰 음녀 곧 바벨론이다(17:3). 요한은 그 도시의 부와 권세를 풍자할 때 자주 빛깔, 붉은 옷을 입고 금과 보석과 진주로 치장한 한 여자로 묘사하기 때문에 그 여자는 외관상 품위 있게 보인다. 무자비한 풍자로 요한은 그 여자가 손에 금잔을 가졌는데 가증한 물건과 그의 음행의 더러운 것들이 가득하다고 지적한다. 음녀의 환상은 사탄의 왕국 이야기의 전환점이 된다. 그 이유는 음녀를 태우고 가던 짐승이 갑작스럽게 그 여자를 강타하여 파멸시키기 때문이다. 이로 인해 하나님의 대적자들 중 하나가 제거된다. 다음 환상군에서는 짐승 자신이 패배할 것이다(5장의 서론을 보라).

두 조의 하늘의 음성들은 바벨론의 패망을 외친다. 이제 독자들은 그 여자의 종말이 의미하는 바가 무엇인지를 보게 될 것이다.

첫째, 천사는 그 도시를 향한 애가를 부르며 외친다. "무너졌도다, 무너졌도다 큰 성 바벨론이여"(18:2). 그는 왕들의 슬픔에 가득 찬 음성과 바벨론이 부여하는 권세와 화려함을 한껏 즐기는 상인들을 흉내 냄으로 바벨론의 추종자들을 조롱하는 다른 하늘의 음성에 합류한다. 다른 천사가 바벨론의 운명의 표식으로 바다에 맷돌을 던져 그들의 슬픔을 중단시킬 때까지 그러한다. 그 후, 두 번째 음성 그룹은 찬미의 코러스를 높이며 바벨론의 교만과 폭력 그리고 부패한 부를 종결시키시는 하나님께 감사한다. 하늘에 '할렐루야' 소리가 울려 퍼짐에 따라, 하늘과 땅의 무리들을 하나님을 찬양하는 데로 인도하는 이십사 장로와 네 생물이 그 찬양에 '아멘'을 더하게 됨에 따라 이 환상군은 절정에 이른다.

반면, 허다한 무리들은 주 하나님 전능하신 분의 통치에 감사하는 우레 소리와 같은 노래 소리를 높인다(19:1-8). 음녀는 사라진다. 신부는 준비한다. 충성스러운 신앙인들은 다가올 혼인 잔치를 기다린다.

I. 진노의 일곱 대접들(15:5-16:21)

하늘에 있는 증거 장막(15:5-8)

요한계시록에 나오는 찬미와 경고의 장면들은 한 고리에 연결된 것처럼 서로를 둘러싸고 있다. 이전 환상군을 종결짓는 하나님과 어린 양을 찬양하는 성도들의 축제 환상(15:2-4)은 일곱 최종 재앙을 땅에 가져오기 위해 준비하는 일곱 천사에 의해 괄호로 묶어져 있다. 비록 15장 1절에서 천사들이 소개되지만, 그들의 행동은 요한의 눈이 '하늘 증거 장막의 성전'으로 이끌릴 때 시작된다(15:5). 하늘의 성소를 '증거 장막'이라고 부르는 의도는 이것을 모세가 시내 산에서 보았던 장막으로 지은 성소의 형태와 일치시키려는 데 있다(출 25:9). 출애굽기에 따르면, 그 장막에는 신성한 가구들을 두는 두 개의 방이 있었다. 그리고 각각의 방의 입구는 베실과 청색, 자색, 홍색 실로 만든 휘장으로 가려져 있었다.

그 휘장이 나누어질 때 장엄한 예식의 순서가 진행된다. 일곱 천사는 제사장들에게 어울리는 맑고 빛난 세마포 옷을 입고 등장한다(계 15:6; 레 16:4). 그리고 그들은 인자처럼 가슴에 금띠를 띠고 있다(계 1:13). 천사의 행렬은 찬미의 노래로 하늘 궁전을 인도하며, 하나님의 보좌를 섬기는 네 생물 중 하나와 마주친다(4:8; 5:8). 이 생물이 사자의 얼굴을 가졌는지 아니면, 황소나 독수리 혹은 사람의 얼굴을 가졌는지에 대해서 요한은 말하지 않는다. 이전 환상에서 성도의 기도가 어린 양 앞에 드려지는 것처럼, 생물들은 연기가 금 대접으로부터 올라올 때 그들의 손에 향이 가득한 금 대접을 들고 하늘 보좌가 있는 방에서 경배했다 (5:8). 이제 이 환상에서, 생물은 다시 금 대접을 잡는다. 그러나 행동의 방향은 역전된다. 어린 양 앞에 올려진 기도들을 보존하는 대신, 이 대접들은 땅에 쏟아지게 될 진노를 가져온다.

천사들이 대접을 받을 때, 성전은 하나님의 영광과 능력으로 말미암 아 연기로 가득 차게 된다. 이 때문에 잠시 동안 아무도 이 안에 들어가 지 못한다(15:8). 모세가 광야에서 장막으로 지은 성소를 봉헌할 때(출 40:34-38), 그리고 솔로몬이 성전을 봉헌할 때(왕상 8:10-11) 하나님의 영 광이 계시된 것과 유사한 현상들이 나타났다. 그러나 요한이 목격한 무 시무시한 현상은 기쁨보다는 불길한 징조를 보인다. 이것에 대한 최선 의 반응은 이사야가 했던 것처럼, "화로다 나여 망하게 되었도다"라고 외치는 것이다(사 6:4-5). 헤아리기 어려운 연기의 베일을 던져버림으로, 하나님은 땅에 재앙들을 쏟아 부어야 할 천사들이 그들에게 주어진 모 진 사역을 완성하기까지 되돌아오지 못할 것이라는 점을 확실하게 한다.

진노의 일곱 대접(16:1-21)

성전에서 들려온 한 음성은 일곱 천사들에게 땅에 진노의 일곱 대접 을 쏟으라는 명령이다(계 16:1). 이어지는 재앙들은 우리가 요한계시록 8-9장의 나팔 군에서 목격했던 바와 동일한 정형화된 형식으로 임한다. 병행된 형태로, 처음 네 나팔과 처음 네 대접은 땅과 바다와 강과 물의 근원 그리고 해에 재앙을 가져온다(8:7-12; 16:2-9). 다섯 번째 나팔과 대 접은 파괴자, 그리고 짐승과 관계있다(9:1-11; 16:10-11). 반면 여섯 번째 나팔과 대접은 유브라데 강 근처에 운집한 적대적인 군대들을 소집한다(9:13-19; 16:12-16). 환상들의 반복되는 특징은 요한계시록이 사건들을 연대기적 순서로 예시함으로 하나님의 시간 계획이 어디에 있는지를 독자들로 하여금 인식할 수 있도록 허락하는 데 있는 것이 아님을 말해준다. 대신 이 책은 다양한 방식으로 유사한 경고의 메시지를 반복한다.

경고의 환상들이 반복되는 이유는 무엇인가? 환상들은 미래의 사건들에 대한 단순한 묘사들이 아니라, 요한계시록의 독자들을 회개로 인도하며 다양한 방식으로 하나님과 어린 양에게 새롭게 헌신하도록 이끌기 위해 계획된 경고들이다. 비록 나팔 재앙들이 땅의 삼분의 일에 영향을 줄 재난들을 경고하며, 대접 재앙들은 짐승의 경배자들에게 임할 보다 완전한 심판들을 미리 알려주지만, 두 환상군은 땅과 바다 그리고 하늘에 임하게 될 위험들을 예시함으로 독자들의 안정감을 벗겨내고자 계획된 것이다. 각각의 환상군들은 독특한 방식으로 하나님의 심판에 직면하여 사람들이 회개할 것인지 아니면 회개를 거절할 것인지에 초점을 맞추고 있다(9:20-21; 16:9, 11, 12). 독자들이 자신들이 어디에 충성을 다해야 하는지 묻고자 할 때, 이 본문은 그 결정에 합당한 영향을 미친다.

첫 번째 천사는 짐승의 표상에게 경배하는 자들 위에 진노의 대접을 붓는다(16:2). 그 재앙은 무분별한 파괴가 아니라, 하나님의 대적자들을 향한 하나님의 분노를 표현한 것이다. 대접의 내용들은 하나님을 대적하는 세력들과 동일시되는 '짐승의 표'를 받은 짐승의 경배자들에게 영향을 준다. 이미 요한은 짐승의 추종자들은 짐승의 형상에 경배하는 자들에게 피해를 입지 않을 것이며, 짐승에게 경배하기를 거절한 자들을 죽일 것이라는 사실을 알고 있었다(13:15). 우리는 하나님이 짐승에게 경배하기를 거절하는 자들에게 하늘의 생명을 허락하심으로 보호해주실 것으로 확신하기 때문에(15:2), 하나님이 그들에게 땅에서의 고통스러운 죽음을 내리심으로 벌하실 것으로 기대할 수도 있을 것이다. 그러나 이러한 일을 일어나지 않는다. 요한이 한때 '짐승의 표'를 보았던 곳에서, 이제 그는 짐승을 따르는 자들에게 '악하고 독한 종기'가 나는 것을 본다(16:2). 사람들은 우상의 표를 통하여 악에 동화되어 고통을 피하고자 했으나 이제 고통을 주는 종기가 생기게 되었다. 비록 이것이 고통스럽기는 하지만, 하나님이 짐승을 따르는 자들에게 내리는 종기는 짐승이 어린 양을 따르는 자들에게 가하는 죽음과 비교할 때 그리 심하지 않다. 출애굽 이전에 애굽인들에게 임했던 종기와 같이(출 9:10-11), 이것은 사람들로 하여금 그들의 적대적인 행위들을 회개하도록 압력을 가한다(계 16:9, 11).

두 번째 천사가 하나님의 진노의 대접을 바다에 쏟자, 바닷물이 죽은 사람의 피와 같이 차가운 피로 변하고 바다 가운데 모든 생물이 죽는다(16:3). 그 결과로 하나님의 정의에 관한 질문들이 제기된다. 하나님은 바다를 만드시고 그 안에 있는 모든 것들을 창조하셨다(14:7). 하나님의 바람은 바다에 가득 찬 것들을 포함한, 모든 피조물들이 자신들의 창조주를 찬미하는 우주적인 노래에 참여하게 되는 데 있다(5:13). 그렇다면 바다와 그 안에 있는 모든 피조물들이 죽임을 당한 까닭은 무엇인가? 요한계시록은 마지막까지 무죄한 피조물들 혹은 무죄한 사람들이 멸망당하는 이유가 무엇인지를 설명하지 않는다. 이 구절도 그리고 어떤 다른 구절들도 그 문제에 대해 대답하지 않는다.

대신 요한계시록은 이와 관련된 한 가지 질문을 제기한다. 불신자들이 살아 있는 이유는 무엇인가? 하나님의 심판이 충성스러운 신앙인들을 괴롭히는 자들을 없애버리지 않는 이유는 무엇인가? 한편, 피로 변하는 바다의 환상은 불의를 지속시키는 자들이 자신들의 행위들의 결과에 대해 책임을 지게 될 것이라고 경고한다. 땅에 거하는 자들은 성도들의 피를 흘렸다(6:10). 이제 피로 변한 물의 파도는 그들의 해변을 덮친다. 짐승은 충성스러운 하나님의 증인들을 살해하며, 그들의 시체가 길에 버려진다(11:8-9). 불신자들이 아직 사라지지는 않지만, 이 재앙은 하나님의 정의가 승리할 것이라고 경고한다. 만일 하나님이 그들을 살려주신다면, 그것은 하나님이 악에 대해 무관심하시기 때문이 아니라 그들에게 회개의 기회를 허락하시는 것이다—이 점이 곧 분명하게 드러날 것이다(16:9, 11).

세 번째 천사는 진노의 대접을 강과 물의 근원에 쏟는데, 바다와 마찬가지로 그것들이 피로 변했나(16:4). 천사는 이 재앙이 하나님의 성의를 실행하는 것이며, 악한 자들이 "성도들과 선지자들의 피를 흘렸으므로, 그들에게 피를 마시게 하신 것이 합당하다"고 선포한다(16:6). 첫눈에도, 이것은 보복(retribution)에 대한 성서적 원칙을 따르고 있는 것처럼 보인다. 곧 악을 행하는 자들은 "눈에는 눈, 이에는 이"로 벌을 받는다(출 21:24). 확신하건데, 피를 흘린 사람들은 이제 피로 가득한 시내의 물을 마시게 될 것이다. 이것이 '시적 정의'(poetic justice)이다.

이것이 참으로 범죄에 상응하는 형벌인가? 온전한 성서적 원칙은 사람들이 "생명은 생명으로" 징계를 받아야 한다고 규정한다(출 21:23). 유사한 구절은 "다른 사람의 피를 흘리면 그 사람의 피도 흘릴 것이라"고 말씀한다(창 9:6). 요한계시록은 "칼에 죽을 자는 마땅히 칼에 죽을 것이라"는 원칙에 동의하기 때문에(계 13:10), 우리는 사악한 자들은 그들이 성도들을 죽인 것과 같은 무지비한 형태로 죽임을 당할 것으로 기대한다. 그런데 아직 그들이 죽임을 당하지 않지만 그 대신 마시도록 피가 제공된다. 이것은 하나님의 정의가 실행되는 것을 억제시키는 낯선 모습이다. 이전에, 제단 아래 있는 성도들은 땅에 거하는 자들을 심판하여 그들의 피를 갚아주지 아니하시기를 어느 때까지 하시려는지에 대해 물었다(6:9-11). 여기에서, 제단으로부터 들려온 음성은 성도들의 기도의 응답으로 사악한 자들에게 온전한 징벌이 가해지지는 않지만 '하나님은 참되시고 의로우시다'(16:7)고 선언함으로 완화된 심판으로 응답되었다고 주장한다. 재앙의 목적은 단순한 징벌이 아니다. 출애굽 이전에 나일 강을 피로 변하게 한 재앙처럼(출 7:17-21), 요한계시록의 재앙은 회개로 인도하도록 계획된 것이다.

회개의 주제는 네 번째 천사가 진노의 대접을 해에 쏟아 부은 후, 하나님의 대적자들이 격렬한 열기에 고통을 당하는 데서 분명해진다(16:8). 이전 재앙들과 마찬가지로, 이 재앙은 단번에 악한 자를 파멸시킨다. 이제 요한은 어떻게 사람들이 그 재앙에 반응하는가 하는 문제에 관심을 둔다. 이전 환상들에서, 하나님은 모든 나라의 백성들이 그를 두려워하며 그에게 영광을 돌리기를 원하고 계신다는 사실이 분명해졌다(11:13; 14:7). 이것이 심판들이 중단되고 백성들을 회개로 인도하기 위해 사자들을 보낸 이유이다. 그러나 짐승의 경배자들은 회개하기를 거절하며 하나님께 영광을 돌리려 하지 않는다(16:9). 그들이 짐승에게 경배하는 것이 고통을 피하고자 하는 의도만이 아님이 분명하다(참조. 13:16-17). 그 이유는 여기에서 그들은 고통을 당하지만 여전히 하나님께 경배하기를 거절하기 때문이다. 더욱이 그들은 묵묵히 고집스럽게 있지만은 않는다. 짐승처럼 하나님을 모독함으로 그를 향한 자신들의 참된 충성심을 나타낸다(13:5-6).

이 환상들의 기능은 근본적으로 미래를 예언하는 데 있지 않고 독자들로 하여금 두 가지 선택과 마주하게 하는 데 있다. 하늘 코러스처럼, 하나님께 영광을 드리는 무리들과 합류할 것인지(4:11; 5:13; 7:12; 15:4), 아니면 사람들이 여기에서 그러한 것처럼 하나님을 모독하는 자들의 대열에 참여할 것인가 하는 것이다. 만일 독자들이 무관심한 방관자들의 자세를 취한다면, 그들은 이 재앙들에 관한 요한의 이야기의 핵심을 놓친 것이다. 요한은 독자들이 우상 숭배와 불의로부터 벗어나도록 하기 위해 이 환상들을 기록했다. 엄격한 양자택일의 대안은 독자들로 하여금 다른 방법들에 관심을 돌리도록 한다. 한편, 자신들이 가져야 할 신앙인으로서의 헌신들을 단념하도록 하는 압박을 경험한 독자들은 이러한 대조들이 그들로 하여금 반대에 직면하여 인내하도록 요청함을 알게 된다. 몇몇 지방 권세자들은 죽음과 투옥을 피하기 위해서는 그리스도를 거절해야 한다고 그리스도인들에게 요구했을 것이다(2:8-11; 3:8-9). 그러니 이 환상은 하나님을 모독하는 자들이 하나님의 심판에 아래 있게 될 것이라는 사실을 보여줌으로 이러한 인식을 뒤집는다. 다른 한편, 이교 문화에 동화된 독자들(2:12-28; 3:1-6, 14-22)은 여기에 제시된 엄격한 양자택일의 대안이 자신들로 하여금 중간 지대에 머물러 있는 것이 가능하지 않는다는 점을 인식하도록 강요한다는 사실을 깨닫게 된다. 그 이유는 짐승의 행위들과 조화를 이루는 것이 그들로 하여금 전능하신 분과의 갈등을 경험하도록 이끌기 때문이다.

다섯 번째 천사는 하나님의 진노의 대접을 '짐승의 왕좌'에 쏟는데, 그 결과로 짐승의 왕국이 어두움에 쌓이게 된다(16:10). 독자들은 짐승이 용, 곧 사탄으로부터 그의 보좌를 받았다는 사실을 이미 알고 있었다(13:2). 한때 이 악의 보좌를 소유한 짐승은 하나님을 모독하며 성도들을 죽이며 모든 족속과 나라들로 하여금 자신에게 충성할 것을 요구했다(13:5-8). 만일 하나님이 정의로우시다면—이 구절은 반복해서 하나님이 참으로 의로우시다고 선언한다(16:5-7; 참조. 15:3)—하나님은 분명히 짐승이 땅을 탄압하지 못하도록 하실 것이다. 주목할 바는 이스라엘이 포로 상태에서 구원함을 받기 전에 어두움이 애굽에 임했던 것처럼

(출 10:21), 하나님의 천사는 짐승의 왕국을 파괴하지 않고 짐승의 나라를 어두움에 잠기게 한다. 다시 한편, 재앙은 사람들로 하여금 회개하고 하나님을 경배하도록 요청한다. 그 환상은 만일 그들이 변화되기를 거절한다면, 그것은 하나님이 이를 막으시기 때문이 아니라 완고하게 짐승과 동맹을 맺고 있기 때문이란 점을 분명히 해준다(계 16:11). 이 환상에 의해 제기되는 질문은 독자들이 회개하지 않는 길을 따를 것인가 아니면 하나님과 어린 양에게 충성을 보일 것인가 하는 것이다.

여섯 번째 천사가 유브라데 강에 그의 대접을 쏟아 부으니 물이 마른다(16:12). 과거에, 모세가 애굽에서 이스라엘 백성들을 인도할 때 홍해의 물이 나누어졌고(출 14:21-22), 여호수아가 약속의 땅으로 이스라엘 백성을 인도할 때 요단강이 갈라졌다(수 3:14-17). 그러나 여기에서는 "동방에서 오는 왕들의 길을 예비하기 위해" 유브라데의 강물이 마른다(계 16:12). 이 환상은 다른 시기들에 하나님의 백성을 압박했던 세력들에 대항하는 위협들이 무엇이었는지 대한 인식을 일깨운다(참조. 사 50:2; 느 1:4). 요한계시록이 기록되기 수 세기 전, 유대 백성들은 바벨론의 지배를 받았으나 유브라데 동쪽으로부터 온 페르시아가 바벨론을 정복하고, 유대인들에게 고향으로 돌아가도록 허락했다. 요한의 시대에, 주도적인 세력은 로마였으나, 유브라데 동쪽으로부터 온 페르시아인들의 공격으로 인해 불안한 상황에 처해 있었다. 이 이미지는 한때에 국한되지 않고, 그보다는 하나님의 백성을 압제하는 세력들의 취약성을 경고하기 위해 다른 시대들과 관련시킨다.

만일 이전 대접들에 의해 발생하는 두 재앙이 짐승을 따르는 자들로부터 부정적인 반응을 가져왔다면, 이 대접은 짐승과 그의 가장 가까운 동맹세력들로부터 부정적인 반응을 불러일으킨다(계 16:13). 하나님의 대적자들은 다가오는 자신들의 패배를 예상하지만, 항복하기보다는 자신들의 반대를 강화시킨다. 메뚜기처럼 보이는 네 영(더러워서 입 안에 넣을 수 없는)은 용과 짐승 그리고 이전에 땅으로부터 나오는 짐승으로 묘사된 거짓 선지자의 입들로부터 나온다(13:11). 자신들의 통치력을 보존하고자 하는 최후의 방책으로, 이 영들은 아마겟돈이라 하는 곳에서 땅의 임금들을 유혹한다. 그곳에서 그들은 전능하신 하나님의 날에 일어날 마지막 큰 전투를 준비하게 될 것이다(16:14-16).

아마겟돈 (16:16)

현대 문화에서, '아마겟돈'(Armageddon)이란 단어는 핵무기와 문화 밀살을 가리키는 용어와 거의 동의어가 되었다. 내중적인 논법에 의하면 아마겟돈이란 단어는 중동지방에서의, 항공기 편대, 탱크 여단들과 충돌하는 핵탄두를 장착한 미사일로 특정된다. 큰 전투에 대한 묘사는 19장 11-21절까지 나오지 않는다—이상스럽게도 이 구절에는 탱크와 미사일에 대한 모든 언급들이 생략되어 있다—그래서 우리는 다음 장까지 이 문제에 대한 논의를 보류할 것이다. 그러나 '아마겟돈'이란 이름이 16장 16절에만 나오기 때문에, 우리는 이 단어의 의미를 여기에서 살펴보고자 한다. 두 가지 질문이 중요하다.

첫째, 그 이름이 문자적인가 아니면 상징적인가? 요한은 '아마겟돈'이 히브리어라고 하는데, 이 용어는 히브리어 'bar' 혹은 '산'과 북이스라엘에 위치한 한 장소를 지칭하는 '므깃도'(Megiddo)라는 이름에 근거하고 있다. 그러나 이 이름은 특별하다. 그 이유는 므깃도가 실제로는 산이라기보다는 평원에 있기 때문이다. 요한이 그의 독자들에게 편지를 기록했을 때, 그는 분명히 그들이 살고 있는 도시의 문자적인 이름들을 사용했다. 에베소, 서머나, 버가모 등등(1:11). 또한 요한은 자신의 대적자들을 발락, 발람, 이세벨이라는 별명으로 부를 때에 상징적으로 히브리 이름들을 사용했다. 이들은 구약성서에서 우상 숭배와 관련이 있는 인물들이다(2:14, 20). 요한은 그들의 공동체에 머무는 거짓 교사들에 관한 몇 가지 사항을 독자들에게 알려주기 위해 이 상징적인 이름들을 사용한다. 9장 11절에서, 그는 사탄적 천사를 상징적인 히브리 이름인 '아바돈'(Abaddon, 파괴)과 헬라어 이름인 '아볼루온'(Apollyon, 파괴자)이라고 부른다. 장소를 밝힐 때, 요한은 그리스도가 십자가에 달리신 곳이 '예루살렘'이라고 말하기를 원치 않아서, 이곳을 상징적으로 '소돔'과 '애굽'이라고 한다(11:8). 마지막으로 그는 상징적으로 '바벨론'이란 이름(14:8; 16:19)을 일곱 언덕 위에 건설된 도시인, 로마로 확대한다. 요한이 자주 문자적인 의미보다는 구약성서의 이름들을 상징적으로 사용하고 있기 때문에, '아마겟돈'은 문자적으로보다는 상징적으로 취해야 함이 분명하다.

둘째, 그 이름이 의미하는 바가 무엇인가? 구약성서에서 므깃도에 대한 언급들은 자주 이스라엘의 대적자들을 패배시켰던 전투들과 연결된다. 사사기 5장 19절에서, 므깃도는 이스라엘의 적들에 대한 드보라의 승리와 관련되어 있다. 이 전투에서 하나님은 하늘로부터 비를 내리셔서 가나안 전차들을 수렁에 빠뜨리고 그 군대를 패배시킴으로 승리하셨다. 역대하 35장 22절(참조. 왕하 9:27)에 의하면, 유대 왕 요시야가 므깃도 근처에서 죽임을 당했다. 비록 그는 선한 왕이었으나 이 본문은 그가 여호와의 말씀을 듣지 않았기 때문에 죽임을 당했다고 진술한다. 그러므로 그의 운명은 하나님께 관심을 기울이지 않는 모든 자에게 주는 일종의 경고의 역할을 한다. 마지막으로, 스가랴 12장 11절은 므깃도를 이교신에게 예배하는 자들이 애통해하는 장소라고 언급하면서, 다가올 여호와의 승리의 날을 선포한다. 이러한 정황을 종합해볼 때, 므깃도는 하나님의 대적자들의 다가올 파멸을 미리 알려주는 한 장소를 가리키는 명칭라고 주장할 수 있다.

그러나 전투가 일어나기 전, 일곱 번째 천사가 진노의 대접을 공중에 던지자, 번개와 우레와 수많은 우박이 쏟아진다(계 16:17-21). 하늘 보좌로부터 들려온 한 음성은 "이르게 되었다"고 선언하는데, 그것에 근거할 때 마침내 하나님의 심판이 완성된 것으로 보인다. 이전에 한 천사는 "모든 나라에게 그의 음행으로 말미암아 진노의 포도주를 먹이던 자"인 바벨론을 정죄했다(14:8). 그리고 이제 하나님은 "그의 진노의 맹렬한 포도주 잔"을 그 도시에 쏟아 붓는다(16:18). 이로 인해 인간의 창조 이래로 일어났던 어떠한 것보다 더 맹렬한 지진이 세상에 임한다. 지진은 바벨론과 세상의 도시들을 흩이버리고 철지히 붕괴시킨다. 세상의 섬들과 산들은 사라진다. 이 파멸의 장면들을 결론짓는 설명은 악한 자의 소멸에 초점을 맞추지 않고 회개하기를 거절하는 그들의 행위에 초점을 맞춘다. 그들은 이전 재앙들을 경험할 때 자신들이 행했던 것처럼, 하나님 주위에 모이기보다는 계속적으로 하나님을 저주한다(16:21). 요한계시록의 독자들도 동일하게 행동할 것인가 하는 질문이 던져진다.

다음 장면에서 요한은 인간이 하나님을 향해 특별히 저항하는 이유가 무엇이며, '바벨론'이란 도시에 초점을 맞춘 하나님의 심판의 본질에 대해 물을 것이다. 그의 본문은 선적인 순서로 진행되지 않는다. 그 이유는 16장 19절에 의하면 비록 바벨론이 지진에 의해 흩어지지만, 요한은 요한계시록 17장에서 다시 인격화된 형태로 그 도시의 장엄함을 묘사하기 때문이다. 17장 16절에서 바벨론이 불로 파괴될 것이라고 기술한 후, 요한계시록 18장에서는 그 도시의 패망의 이유를 설명한다—교만과 폭력, 그리고 부이다.

Ⅱ. 큰 음녀(17:1-18)

하나님의 진노의 대접들을 땅에 부은 천사들 중 하나가 요한에게 큰 음녀에게 임하게 될 심판의 장면을 보여준다(17:1). 요한이 이제 묘사하는 환상은 요한계시록 2막을 시작하는 용과 여자의 이야기에 대한 일종의 대응부이다. 이전 환상에서, 하나님의 백성은 해로 옷을 입고 만국을 다스리는 메시아를 출산한 여자로 인격화되었다. 그 여자와 그녀의 아이는 일곱 머리 달린 큰 용에게 쫓김을 당하나 그 여자는 광야에 피난처를 찾았다. 그리고 용은 하늘로부터 땅으로 쫓겨나서, 그곳에서 일곱 머리 달린 짐승을 통하여 나라들을 속이며 성도들과 전쟁을 했다(12:1-13:10). 그 환상에 나오는 여자처럼, 요한은 이제 광야로 인도함을 받는데(17:3), 그곳은 그에게 용의 거짓들과 짐승의 위협들을 피할 수 있는 피난처를 제공하며, 그는 거기에서 이 교활한 권세의 실상을 보게 된다.

요한계시록 12장과 17장에 등장하는 여자는 뚜렷이 대조되는 방식들로 묘사되었는데, 그 이유는 하나님의 백성을 대표하는 박해받는 여자를 향한 독자들의 충성심을 얻고, 하나님의 대적자들을 대변하는 불쾌한 인상을 주는 음녀로부터 그들을 떼어놓기 위해서이다. 해로 옷을 입은 여자는 메시아의 어머니이며 충성스러운 신앙인들의 어머니이다(12:5, 17). 반면 진주로 꾸며진 창부는 "땅의 음녀들과 가증한 것들의 어미"이다(17:5). 첫 번째 여자는 일곱 머리 달린 괴물에게 쫓김을 당하나, 두 번째 여자는 기쁘게 일곱 머리 달린 괴물을 타며 성도들의 피를 마신다(17:6). 그 장면을 감안할 때, 의심할 바 없이 독자들은 음녀가 아니라 첫 번째 여자와 동일시되고자 할 것이다.

실제적으로 표현하면, 그 메시지의 주된 내용은 그리스도인들은 고난 가운데 있는 자신들을 발견하게 될 것이라는 것이다. 주류 사회에 속하지 않아 고통을 당하는 광야로 피신한 여자와 동일한 상황에 처해 있는 자신들의 모습을 보게 될 것이다. 그러나 만일 다른 선택이 타락한 창녀와 그녀의 동료 짐승과 친해지는 데 있다면, 독자들은 주류 사회에 속하지 않는 생활이 그리 나쁘지 않다는 사실을 깨닫게 될 것이다. 요한은 독자들이 선과 악 사이를 분명히 구별할 수 있다고 생각하기 때문에 이 둘을 뚜렷하게 대조하지는 않는다. 그러나 사실 많은 사람들에게 있어서 문제는 정확히 그 반대라는 점이다. 요한은 참되신 하나님과 대리신들(surrogate gods)의 차이를 분명히 인식하지 못하거나 불신앙으로부터 신앙을 구별하지 못하는 깃처럼 보이는 자들을 혹평한다. 사데 교회와 라오디게아 교회에 속한 그리스도인들은 자신들의 부요함에 속아 만족감에 젖어 있었다(3:1-6, 14-22). 반면 버가모 교인들과 두아디라 교인들은 기꺼이 세상과 조화를 이루고자 하며 이교 관행들인 매음에 동화되고자 했던 것처럼 보인다(2:14, 20-22). 음녀의 초상은 독자들의 인식들을 둔화시키는 유혹적인 세력들의 허울을 벗김으로 그들로 하여금 믿음이 의미하는 바가 무엇인지를 깨닫도록 하기 위해 계획된 것이다.

음녀에 대한 풍자적인 묘사(17:1-6)

요한은 음녀를 묘사할 때 전반적으로 풍자(Satire)적인 문학 기법을 사용하는데, 현대 독자들은 이 표상을 이해하기 위한 가장 효과적인 준비가 신문의 편집적인 부분들에 친숙해지는 것임을 점차 알게 될 것이다. 정치 만화들에서 이 풍자가 어떠한 역할을 하는지를 살펴보라. 작가는 정치 지도자들을 묘사할 때 개인적인 특징들을 과장해서 그린다. 이 때문에 어떤 사람은 새와 같은 코를 가진 모습으로 그려지기도 하고, 다른 사람은 큰 귀를 가진 것으로 묘사되기도 하며, 또 다른 사람은 이국적인 머리형을 가진 모습으로 그려지기도 한다. 미국은 자주, 코트와 줄무늬 바지를 입고 별들과 줄들로 장식한 탑햇(top hat)을 쓰고 그의 턱에는 염소수염을 가진 샘 아저씨로 묘사된다. 코끼리는 공화당을 대표하며, 민주당은 당나귀로 상징된다. 만일 어떤 인물의 신분이 분명히 드러나지 않으면, 작가는 그 그림에 그의 이름을 기록할 것이다.

풍자가들은 그림을 그리는 행위를 통해 전 세계 혹은 국가들 간의 권력관계를 보여준다. 엉클 샘은 공화당의 코끼리 등에 편안하게 걸터앉아 있거나 코끼리의 발에 밟힌 모습으로 그려져 있다. 때로 그는 코로 민주당의 당나귀를 이끌거나 당나귀의 발굽에 차여 고통을 당하는 모습으로 묘사된다. 각각의 몸짓은 관계의 다른 형태를 보여준다. 풍자가는 그렇지 않으면 독자들이 보지 못했을 어떤 사실들을 보여주고자 한다. 그리고 이 그림에 묘사된 흥미를 끄는 요소들은 독자들을 설득하는 데 크게 기여한다. 만일 감동을 주는 듯한 것이 실제로는 우스꽝스럽고, 매력적으로 보이는 것이 실제로는 단지 화려할 뿐이며, 바람직하게 보이는 것이 사실은 익살 맞는 것이라 생각하도록 사람들을 설득할 수만 있다면, 그들은 이것에 저항하도록 보다 잘 준비된 것이다.

큰 도시에 대한 요한의 풍자적인 묘사는 유사한 방식으로 작용한다. 아름답고 우아한 여인을 엠블럼으로 사용하는 대신에, 요한은 이것을 방탕한 고급 창부로 묘사한다. 미덕의 고결한 예를 찾고자 하는 곳에, 만취한 주정꾼과 함께 비틀거리는 여인의 모습이 그려져 있다. 코끼리 등 위에 걸터앉은 대신, 음녀는 포악한 일곱 머리 달린 짐승의 등에 매달려 있다. 음녀의 손에는 최고급 포도주가 가득 차 있을 것으로 짐작되는 황금 잔이 들려 있다. 그러나 요한은 자신의 독자들에게 실제로는 그 안에 무가치한 오물이 가득 차 있다고 말한다. 자만심에 가득한

알브레히트 뒤러, 일곱 머리 달린 짐승을 탄 음녀(계 17:1-8)

여자는 실제로는 멸시당하는 어릿광대이다. 독자들이 음녀의 신분을 확실히 파악하도록 하기 위하여, 요한은 현대 예술가들이 정치적인 풍자만화에 그러하는 것처럼, 그 여자의 이마에 '큰 바벨론'(Babylon the Great)이라는 이름을 적었다.

음녀의 모습은 축적된 부의 이미지로 그려져 있다. 구약성서에서, 이스라엘과 하나님의 관계는 하나님은 신랑이며, 이스라엘은 신부인 결혼관계로 비유된다. 그러나 다른 신들을 섬김으로, 그 백성들은 하나님과의 결혼 계약을 파기하고, 많은 정부들을 품에 안은 창녀의 역할을 한다(호 2:5; 렘 2:20; 3:1-14; 겔 16:36). 불신자들은 음녀에게 '심홍색 옷'을 입히고 그녀를 '금으로 된 장신구들'로 치장을 하지만, 선지자들은 그 여자의 모든 몸치장은 헛되게 될 것이라고 경고한다. 그 이유는 요한계시록 17장 16절에 언급된 바벨론의 운명처럼, 결국 그 여자의 정부들이 그 여자를 파멸시킬 것이기 때문이다(렘 4:20).

구약성서에는 일곱 고대 도시가 창녀들로 묘사되어 있다. 그 이유는 그것들의 화려함과 부유함이 이스라엘 백성들로 하여금 하나님과 그들이 맺은 배타적인 관계를 파기하고 이 계약에 대해 의심하도록 유혹했기 때문이다. '많은 물 위에 앉은' 도시들 중의 하나는 지중해 연안에 위치한 도시인 두로였다(겔 27:3). 두로는 해상 무역의 폭넓은 네트워크로 의뢰인들을 유혹하기 위해 무슨 일이든지 기꺼이 행했기 때문에 창녀라고 조롱을 받았다(사 23:17). 앗수르의 수도인 니느웨는 티그리스 강가에 건설되었다. 니느웨는 자신이 정복한 나라들에게 악행을 가했는데, 그 또한 속임수를 통하여 여러 나라들을 정복한 여자이며 마술로 여러 족속들을 미혹하는 음녀였다(나 3:4). 유대의 왕 아하스는 앗수르인들의 예술 작품을 본 따서, 예루살렘 성전에 앗수르 형식의 제단을 세웠으며, 그들의 종이 되는 특권을 얻기 위해 앗수르인들에게 재물을 바치기까지 했다(왕하 16:5-16).

음녀의 이마에 새겨진 이름인 '큰 바벨론'에 대한 기억들은 그 도시
에 대한 요한의 묘사에 직접적인 영향을 주었다(계 17:5). 유프라테스
강가에 건설되었으며, 수로로 얽혀진, 바벨론은 요한계시록 17장 1절
에 언급된 음녀처럼, '많은 물'을 소유함으로 경애의 대상이 되었다(렘
51:13). 만일 음녀가 자신의 손에 잔을 들고 나라들로 이것을 마시게 했
다면(계 17:2, 4), 예레미야는 바벨론이 지겹고 시시한 권력을 가진 "여호
와의 손에 잡혀 있는 온 세계가 취하게 하는 금잔"이라고 앞서 말했다
(렘 51:7; 참조. 25:15-16). 그럼에도 불구하고, 성공을 향하여 달음질하던
바벨론은 결국은 걸려 넘어져 하나님의 심판 아래에 놓이게 되었다(렘
51:8). 요한계시록에 나오는 음녀 역시 동일한 길을 걷게 될 것이다.

요한 시대의 독자들은 음녀 바벨론과 일곱 언덕 위에 건설된 도시인
로마를 쉽사리 연결시켰을 것인데(계 17:9), 그의 모습은 사악하고 유혹
적이었다. 바벨론은 첫 번째 예루살렘 성전을 파괴시켰으며, 로마는 두
번째 예루살렘 성전을 파괴했다. 로마인들은 또한 산발적으로 일어났
던 폭력과 네로 시대에 발생했던 무자비한 박해 시에 "예수의 증인의
피와 성도들의 피"를 흘렸다(17:6). 그러나 이것이 모든 그리스도인들이
로마의 통치를 용납할 수 없는 것으로 받아들였다는 의미는 아니다. 로
마 제국은 유럽으로부터 아시아까지 '많은 물'을 가로질러 뻗어 있었으
며(17:1), 해상 무역이 번성했었다(18:11-19). 몇몇 그리스도인들을 포함
해서(3:17) "땅에 거하는 많은 사람들"(17:2)은 로마가 제공하는 번영에
도취되었으며, 기꺼이 황제 제의와 간음(fornication)하는 범죄를 저질렀
다(2:14, 20-22). 그러나 가장 근본적인 면에서, '간음'은 "가이사를 포함
한 로마 신들에게 경배하는 예식에 참여하는 것일 뿐만 아니라, 이 세
상에서의 생명을 유지하려는 목적에서 로마를 용납하는 것, 말하자면

로마를 하나의 신"으로 섬기는 행위를 뜻한다(Boring, *Revelation*, 180).

요한은 로마의 상징들을 구체화하는 풍자적인 묘사를 하는데, 도시들을 유혹하는 큰 도시의 특징을 분명히 드러내기 위하여 그것들을 만화식으로 그렸다. 헬라 세계에 미친 로마의 권력을 인격화한, 여신 로마의 예술적인 초상들(representations)은 때때로 로마의 일곱 언덕에 기대어 있는 전투복으로 예쁘게 치장한 고결한 여자로 묘사된다. 그 여자의 발은 그녀 앞으로 흐르는 테베레 강을 향해 뻗어 있으며, 그 여자의 오른손은 단검의 끝에 위치하도록 하기 위해 약간 올라가 있다(Aune, *Revelation*, 920). 요한계시록 17장에서는 이 고결한 여자가 타락한 고급 창부가 된다. 그 여자가 기댄 일곱 언덕은 짐승의 엉클어진 일곱 머리로 변형되었다. 그 여자의 손은 더 이상 칼을 들고 있지 않고 취하게 하는 술로 가득 찬 받침 달린 술잔을 가졌으며, 그 여자의 침착한 말투는 술주정뱅이의 그것으로 변형되어 있었다. 그의 신전들이 아시아의 도시들에 세워진, 이 어머니라는 인물은 "매춘부의 어미요 땅의 가증한 것들의 어미"로 그려져 있다(17:5). 요한은 이것이 큰 도시의 실제적인 모습이라고 선언한다.

요한의 큰 음녀에 대한 풍자문은 1세기의 독자들로 하여금 로마의 세력과 부에 현혹되어 하나님과 그리스도, 그리고 그리스도인 공동체를 포기하도록 하는 욕망에 저항할 수 있는 동기를 부여하기 위해 계획된 것이다. 그러나 이 풍자만화에 함축된 의미는 1세기에 국한되지 않는다. 음녀의 특성들은 단순히 로마만의 특징들이 아니라 바벨론과 두로와 니느웨의 특성들을 포함하고 있다. 이 모든 도시들의 특성들을 망라함으로, 음녀는 한 장소 혹은 한 시기에 한정되지 않는 권세를 대변한다. 음녀의 교만과 폭력 그리고 사치에 대한 탐닉은 요한계시록에 보다 자세히 묘사되어 있는데, 현대 독자들은 잊혀진 시대가 아니라 자신들이 알고 있는 세계에 속한 세력들과 맞서 있는 자신들을 발견하게 될 것이다.

음녀의 의미(17:7-18)

음녀의 패망에 대해 말하기 전, 요한의 안내자인 천사는 음녀와 그녀가 탄 짐승에 대해 보다 자세히 설명해준다. 독자들은 이미 일곱 머리 달린 짐승이 지상의 사탄 곧 일곱 머리 달린 용의 동료라는 사실을 알았다(12:3; 13:3). 이전에, 짐승은 그리스도를 모방했다. 그렇게 할 수 있는 까닭은 어린 양이신 예수님처럼 짐승은 죽임을 당했으나 아직 살아 있기 때문이다(13:3, 12, 14). 이제 짐승은 하나님을 모방하고 있는데, 그 이유는 하나님이 하늘로부터 오신 "전에도 계셨고 이제도 계시고 장차 오실 이"인 것처럼(4:8), 짐승은 "전에 있었다가 지금은 없으나 장차 무저갱으로부터 올라오기" 때문이다(17:8). 하나님과 짐승의 유사점들은 그들 사이의 갈등을 증가시킨다. 그 이유는 그들은 두 가지 형태의 세력과 두 가지 경쟁적인 주장들을 대변하기 때문이다. 짐승이 제시하는 방향은 파멸로 인도하는 반면(17:8), 하나님이 정하신 길은 새 창조로 인도한다(21:1).

짐승에 관한 천사의 설명들은 요한이 요한계시록을 암호로 기록하지 않고 의미의 다양한 차원들을 전달하기 위해 이에 적합한 상징들을 사용했음을 강조한다.

첫째, 짐승의 일곱 머리가 일곱 산을 상징한다고 설명함으로(17:9), 요한은 이 편지가 밧모 섬에서 밖으로 전해지도록 하기 위한 목적에서, 로마 체포자들로부터 자신의 메시지를 감추기 위해 상징들을 사용한 것이 아님을 보여준다. '일곱 언덕 위에 세워진 도시'라는 표현은 가장 우둔한 로마의 검열관이라 할지라도 그 표현이 의미하는 바가 무엇인지를 놓치지 않았을 로마에 대한 일반적인 묘사이기 때문이다.

둘째, 사람들이 암호를 사용할 때, 각각의 부호는 하나의 의미를 가지고 있다. 예를 들면, 지도에서 한 표상은 학교를 나타내며 다른 표상은 교회를 나타낸다. 그러나 요한은 일곱 산과 일곱 왕처럼, 짐승의 머리들도 두 방향에서 이해되어야 한다고 말한다(17:9). 이전에, 요한은 하나님의 일곱 영이 두 다른 표상을 대변하고 있다고 말했을 때도 유사한 태도를 취했다. 하나님의 보좌 앞의 일곱 등불과 어린 양의 일곱 눈(4:5; 5:6).

요한계시록의 표상들의 유연한 특징에 관심을 두는 이유는 독자들로 하여금 성급하게 본문들을 해석하려다가 빽빽이 우거진 사상의 덤불에 둘러싸여, 무릎까지 빠지는 수렁에 서 있는 자신들을 발견하게 되는 잘못을 범하지 않도록 하기 위함이다. 일부 해석자들은 요한계시록이 표제에 근거하여 해독될 수 있는 미래의 사건들에 대한 예언이라고 가정한다. 수년 동안, 많은 사람들은 유럽 공동시장(European Common Market)을 짐승의 열 뿔로 대변되는 열 국가 연합이었을 것이라고 추정했는데, 이는 그리스도의 재림에 앞서 아마도 로마에 근거를 두었을 것으로 여겨지는 기독교의 이교적 형태와 연결된다(Lindsey, *Late Great Planet Earth*, 94). 그런데 지금은 공동시장의 회원국이 열 국가 이상이 되기 때문에, 혹자는 미국 안보 회의(United Nations Security Council)가 세계를 지배할 열 개 초강대국으로 확대될 것이라고 제안한다(LaHaye and Jenkins, *Are We Living in the End Times?*, 169-70).

역사적 해석가들은 이러한 사고들을 거절하며, 바울 서신들처럼, 요한계시록은 마지막 때에 가서야 인식할 수 있는 예언들을 전하는 것이 아니라 1세기 독자들의 필요에 부응하기 위해 기록된 것이라고 지적한다. 그럼에도 불구하고, 몇몇 역사적 해석자들은 자신들의 독특한 방식으로 1세기에 발생한 어떠한 사건들과 그 환상의 논점들을 관련시킴으로 요한계시록 17장의 암호를 해독하려 했으나 성공하지 못했다. 설명을 요구하는 사항은 짐승의 일곱 머리가 다섯은 망하였고 하나는 있고 다른 하나는 아직 이르지 아니하였으나 이르면 반드시 잠시 동안 머무를, 일곱 왕을 상징한다 할 수 있느냐이다. 그 후, 일곱 왕 중의 하나는 여덟 번째 통치자로서 되돌아올 것인데, 그는 짐승의 열 뿔로 대변되며 성도들과 전쟁하는 보다 하위의 열 왕과 함께 통치권을 공유하게 될 자이다(17:9-14).

많은 학자들은 일곱 왕과 로마의 일곱 황제를 동일시하려는 시도를 해왔다. 그렇다면 어떤 일곱인가? 로마 제국의 시직기의 황제인 율리우스 시저 혹은 가이사 아우구스티누스로부터 시작해야 하는가 아니면 기독교의 첫 번째 박해자인 로마 황제 네로로부터 시작해야 하는가? 그 순서에 그 당시 재임한 모든 황제들을 포함시켜야 하는가? 이들 모두가 영향을 미칠 만한 기간 동안 통치했던 자들인가? 이들은 요한이 계시록을 기록하기 이전에 신격화된 자들인가? 아니면 이들은 폭력적인 죽음에 의해 '떨어진' 자들만을 가리키는가? 이 방향을 따르는 수많은 창조적인 시도들이 있었지만, 요한계시록 17장에 온전히 들어맞는 로마 황제들의 목록을 작성할 수는 없다.

본문을 읽는 데 좀 더 도움이 되는 방법은 요한이 풀기 어려운 도발적인 표상을 사용하고 있다는 사실을 인정하는 것이다. 요한계시록의 다른 곳에서, 일곱이라는 숫자는 온전함을 의미한다. 그러므로 요한이 아시아에 있는 일곱 교회에 편지를 썼을 때, 그는 전체 교회에 하나의 메시지를 제시한 것이다. 일곱 번째 인을 떼실 때(8:1) 혹은 일곱 번째 나팔이 울리거나(11:15) 일곱 번째 대접이 쏟아졌다고 말할 때(16:17), 그가 암시하는 바는 하나의 환상군이 완성되었다는 것이다. 마찬가지로 일곱 머리와 일곱 왕은 짐승 세력의 전체성을 가리키는 것으로 보인다. 여덟 번째 왕을 일곱 중의 하나가 돌아온 것으로 묘사하는 것은 죽은 네로가 살아서 돌아온다는 전설에 영향을 받은 것으로 보인다. 그러므로 이를 근거로 미래에 닥칠 하나님의 백성의 박해에 대해서 말할 수도 있다. "이는 다시 올 네로이다."

이와 같이 세부적인 내용들이 애매모호함에도 불구하고, 이야기의 끝은 분명하다. 사탄의 멸망이다. 짐승과 이의 동조자들은 어린 양에 대항하는 전쟁을 시작하지만(17:13-14), 이 전쟁은 음녀가 파멸됨으로 종결된다(17:16). 한동안 큰 음녀를 태워 움직인 후에, 짐승은 그 여자를 무너뜨린다. 음녀에게 자만심을 심어주었던 자줏빛과 붉은빛 옷과 금과 보석들이 불명예스럽게 벗겨진다. 성도의 피를 삼긴 음녀는 이제 짐승의 턱 안으로 삼켜지며, 불로 아주 없어진다(17:16). 역설적이게도, 불에 의한 파멸은 음녀 자신이 '다시 올 네로'임을 입증해준다. 그 이유는 네로의 통치시기에 일곱 언덕 위에 세워진 도시가 불에 의해 파괴되었기 때문이다(Tacitus, *Annels* 15.38). 이전 환상에 의하면, 바벨론은 하나님의 천사들 중 하나에 의해 흩어졌다(계 16:19). 그러나 여기서 하나님이 악한 세력들에게 그들의 파멸 과정을 쫓도록 명하실 때, 하나님의 뜻이 이행된다. 짐승이 무저갱으로부터 올라오는데, 그곳은 파멸이 지배한다(17:9; 참조. 9:11). 파멸이 임하는데, 짐승을 따르는 자들에게까지 임하게 된다. 이 환상의 진지한 메시지는 하나님이 멸망할 자들에게 그들 자신의 행위들의 산 제물이 되도록 허락하실 때에 하나님의 심판이 임하게 된다는 것이다.

Ⅲ. 바벨론의 패망(18:1-24)

'바벨론'의 멸망을 계시하는 환상은 바벨론의 장례(funeral)의 전조인, 패망한 도시에 관한 긴 애가에 이어 나온다. 요한은 이 환상을 엄격한 연대기적인 순서로 하나하나 열거하지 않는다. 한 장면에서는 바벨론이 이미 "무너졌다"고 선언하나(18:2), 다음 장면에서는 사람들에게 "거기로부터 나오라"고 권면하는데, 이것은 이 도시가 여전히 건재해 있음을 가정하는 것이다(18:4). 요한은 왕들의 재난은 미래형으로(18:9), 상인들의 재난은 현재형으로(18:11), 그리고 선장들의 재난은 과거형으로(18:18) 기술하고 있다. 맷돌을 가진 천사는 바벨론의 폐망을 미래에 일어날 사건으로 이야기한다(18:21). 요한이 미래에 일어날 사건을 과거의 환상으로 이야기한 것은 끊임없이 변화하는 시간의 틀에 기인한 것이다. 또한 이것은 그의 근본 관심이 다가올 사건들의 순서를 세부적으로 기술하는 데 있지 않음을 보여준다. 그보다 그는 하나님의 길과 관련하여 그의 독자들의 현재적 헌신들을 고려하도록 자극함으로, 그들이 현재 삶의 방향을 결정하는 데 영향을 주기 위해 이 편지를 썼던 것이다(A. Y. Collins, *Apocalypse*, 126).

잘 알려진 이야기인 찰스 디킨스의 『크리스마스 캐럴』(*A Christmas Carol*)을 고려해보면 장례의 환상이 현대 독자들에게 어떠한 영향을 미치는지 분별할 수 있을 것이다. 이 이야기에 의하면, 스크루지(Ebenezer Scrooge)라고 부르는 부유한 구두쇠는 세 영의 방문을 받는다. 첫 번째 영은 그에게 그의 과거의 크리스마스 축제의 환상을 보여준다. 두 번째 영은 그에게 사람들이 현재의 크리스마스를 축하하는 장면을 보여주며, 세 번째 영은 미래의 어두움에 쌓인 광경을 보여준다. 이 세 영의 인도로, 스크루지는 영향력 있는 사업가들이 모여서 사망한 어떤 한 사람에 관하여 이야기하는 것을 곁에서 엿듣게 된다. 그들은 그 죽은 자에게 전혀 동정심을 보이지 않으며, 단지 그의 돈이 어떻게 될 것인지에만 관심을 갖는다. 다음으로 그는 죽은 자의 재산을 삼키려 하는 그 사회의 쓰레기들—추잡스러운 악마들—을 보게 된다. 그리고 그는 가난한 사람들이 자신들의 무자비한 채권자가 사라진 것에 대해 조용하게 기뻐하며 이야기하는 소리를 엿듣게 된다. 마지막으로, 그 영은 스크루지에게 황폐하고 잡초가 무성히 자란 무덤을 보여주는데, 그 무덤의 풀과 잡초사이에 스크루지라는 이름이 새겨진 한 돌이 삐져나와 있었다. 스크루지는 소리를 지른다.

"내가 전혀 가망이 없다면, 나에게 이 장면을 보여주는 까닭이 무엇입니까?"

"내가 변화된 생활을 한다면, 당신이 나에게 보여준 이 영상들을 바꿀 수 있다는 확신을 나에게 주려 합니까!"

바벨론의 패망에 관한 요한계시록의 묘사는 위와 유사한 영향을 주기 위해 계획된 것이다. 물론 바벨론의 음녀는 구두쇠는 아니지만, 스크루지처럼 그녀는 부유하고 욕심이 많고 냉담하다. 독자들은 먼저 황폐한 묘지로 인도되는데, 그곳에 있는 묘비에는 바벨론의 이름이 새겨져 있었다. 그리고 그녀의 남은 부를 빼앗기 위해 사악한 귀신들과 모리배들이 떠돌아다니고 있었다(18:2). 다음으로, 독자들은 영향력 있는 상인들이 그녀의 패망에 관하여 말하는 것을 엿듣도록 허락을 받는다. 비록 슬픔을 표현하고 있지만, 그들의 생각은 주로 그녀의 부의 통탄할 만한 상실과 관련이 있다(18:11-19). 그러나 압제받는 자들이 그들의 무자비한 주인의 패망에 대해 기뻐해야 한 이유가 있다(18:20). 디킨스의 이야기에 나오는 미래의 환상들이 관심을 두었던 바와 같이, 이 광경의 초점은 독자들로 하여금 비인간적인 방식의 부와 교만을 비난하는 경향으로 나아가도록 영향을 주려는 데 있다. 핵심 구절은 18장 4절이다.

"내 백성아, 거기서 나와 그의 죄에 참여하지 말고 그가 받을 재앙들을 받지 말라."

이 환상에 대한 적절한 반응은 숙명론이 아니라, 스크루지의 표현으로 하면 '변화된 생활'이다. 독자들이 음녀 도시의 행위들과 자신들이 연관되었음을 깨달아 자신을 그것들로부터 멀리할 때, 이 환상은 기록된 목적을 이루는 것이다. 이제 우리는 보다 자세히 이 구절을 살펴볼 것이다.

바벨론의 패망(18:1-8)

빛이 비추인다. 하늘로부터 내려온 천사의 밝음(brightness)이 바벨론의 폐허 위에 놓인 어둠의 장막을 파고든다. 선지자들이 했던 것처럼, 한 천사가 선포한다. "무너졌도다, 무너졌도다 큰 성 바벨론이여"(18:2) 그리고 그는 이전 그 도시의 스릴 있는 생활을 대신하게 될 무시무시한 파멸의 장면을 묘사한다(18:2). 그 도시는 땅에 거하는 자만심이 강한 사람들에게 인기 있는 지역이었다(17:2; 18:3). 그러나 이제 그녀의 연기가 치솟아 오르고 있는 폐허는 황폐한 길거리에서 표류하는 귀신들과 더러운 영들에게나 적합한 장소가 되었다. 음녀는 한때 성도들과 예수님의 증인들의 피를 취하였다(17:6). 그러나 이제 우리는 그곳에서 독수리와 썩은 고기를 찾아 그녀 위를 조용히 맴도는 독수리와 같은 '더러운 새들'을 발견하게 된다(18:2b; 레 11:13-19).

요한계시록 18장 3절에 제시된 바벨론의 폐망 이유는 최초의 요한의 독자들이 가졌던 불안감을 일깨우는 데 도움을 줄 것이다. 그 천사는 음녀와 간음하는 '모든 나라들'과 '땅의 임금들'이라는 일반적인 표현을 사용한다. 그러나 요한은 이 책을 받은 몇몇 그리스도인들 역시 이러한 경향을 따르고 있다는 점을 분명히 해준다. '간음'은 하나님과 어린 양과의 관계를 파괴시키는 행위들을 묘사하는 은유이다. 일곱 교회에게 전해진 메시지들은 우상들에게 드려진 고기를 먹는 것을 그와 같은 간음 형태와 동일시하며(2:14, 20), 사회적으로 보다 안락한 생활을 위하여 이교 관행을 수용하는 자들에게 하나님의 심판이 임하게 될 것이라고 경고한다. 그 천사는 또한 "사치의 세력으로 치부한" "땅의 상인들"에 대해 언급한다(18:3). 라오디게아 교회의 그리스도인들은 이러한 범주에 속하게 되었다. 그 이유는 그들에게 안정감을 가져다주는 근본적인 자산은 그리스도가 아니라 부유함이었기 때문이다(3:17).

하늘의 음성이 "내 백성아 거기서 나오라"고 외칠 때(18:4), 이 음성은 부가 가져다주는 만족감에 빠져 있거나 음녀가 제공하는 혜택을 얻기 위해 자신들의 믿음의 고결성을 양보한 독자들을 향하고 있다. "그녀로부터 나오라"는 외침은 예레미야에 의해 주어진 유사한 탄원을 반영한 것이다(렘 51:45). 그러나 이것은 실제 도시로부터 물리적으로 떠나라는 의미는 아니다. 요한의 독자들은 바벨론이나 일곱 언덕 위에 세워진 로마가 아닌 소아시아에 거주하고 있었다(계 17:5, 9). 그 천사의 음성은 큰 도시의 무역을 특징짓는 물질주의와 불신앙으로부터 벗어나 어린 양의 길을 따르라고 손짓해 부르고 있다.

바벨론 세계는 자기중심적이다. 이전 환상들은 참된 영광이 만물을 창조하신 하나님과 그의 피로 백성들을 속량하신 어린 양에게 속해 있음을 보여주었다. 그들은 만물을 다스리기에 합당하다(4:11; 5:12-13;

7:12; 11:15; 14:7). 그러나 바벨론은 자신에게 영광을 돌리며, 그녀가 통치자라는 생각을 갖도록 스스로를 현혹시킨다(18:7; 참조. 사 47:8). 요한은 바벨론의 화려함이 다른 사람들의 희생 없이 오지 않으며, 하늘의 음성이 바벨론이 다른 사람들을 대하는 것과 동일한 방식으로 하나님이 그들을 대할 것이라고 선포하고 있다는 사실을 독자들이 알고 있다고 가정한다(계 18:6). 바벨론은 자신이 원하는 것을 얻지 못할 때 분노하게 된다. 바벨론은 자신의 진노의 맛을 다른 사람들에게 전달하기를 즐기기 때문에(14:8; 18:3), 하나님은 동일한 잔에 갑절로 섞어 그녀에게 줄 것이며 그녀는 온전한 진노의 맛을 볼 수 있을 것이다(18:6). 바벨론은 자신의 거처들을 사치로 가득 채우지만 다른 사람들은 길거리에 버려져 고통을 당하며 애통해 한다. 그러므로 심판이 의미하는 바는 그녀는 결국 자신이 경험하게 될 고통의 목록을 넘겨받게 될 것이라는 것이다(18:7).

울고 애통하는 자들(18:9-24)

이 시점에서, 세 그룹의 울고 애통하는 자들이 등장하는데, 그들은 무너진 도시로부터 상당히 떨어져 있으며, 그 폐허로부터 소용돌이치며 올라오는 연기를 바라보고 있다. 애통하는 자들 중에는 음녀의 동조자들이 포함된다. 땅의 왕들, 상인들 중 실력가들 그리고 선박사업에 종사하는 자들이다. 멀리서 들려왔던 심판의 거친 음성과는 다르게, 이 그룹들은 바벨론의 패망에 대해 슬퍼하며(18:9, 11, 15, 19), 패망한 큰 도시의 화려함을 열거하는 송가들을 읊조린다. 음녀에게 보다 동정적인 태도를 보임으로, 애통하는 자들은 독자들에게 자신들의 관점들을 심리하는 한 방안을 제시한다. 음녀에게 임한 심판을 예상하며 혼란에 빠진 자들은 왕들과 상인들과 선원들이 말했던 것에 동조하는 자신들을 발견하게 될 것이다. 만일 그들을 애통하는 자들과 동일시한다면, 그들이 혼란을 겪게 되는 이유를 찾을 수가 있다. 그 까닭은 그들의 근본적인 충성심들이 자기기만에 빠진 도시들을 향한 것이지 자신들이 경배하는 하나님이나 그 도시들의 손아귀에서 고난을 당하는 자들을 향한 것이 아니기 때문이다.

첫 번째 그룹의 애통하는 자들은 땅의 왕들로 구성되어 있다(18:9-10). 그들은 "화 있도다 화 있도다 큰 성이여", "네 심판이 이르겠다"고 하면서 자신들의 슬픔의 탄식을 높이나, 그들은 아직은 자신들이 겪어야 할 고통으로부터 상당히 떨어져 있다. 왕들이 음녀와 "음행하고 사치하며 살았던" 점을 강조함으로, 요한은 또한 그 지저분한 관계의 특성을 지적한다. 왕들이 바벨론의 상실을 슬퍼할 때, 그들은 실제로는 불법과 자기 현혹적인 관계의 상실을 슬퍼하고 있는 것이다.

두 번째 그룹의 애통하는 자들은 상인들로 구성되어 있으며, 그들이 슬퍼하는 이유는 분명히 자기 이익과 관련된 것으로 보인다. "다시 그들의 상품을 사는 자가 없음이라"(18:11). 음녀의 상실은 수입의 상실을 의미한다. 바로 이어 기술된 상품의 목록은 그들의 가장 중요한 무역 품목이 주요 산물이 아니라 사치품이었음을 알려준다. 많은 금과 은은 스페인에서 가져왔으나 보석과 진주들은 인도에서 가져온 것이다. 자주 빛 옷감과 붉은 빛 옷감은 소아시아의 산물이며, 비단은 높은 값을 지불하고 중국에서 수입한 것이다. 상아 그릇의 과도한 소비는 시리아와 북아프리카에 생존하는 코끼리의 숫자를 감소시켰을 것이다. 이 때문에 인도의 상아가 수입되었다. 모로코 목재와 고린도의 청동 제품, 스페인의 철과 아프리카의 대리석들이 이 목록들에 포함되어 있다. 값진 향료와 향과 향유는 아라비아와 인도에서 가져온 것이다. 다량의 감람유와 밀과 포도주를 소비하였기 때문에 스페인과 북아프리카로부터 로마로 많은 양을 공급할 필요가 있었다. 소와 양과 말들과 수레들이 그 그림에 더하여졌다(Bauckham, *Climax of Prophecy*, 350-71).

사람의 영혼들은 그 품목의 마지막 부분에 언급되어 있다. 그 영혼들을 판매한다는 요한의 지적은 장사하는 장면을 묘사하는 전체 그림의 절정을 이루는데, 이것에 대한 헬라어 표현은 다르게 번역될 수 있다. 그러므로 18장 13절은 인간의 '몸과 영혼들'을 사고파는 행위(NIV) 혹은 '노예—그리고 인간의 생명'을 매매하는 행위(NRSV)를 언급한다. 다른 방향에서 접근하면, 그 본문은 노예들을 사물이 아니라 인간으로 인정한다. 이러한 방식으로 그 품목을 결론지으면서, 요한은 음녀와 그녀의 추종자들의 사치 욕구를 채우기 위해 수입한 목재 혹은 가축과 같은 무역 품목에 사람들을 포함시키는 것은 상업체계의 야만적 행위라고 강조한다.

상업체계의 비인간화 특징은 음녀 자신과 '상인들'의 관계에 또한 반영되어 있다. 음녀는 '미식가적인' 끝없는 욕구를 가진 것으로 알려져 있다. 이 때문에 음녀와 상인의 관계는 사치 품목들과 그것들을 공급할 수 있는 그들의 능력에 대한 그녀의 요구들로 규정된다. 그녀의 소멸은 눈에 띄는 소비를 목적으로 행해진 이익을 얻고자 하는 거래를 종식시킨다. 음녀의 패망을 안타까워하는 상인들의 슬픔을 표현하는 그들의 말로 판단할 때, 그들은 음녀의 죽음을 좋은 옷에 대한 비루한 낭비로 생각했음을 알 수 있다. 음녀의 고운 세마포, 자주 빛 옷감과 붉은 빛 옷감으로 만든 옷, 그녀의 금과 보석과 진주 등은 그와 같은 부의 상실로 인해 고통을 느끼는 자들의 눈에는 일종의 향연이었을 것이다(18:15-17a). 바벨론의 물질에 대한 탐닉은 그녀의 추종자들의 슬픔에 반영되어 있다.

선주들과 선원들로 구성되어 있는 세 번째 그룹의 애통하는 자들은 동일한 패턴을 따른다. 바벨론의 패망에 대한 그들의 슬픔은 근본적으로 자아 연민에 기인한 것이다. 그들의 머리들을 먼지 가운데 던지면서, 그들은 소리를 지른다. "화 있도다, 화 있도다 이 큰 성이여 바다에서 배 부리는 모든 자들이 너의 보배로운 상품으로 치부하였더니! 한 시간에 망하였도다"(18:19). 도시를 잃은 것은 수지맞는 사업의 파트너를 잃은 것을 의미한다. 그녀를 위해 슬퍼함으로 그들은 자신들의 은행 계좌에 대해 슬퍼한다.

다른 천사가 갑작스럽게 무대를 활보하는데, 이 장면은 바다에 큰 맷돌 같은 돌을 던져서 바벨론을 파괴시킬 폭력의 파트너인 선주들과 선원들의 애곡으로 끝을 맺는다(18:21). 그 천사는 오케스트라를 지휘하여 연주를 끝내도록 한다. 하프 주자는 줄을 뜯는 동작을 멈추며, 플루트와 트럼펫 연주자들은 자신들의 악기들을 내려놓는다(18:22). 모든 도시들의 사업이 종결될 것이며, 결혼 잔치들이 취소될 것이라고 선언한 후에, 그 천사는 "등불의 불을 끌 것"을 요청한다(18:22-23). 이 심각한 선언이 주어진 이유가 무엇인지를 청중들에게 설명하기 위해, 그 천사는 바벨론의 비밀을 계시한다. 음녀의 호화스러움은 속임수와 술수 그리고 "선지자들과 성도들과 땅 위에서 죽임을 당한 모든 자의 피"를 대가로 얻어진 것이다(18:24).

독자들은 이미 안디바와 다른 성도들의 죽음을 떠올렸을 것이다 (2:13; 6:9; 12:11). 그러나 그 도시에 대한 심판은 예수님을 따르는 자들을 억압한 것에만 연결되어 있지는 않다. 그 천사는 땅에서 죽임을 당한 '모든 자들'에 관하여 말한다. 그 용어의 상당 부분이 예레미야 50-51장에 나오는 바벨론에 반대하는 용어들과 함께, 에스겔 26-28장에 나오는 두로에 대항하는 위협들을 반영한다. 선지자들의 시대에, 바벨론은 인간 생명을 희생시킴으로 그녀의 왕국을 확장했으며(렘 51:49),

로마는 자신의 군대들이 이웃 백성들을 황폐화시키는 것과 같은 행동을 했다. 그녀는 '피로 얼룩진 평화'를 얻었다(Tacitus, *Annals* 1.10.4). 요한계시록 18장에 언급된 바벨론에 대한 비판은 경제적 풍요, 자기 기만적인 교만과 정치적 야만 행위 사이의 상호 연관성을 강조한다. 그리스도인들을 향한 폭력은 사회 질서에 깊숙이 침투해 있는 악들의 한 가지 모습일 뿐이다.

바벨론의 멸망에 대한 요한의 초상(portrayal)은 여러 시대에서 취한 실들로 엮은 태피스트리(tapestry)이다. 용어들 중의 상당 부분은 예레미야 50-51장에 나오는 바벨론에 대한 위협들과 에스겔 26-28장에 나오는 두로에 대한 위협들을 모빙하고 있다. 많은 다른 본문들에 대한 암시들 또한 찾아볼 수 있다. 도시의 패망과 황폐화에 대한 선언은 이사야 21장 9절과 13장 19-22절를 회상시킨다. 사실 두 배로 지불해야 할 '하늘 높이 쌓아진' 바벨론의 죄는 예레미야 51장 9절과 16장 18절과 연결된다. 과부로 지낸 적이 없다고 하는 매춘부의 자랑은 이사야 47장 8절을 반복하고 있으며, 무역 상품의 목록들은 에스겔 27장 12-22절의 대응 부분이다. 바벨론의 파괴의 상징으로 바다에 돌을 던지는 것은 전반적으로 예레미야 51장 63-64절을 따르는 반면, 신부와 신랑의 소리를 잠잠하게 하는 것은 예레미야 25장 10절을 회상시킨다. 다른 암시들도 그 목록에 더해 질수 있다.

일곱 교회에 속한 독자들은 '바벨론'과 일곱 언덕 위에 세워진 도시인 로마를 동일시했을 것이다(계 17:9). 그 도시와 그것의 멸망에 대한 묘사가 두로와 바벨론, 그리고 로마에 속한 요소들과 어떻게 조화를 이룰 수 있을지를 고려할 때, 우리는 요한계시록 17-18장에 언급된 큰 도시가 한 시대 혹은 한 장소에 한정되지 않는 어떤 것을 대변하고 있다는 점을 보다 잘 알게 될 것이다. 소아시아에 거주하는 그리스도인들은 화려함과 방종과 권력을 추구하는 사회적 성향들과 제도들에 저항하도록 부름을 받았다. 그 이후 세대들의 독자들 역시 동일한 상황이 발생할 때마다, 동일한 행동을 취하도록 요청을 받았다.

몇몇 학자들은 요한계시록이 인간 문화가 만들어낸 모든 것에 반대 입장을 취하는지에 대해 궁금해 할 것이다. 그 이유는 누군가는 이 본문을 정치 제도들, 무역과 기술, 음악적 성취 그리고 결혼 예식 등을 철저히 거절한 것으로 읽을 수 있기 때문이다. 그러나 이 해석은 핵심을 놓친 것이다. 다른 신약성서 저자들은 인간 정부에 대해 보다 긍정적이다(롬 13:1-7; 벧전 2:13-17). 그러나 요한은 궁극적으로 이기적인 사회적·정치적·경제적 생활의 이면과 독자들을 대면하게 한다. 그는 소수의 사람들이 소유한 부가 어떻게 많은 사람들을 비참하게 하는지, 그리고 몇몇 사람의 편안함을 위해 얼마나 많은 사람이 죽음의 대가를 치러야 하는지를 알고 있다. 동시에, 요한은 하나님을 섬기는 공동체 생활의 대조되는 모습을 제시한다. 하프를 타는 자의 소리가 바벨론에 더 이상 들리지 않는다(계 18:22). 그러나 그들은 하나님과 어린 양을 위한 연주를 계속한다(15:2). 신랑과 신부는 하나님의 심판에 직면하여 찬양하지 않을 수는 있으나(18:23), 그들은 어린 양의 혼인 잔치 때에 찬양할 이유를 찾게 될 것이다(19:7, 9).

Ⅳ. 할렐루야, 주 하나님이 통치하신다(19:1-10)

하늘의 음성들은 이 환상군을 하나님을 향한 수많은 찬미들과 함께 그의 절정적 결론으로 이끈다. 코러스 내의 한 그룹은 찬양의 소리를 발하며, 다른 그룹들은 찬양을 계속하거나 '아멘'으로 화답한다. '하나님을 찬양하라'는 의미의 '할렐루야'라는 단어는 후렴부의 역할을 한다 (19:1, 3, 4, 6). 게오르그 프리드리히 헨델(Georg Friedrich Handel)이 어떻게 이 구절의 한 부분에 곡을 붙여 '할렐루야 합창'을 작곡했는지에 관해 들었던 사람들은 '할렐루야'라는 소리가 들리고 점점 더 그 소리가 커져감에 따라 벅찬 감격을 경험할 수도 있을 것이다. 요한계시록 19장에서, 큰 무리들은 '할렐루야'를 노래하며, 하늘 예배 장면에 통례적으로 등장하는 이십사 장로와 네 생물은 보좌 앞에 엎드려 하나님께 경배함으로 응답한다(19:1, 3, 4; 참조. 4:8-11; 5:14; 7:11-12; 11:16). 보좌로부터 들려온 한 음성이 하나님을 찬양하도록 모든 사람들을 초청할 때, 큰 무리들은 다시 '할렐루야'를 노래하며 응답한다(19:5, 6).

허다한 무리들은 하나님이 베풀어주신 '구원'을 찬양한다(19:1). 이 상황에서, 구원은 연기가 세세토록 올라가는 음녀의 억압적인 세력으로부터 구출됨을 가리키며, 음녀의 멸망이 영원하다는 표시이다(19:3). 몇몇 독자들은 그러한 승리를 축하하는 사상에 대해 혼란을 겪기도 하는데 그 이유는 복음에 대한 보다 원만한 견해를 선호하기 때문이다. 그러나 그 정황은 기뻐하는 것이 합당하다고 주장한다. 음녀는 땅을 더럽히며, 성도들의 피 흘림에 대한 책임이 있다(19:2). 이 위법 행위에 종속되었던 자들과 그들의 생활이 그녀의 힘에 의해 위협을 당했던 자들은 그 억압이 제거되었을 때 안도감을 얻게 될 것이다. 더욱이 여기서 찬양받는 하나님의 정의(19:2)는 그의 진노를 성도들로부터 짐승에게로 옮기어 그의 추종자들을 향하게 하는 데 있다. 정의는 악 자체가 멸망을 당할 때 실현된다. 음녀가 다른 존재들에게 행사하는 사탄적 힘이 도리어 그녀 자신을 파괴할 때에 음녀의 혹독한 종말이 이르게 된다 (17:16).

이 찬양들과 나란히, 축제의 합창은 어린 양의 혼인 기약이 이르렀고 그의 아내가 자신을 준비했다고 선포한다(19:7). 신부에 대한 언급은 하나님이 남편이고 그의 백성은 그의 아내라고 기술하는 구약성서의 구절들을 생각나게 한다(사 62:5; 렘 2:2; 호 2:19-20). 동일한 사상을 신약성서에서 찾아볼 수 있는데, 이 구절들에 의하면 교회는 신부요 그리스도는 신랑이다(고후 11:2; 엡 5:25-32; 요 3:29). 독자들은 요한계시록 21장 2절과 21장 9절에서 새 예루살렘이 신부임을 알게 될 것인데, 어린 양이 짐승과 대조되는 것처럼 그 구절들에서는 그것이 바벨론, 음녀와 대조된다.

요한계시록은 독자들이 몇몇 공동체에 속하게 될 것이며, 개개인이 분리된 상태로 생활하는 것은 선택사항이 아님을 전제한다. 유일한 질문은 사람들이 속한 공동체의 본질에 관한 것이다. 요한은 음녀를 매우 부정적인 색조로 묘사했는데, 그로 인해 독자들은 그녀가 대변하는 것에 의해 거절당하게 되었다. 여기서 그는 긍정적인 방식으로 신부를 소개하는데, 그 이유는 독자들로 하여금 자신을 신부와 동일시하게 하기 위함이다. 신부와 음녀 모두는 상관적인 표상들이다. 음녀는 방종으로 특징되며, 신부는 혼인 서약에 의해 특징된다. 하나님의 심판 아래 있는 음녀의 도시와 관련하여 판단할 때, 신부와 신랑은 축하해야 할 이유가 없다(계 18:23). 그러나 신부에 속한 자들은 어린 양의 혼인 잔치를 축하해야 할 이유가 있다(19:9). 더욱이 음녀는 자신의 욕망을 충족시키기 위해 세마포를 구입하고자 했다(18:12). 그러나 신부를 장식하는 세마포는 하나님이 그녀에게 '주신'(granted) 선물이며, 이것은 성도들의 의로운 행위들로 구성되어 있다(19:8). 비록 음녀가 매력 있어 보이는 생활의 한 방법을 대변하지만, 요한은 그의 근원적인 파멸을 폭로하며, 다가올 종말을 경고한다. 대신 신부는 사람들을 의의 길로 인도한다.

이 환상군의 결론은 이 책의 메시지에 초점을 맞추는데, 그때 요한이 그의 안내자인 천사 앞에 엎드려서 "오직 하나님께 경배하라"는 말을 듣는다(19:10). 그보다 이전에 독자들은 짐승 예배 혹은 하나님의 다른 대적자들에게 경배하는 행위에 대해 경고를 받았다(13:4). 여기서는 그들이 하나님의 천사적 대리자들에게 경배하는 행동에 대해 경고를 받는다. 요한계시록의 각각의 주요 부분들을 결론 내리는 하늘의 장면들은 하나님과 어린 양만이 예배받기에 합당하다고 되풀이해서 말한다. 동일한 구절은 참된 예언의 본질이 무엇인지를 분명하게 밝힌다. 그리고 암시적으로 요한은 예언의 본질에 대해 기술한다(1:3, 22:18). 예언의 영은 '예수의 증언'이다(19:10). 이것은 믿음의 공동체가 예수님으로부터 받았던 증거를 가리킬 수 있으며, 그들이 자신들의 선포에서 예수님에 대하여 가진 증거를 언급할 수도 있다. 우리가 2장에서 보았던 것처럼, 참된 예언을 판단하는 기준은 사람들로 하여금 참 하나님께 예배하도록 하며, 예수님에게 충성하도록 영향을 주는가에 있다.

7장

종결

- 요한계시록 19-22장

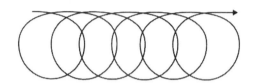

　여섯 번째와 마지막 환상 군은 "어린 양의 혼인 기약이 이르렀다"(19:7)
는 선포 이후에 시작한다. 만일 빛나고 깨끗한 세마포 옷을 입은 것으
로 "신부가 자신을 준비했다"고 하면, 독자들은 곧바로 하늘 음악 소리
에 따라 통로로 행진하는 그녀를 보게 될 것이라는 생각을 가질 수도
있을 것이다. 그러나 요한계시록의 예상할 수 없는 예언적 환상은 사건
들을 다른 방향으로 인도한다. 신부는 준비되었으나 독자들은 천 년이
지날 때까지 그녀를 보지 못할 것이다. 그리고 기다리는 동안에, 그들
은 하나님의 대적자들을 죽이기 위해 큰 소리를 내며 이동하는—이 잔
치의 신랑인(19:7, 9)—어린 양을 보게 된다. 좋은 음식으로 차려진 '어
린 양의 혼인 잔치'를 일별하고자 하는 자들에게는 대신 불쾌감을 주는
'하나님의 큰 잔치'의 망령(specter)이 주어지며(19:17), 하늘의 새들이 전
쟁터에 버려져 있는 죽임을 당한 자들을 먹도록 그 잔치에 초대된다.
　이것이 만물의 마지막인가? 이 대량 학살이 하나님의 목적들의 절정
인가? 요한은 "아니다, 그 이상이 있다"는 암시를 준다. 그리고 그는 쇠
사슬에 결박당하여 무저갱에 던져진 사탄에 대해 말한다. 반면 짐승에

저항했던 자들과 자신들의 믿음을 지키기 위해 죽임을 당했던 자들은 생명으로 일으킴을 받아, 제사장들로 섬기며 그리스도와 함께 통치하게 된다(20:1-6). 이 속량함을 받은 자들의 천년왕국이 만물의 마지막인가? 다시, 그 대답은 "아니다"이다. 그 이유는 성도들을 또다시 공격하기 위해 사탄이 놓임을 받으며, 그의 음모는 단지 하늘의 불에 의해서만 좌절되기 때문이다. 죽임을 당한 모든 자들은 일으킴을 받아 하나님의 보좌 앞에 서게 되며, 마지막 심판이 행해진다. 그 후, 이전에 올 것이라고 선포되었던 어린 양의 신부가 새 하늘과 새 땅이 나타남에 따라 장엄하게 내려온다(21:1-2). 신부는 새 예루살렘이며, 여기에서 현기증이 날 정도로 굴곡이 심한 요한계시록의 나선형 환상군들이 끝을 맺는다. 요한은 독자들에게 진주로 된 문들과 황금으로 된 길들과 생명나무와 생명수의 강을 보여주며, 그 도시를 여행하도록 한다. 그러면서 요한은 여기서 자신의 독자들에게 그 이상의 것들을 말해준다.

종말의 신비는 "나는 알파와 오메가요 처음과 마지막이라"고 선포하신 하나님의 음성(21:6)과 "나는 알파와 오메가요 처음과 마지막이요 시작과 마침이라"고 말씀하시는 그리스도의 음성(22:13)을 통하여 계시된다. 요한계시록 자체의 언어를 사용하면, 만물의 마지막은 하나님과 어린 양이다. 이 강화의 놀라운 점은 이것이 우리를 처음 시작했던 곳으로 되돌아가게 한다는 데 있다. 독자들은 재앙과 폭군 그리고 사나운 짐승과 싸우며, 새로운 시각으로 그 광경을 보며, 자신들의 집 정문 현관 계단으로 되돌아오는 길을 찾기 위해 산들을 오르고, 골짜기를 건너며 한낮의 무더위를 견디며, 밤의 어두움 속을 헤매는 여행자들과 동일시된다. 이미 1장에서, 하나님과 어린 양은 자신들이 처음이요 마지막이라고 선포하셨다(1:8, 17). 그리고 이어 나오는 환상들은 독자들에게 "마지막은 한 사건이 아니라, 한 인물"이라는 사실을 아는 것이 무엇을 의미하는지를 보여주고 있다(Caird, *A Commentary*, 266).

진정한 예언은 되어지는 바에 의해 입증된다. 참된 예언은 사람들로 하여금 참되신 하나님께 경배하게 하며, 거짓 예언은 사람들로 하여금 하나님으로부터 멀어지게 한다. 요한의 환상들은 거짓 선지자들이 기적들을 행하는 능력이 부족하다는 사실을 보여주려는 데 관심이 있지 않다(13:13-15; 19:20). 또한 요한은 그들이 미래의 사건들에 관하여 부정확한 예견을 하는 것에 대해서도 비난하지 않는다. 그들의 그릇된 행위는 하나님으로 변장하여 파괴와 억압의 원인을 섬기게 하며 거짓 믿음으로 사람들을 현혹시키는 것이다(2:20; 13:13-17; 16:13-14; 19:20). 요한의 환상들 중에 등장하는 참된 예언자들은 미래의 사건들을 예견하는 자들이라기보다는 세상에 속한 사람들을 회개로 부르는 자들이다(11:3). 참된 예언은 예수님에 대한 증언과 '하나님을 경배하도록' 부르는 부름에 의해 확인된다(19:10; 22:9). 요한계시록이 하나님과 어린 양을 향한 믿음으로 사람들을 인도할 때, 이것은 요한계시록이 지향하는 종말로 그들을 데려가는 것이다.

우리가 이 책의 전체에 걸쳐서 따라왔던 계시의 특별한 순환 구조는 만물의 마지막이신 하나님과 어린 양에게 관심을 돌리게 한다. 요한계시록은 환상들의 어지러운 나선을 통하여 독자들이 지나가도록 인도함으로, 자신들이 미래의 사건들이 펼쳐지는 단계들을 알 수 있다고 자신하는 독자들의 확신을 약화시키는 데 도움을 준다. 자신들이 하나님의 시간 선상의 어느 지점에 위치해 있는지를 아는 데서 일종의 안정감을 찾는 자들은 거짓된 신앙의 먹이가 될 가능성이 높다. 그 이유는 하나님은 자신의 오심의 비밀들을 사람들의 눈으로부터 감추고자 하시기 때문이다(마 24:36). 그러므로 서로 중복되며, 다양한 형태로 유사한 메시지를 전달하는 표상들의 만화경적인 변화들은 독자들로 하여금 시간

가운데 자신들이 어디에 위치해 있는지를 결정하는 자신의 능력들에 한계가 있음을 깨닫게 해준다. 요한계시록의 나선들이 독자들을 동요시킴으로, 그것들은 반복적으로 독자들을 신뢰받기에 합당하신 하나님과 어린 양 앞으로 되돌아오게 한다(계 1:12-20; 4:1-5:14; 7:9-17; 11:15-19; 15:2-4; 19:1-10; 21:1-22:5).

Ⅰ. 큰 전투(19:11-21)

현대 독자들은 자주 요한계시록을 문명의 미래적 붕괴를 예시하는 책으로 간주하는 대중적인 이미지에 자극을 받아 일종의 호기심과 공포감을 가지고 이 책의 마지막 장을 대하게 된다. 요한계시록 16장 16절에 언급된 '아마겟돈'은 일반적으로 19장 11-12절에 묘사된 큰 전쟁으로 정점에 이르는 다양한 전투 장면들로 확대된다. 성서에 나타난 예언에 관심을 두고 글을 쓴 대중 작가들은 자주 '아마겟돈'을 '3차 세계대전'(World War Ⅲ)의 동의어로 사용하는데, 그들은 직소 퍼즐(jigsaw puzzle)의 조각들처럼 성서 구절들을 함께 연결시켜 전쟁을 묘사하는 합성화를 만들어낸다. 에돔 혹은 오늘날 요르단의 갈등을 묘사하는 이사야 63장 1-6절에서 가져온 퍼즐 조각은 여호사밧 골짜기의 전투에 대해 언급하는 요엘 3장 1-2절과 3장 9-17절에서 가져온 다른 조각들과 연결된다. 또한 이것들은 예루살렘에 초점을 맞춘 스가랴 12장 1-9절과 연결되며, 요한계시록 14장 14-20절과 16장 12-16절 그리고 19장 11-21절에서 가져온 첨가된 조각들로 이어진다.

이 합성화는 자주 군사적 기술과 세계 정치의 발전에 있어서의 현재적 발전상을 보여주려는 의도를 가지고 있다. 몇몇 현대 작가들은 요한이 날개 달린 피조물들과 말을 탄 전사들 그리고 무저갱으로부터 올라온 연기들에 대해 기록할 때, 그는 실제로 초음속 제트기의 비행 대대와 핵탄두를 장착한 미사일과 탱크 대대, 레이저 무기와 화학 가스에서 솟아오르는 연무를 염두에 두었다고 가정한다. 일반적으로 요한계시록의 표상들은 이 책 자체를 전혀 읽지 않았던 많은 사람들에 의해 이러한 방식으로 이해되었다. 이 때문에 대중적인 상상력에 있어서, 아마겟돈으로 향하는 길은 핵 소멸의 전조가 되는 버섯구름으로 인도한다.

요한계시록은 전쟁을 묘사하지만, 다른 종류의 전쟁에 대해 말한다. 이 본문들을 읽기 위해 받아야 할 중요한 훈련은 그것들이 말하는 바가 무엇이고 말하지 않는 바가 무엇인지를 묻는 것이다. 이전 장들에서, 우리는 전투들의 환상들을 기술할 때 요한이 사용한 많은 표상들에 대해 논의했다. 여기서 관심을 두어야 할 것은 단 하나의 무기 곧 하나님의 말씀을 분명히 언급하고 있는 19장 11-21절에 기술된 큰 전투에 대한 요한의 이야기이다. 이 구절들에는 미사일들과 전투기 혹은 탱크가 언급되지 않았다. 모든 관심은 전사인 그리스도의 입으로부터 나오는 예리한 검, 곧 그의 말씀의 검에 집중되어 있다(19:15, 21). 승리를 거둔 한 전투를 검으로 형상화된 말씀이라고 묘사함으로, 요한은 자신이 일상적인 갈등을 기술하고 있는 것이 아니라 그림 언어를 사용하여 악에 대한 하나님의 궁극적인 승리에 대해 말하고 있다는 사실을 알려준다.

전투와 그 결과에 대한 요한의 환상은 일상적인 시간과 공간의 한계에 머물러 있지 않는다. 요한계시록 19-20장에서 정점에 이르는 갈등이 실제로는 요한계시록 12장에서 시작되고 있다는 사실을 상기해보라, 그 장에서 미가엘과 그의 천사들이 용, 곧 사탄을 하늘로부터 땅으로 내던져 보낸다. 누군가는 사탄이 하늘로부터 쫓겨난 날이 언제인지 혹은 그가 내쫓긴 장소가 어디인지를 확인하고자 하는 강박관념을 가질 수도 있다. 여기서도 마찬가지이다. 사탄의 하수인인 짐승과 거짓 선지자는 유황불 붙은 못에 던져진다(19:20). 반면 사탄 자신은 큰 쇠사슬에 매여 무저갱에 던져진다(20:1-3). 요한의 환상이 수고 없이 폭 넓게 장소를 가로질러 움직여감에 따라, 우리는 그가 하나님의 대적자들의 패배에 관하여 말하고 있다는 생각을 가질 수 있다. 그러나 그는 우리를 불 못의 위치 혹은 무저갱의 문을 지도에 표시하거나 사탄을 묶기 위해 얼마나 많은 양의 쇠사슬이 필요한지를 묻도록 초대하지는 않는다.

요한계시록 2막의 사건들을 아래의 순서로 전개하는 것은 내용을 상기하는 데 도움이 될 것이다:

> 사탄이 하늘로부터 땅으로 던져진다(계 12장).
> 　짐승과 거짓 선지자가 이긴다(계 13장).
> 　　음녀가 짐승을 탄다(계 17장).
> 　　음녀가 짐승에 의해 파멸당한다(계 17장).
> 　짐승과 거짓 선지자가 정복당한다(계 19장).
> 사탄이 땅으로부터 무저갱으로 던져진다(계 20장).

2막의 시작 부분에서, 요한은 조직적으로 사탄과 짐승 그리고 거짓 선지자를 소개하며, 마지막으로 음녀를 드라마에 불러들인다. 그 후, 그 역순으로 그는 음녀와 짐승과 거짓 선지자의 패배를 묘사하며 마지막으로 사탄 자체의 파멸에 대해 말한다. 요한계시록 13장에 의하면 짐승과 거짓 선지자는 그리스도를 따르는 자들을 정복하나 19장에서는 그들 자신이 정복당한다. 마찬가지로, 요한계시록 12장에서 사탄이 땅으로 추방되나 20장에서는 마침내 그가 땅으로부터 추방당한다.

전사 그리스도 (19:11-16)

짐승과 그의 추종자들의 패망에 대한 요한의 묘사는 일어난 사건들 (19:17-21)에 관심을 두기보다는 그리스도 자신(19:11-16)에게 더 많은 관심을 두고 있다. 그리스도가 흰 말을 탄 자로 등장할 때 독자들은 즉시 이 인물이 낯선 분이 아니라 이미 그들이 알고 있고 그들 가운데 걸어 다니시는 분임을 깨닫게 된다. 요한계시록은 불꽃같은 눈을 가지며 그의 입에서 말씀의 검이 나오는 그리스도에 대한 환상으로 시작했다 (1:14, 17). 그 환상은 그리스도가 이미 그를 따르는 자들 가운데 임재하였던 모습을 보여주었다. 그 이유는 그가 공동체를 상징하는 금 촛대들 사이로 걸어 다녔기 때문이다. 불꽃같은 눈과 말씀의 검을 가진 분 (2:12, 18)은 또한 "충성되고 참되신 분"이라고 불린다(3:14). 그는 자신을 따르는 자들을 질책과 경고의 말씀으로 대면한다. 이제 "충성되고 참되신" 분은 그를 따르는 자들을 꾸짖기 위해서가 아니라 고집스럽게 회개하기를 거절했던 하나님의 대적자들을 심판하기 위해서(9:20-21; 16:9, 11), 말씀의 검과 불꽃같은 눈들 가진 모습으로 이 시대에 다시 나타나신다(19:11, 15).

그리스도는 흰 말을 탄 대전사(warrior king)로 돌아오신다. 요한계시록은 구조화되었는데, 이 때문에 재앙의 환상들이 시작될 때, 흰 말을 탄 자가 나타나며(6:1-2), 재앙이 종결된 후에, 유사한 말을 탄 자가 등장한다(19:11). 첫눈에도, 두 인물은 동일한 자로 여겨진다. 이 둘 모두는 정복자이나 중요한 차이들이 있다. 첫 번째 말 탄 자는 그리스도에 의해 놓임을 받으나 두 번째 말 탄 자는 하나님의 적들을 패배시키기 위해 오시는 그리스도 자신이다. 첫 번째 말 탄 자는 승리를 의미하는 일종의 '관'(crown) 혹은 화관(wreath)을 받았다. 반면 두 번째 말 탄 자는 왕적 권세를 나타내는 '왕관들'(diadems)을 쓴다. 많은 관들을 쓰심으로(19:12), 그리스도는 신적 권세를 모방한 뿔들과 머리에 왕관들이 있는 용과 짐승의 허례에 도전한다(12:3; 13:1).

그리스도의 신분은 온전하게 계시되지 않고 부분적으로 계시된다. 그 이유는 그가 "자기밖에 아는 자가 없는 이름을 가지고 있기" 때문이다(19:12). 이름들은 능력과 관련이 있는데, 이름에 호소하는 것은 그 이름을 가진 자의 능력을 불러낸다는 의미이다. 예를 들면 예수님을 따르는 자들은 기도함으로 예수님의 능력을 요청하며 그의 이름으로 고침을 받는다(요 14:13; 행 4:7, 10). 그러나 참된 이름을 감추는 것은 다른 사람들로 하여금 이 능력에 호소하지 못하게 하려는 것이다(창 32:29; 삿 13:17-19). 그러므로 요한계시록에 의하면 그리스도는 큰 전투를 하기 위해 오실 때에 자신의 이름을 감추는데, 이로써 그분만이 이것이 대변하는 능력과 권세에 접근할 수 있게 된다. 그러나 계시된 이름은 그리스도를 "하나님의 말씀"이라 확인한다(계 19:13). 말씀이신 그는 하나님의 뜻을 사람들에게 전달하며 하나님의 뜻에 따르도록 한다(사 55:11).

그리스도의 다른 이름은 "만왕의 왕이요 만주의 주"이다(계 19:16). 그 이름이 그의 옷과 그의 다리에 새겨져 있었는데, 그곳에는 일반적으로 전사의 칼이 매달려 있었다(시 45:3). 비록 하나님 자신이 "만주의 주"로 알려졌지만(신 10:17), 그리스도는 하나님의 능력을 빼앗은 자가 아니라 하나님의 법을 실행하는 대리자이다. 이전 환상들에서 그리스도는 왕적 권세를 받는데 그 이유는 그분만이 이 권세를 받기에 합당하기 때문이다. 하나님께 충성되게 죽으심으로 그리스도는 모든 나라들을 속량하셨다(계 5:9-14). 그리스도는 땅의 모든 '왕들'보다 뛰어난 '왕'이시다. 이전 환상들에 의하면, 땅의 왕들은 희생자들의 등 위에 무정한 사치의 왕국을 세우기 위해 큰 음녀와 동맹을 맺었다(17:1-18; 18:3, 9-10). '만왕의 왕'으로서, 그리스도는 다른 지배자들의 힘을 능가하는 권세를 행사할 뿐만 아니라 다른 종류의 힘을 행사한다.

그리스도는 그 자신의 피로 적신 옷을 입었다(19:13). 그의 옷들을 얼룩지게 한 붉은 피가 그가 그의 적들과의 전투에 임하기 전에 분명히 드러났는데, 이것은 독자들에게 그의 승리의 특별한 본질에 관해 기억하게 한다. 이전에, 요한은 "유대 지파의 사자, 다윗의 뿌리가 이기었다"는 음성을 들었다(5:5). 이 음성은 구약성서에 언급된 다윗의 뿌리로부터 나올 승리를 거둔 왕에 관한 약속들을 기억나게 한다(창 49:9-10; 사 11:1). 그러나 요한이 보았던 것은 하나님이 '승리하신' 어린 양을 보내심으로 그 약속을 지키셨는데, 그는 충성스럽게 고통을 당하고 죽임을 당하셨다는 것이었다(계 5:6-10). 이와 유사한 놀라운 성취는 큰 진투에서도 나타난다. 구약성서의 약속은 이사야 63장으로부터 온 것인데, 그 장에서는 "내가 홀로 포도즙 틀을 밟았는데", "내가 노함으로 말미암아 무리를 밟았고 분함으로 말미암아 짓밟았으므로 그들의 선혈이 내 옷에 튀어 내 의복을 다 더럽혔다"고 말하는 붉은 피로 얼룩진 옷을 입은 신적 전사를 그리고 있다(사 63:2-4). 그러나 이제 요한이 본 것은 만국 백성들을 위해 흘린, 자신의 피로 적신 옷을 입은 신적 전사이신 그리스도이다(계 5:9-10; 19:13). 그리스도는 나라들을 위해 고난을 당하셨기 때문에 나라들과 대면할 수 있다.

그리스도는 백마를 탄 하늘의 군대들과 동행한다(19:14). 이상하게도 이 군대들은 표준적인 군복을 입지 않고 깨끗한 세마포로 옷을 입었는데, 이 옷은 축제 모임에 더 적합하다. 독자들은 이미 큰 전투 시 그리스도와 동행한 자들은 "부르심을 받고 택하심을 받은 진실한" 자들이(17:14)라는 사실을 알고 있다. 이것은 그들이 그리스도에 의해 "부르심을 받고 선택함을 입었으며" 그리스도에게 "충성스럽게" 응답하는 자들임을 말해준다. 그들이 흰 옷을 입는다는 사실은 이 패턴에 적합하다.

그리스도는 사람들을 위해 자신을 희생함으로 그들로 하여금 하나님과의 올바른 관계를 맺을 수 있도록 해 준다. 이 때문에 그들은 "어린 양의 피에 그 옷을 씻어 희게 되었다"(7:14) 그리스도가 희게 한 자들은 믿음의 전투로 부름을 받는데, 이것은 죄와 악에 저항한다는 의미이다. 그들의 삶과 죽음으로, 죄와 악에 저항하는 자들은 믿음을 통하여 악의 세력들을 '정복'한다(3:4-5, 18; 6:11; 12:11). 그들이 그리스도로부터 받은 흰 옷은 의로운 행위들 가운데 드러나며, 그것은 어린 양의 신부인 하나님의 백성을 장식하는 세마포이다(19:8).

독자들은 때로 요한계시록에서 성도들이 그리스도의 군대로 묘사되기 때문에 혼란을 겪기도 하는데, 그 이유는 그와 같은 환상이 그리스도의 이름으로 폭력을 허락하는 것이기 때문이다. 요한계시록은 그리스도인들로 하여금 죄와 악에 타협하지 않는 자리에 서도록 요청한다. 그러나 이 군사적 행위는 우상 숭배와 탐욕에 끝까지 저항하는 형태를 취한다. 더욱이 요한계시록 19장에 묘사된 격변 전투에서, 하늘의 군대가 하는 일은 무엇인가? 요한의 이야기에 따르면 아무것도 없다. 모든 행동은 그리스도에게 속한다. "공의로 심판하며 싸운다"(19:11), "그의 입으로부터 예리한 검이 나오니 그것으로 만국을 치겠고, 그는 그들을 철장으로 다스릴 것이다. 그는 친히 하나님 곧 전능하신 이의 맹렬한 진노의 포도주 틀을 밟을 것이다"(19:15). 큰 전투에 대한 요한의 환상은 그리스도인 공동체가 세상 나라들에 대항하는 무기로 무장한 모습을 보여주는 것이 아니라 그리스도 자신이 하나님의 승리의 대리자임을 확인해주는 것이다. 언급된 단 하나의 무기는 그리스도의 입에서 나오는 말씀의 검이다. 왕적 통치를 의미하는 철장은 그리스도의 손에 들려 있다. 그리고 하나님의 진노가 펼쳐질 때, 그리스도를 따르는 자들이 아니라 그리스도 자신이 이것을 사용하신다.

짐승과 그의 추종자들에 대한 승리(19:17-21)

그리스도가 전사라는 사실을 인정하는 것이 때로 독자들의 불안감을 고조시킬 수도 있다. 그 이유는 그가 행하는 전투가 매우 완고한 용어들로 묘사되었기 때문이다. 한 천사가 '하나님의 큰 잔치'라고 불리어지는 행사에 참여하도록 큰 새 떼를 소집한다(19:18; 참조. 겔 39:17-20). 그 초청은 독수리, 매와 같이 머리 위를 맴도는 날개 달린 새의 형태로 묘사된 점차 어두워지는 하늘의 표상들을 생각나게 하는데, 천사는 이 잔치를 위해 마련된 구역질나는 식단을 큰 소리로 읽는다. "왕들의 살과 장군들의 살과 장사들의 살과 말들과 그것들의 살과 자유인들이나 종들이나 작은 자나 큰 자나 모든 사의 살을 먹으라"(계 19:18). 그리스도의 대적자들이 힘을 합하기 위해 함께 모였으나 전투라고 부를 수 있는 행동을 할 만한 세력을 규합하기가 쉽지 않았다. 짐승과 거짓 선지자는 간단히 체포되어, 유황이 타는 불 못에 던져진다. 그리스도는 그의 말씀의 검을 가지고 땅의 왕들과 그들의 군대들을 살해한다. 그리스도의 말씀이 사역을 마쳤을 때, 들판은 죽임을 당한 자들의 시체들로 뒤덮이게 되었으며, 새들이 내려와 죽은 자들의 살로 자신들을 배불렸다(19:19-21).

드라마의 이 시점에서, 몇몇 사람들은 요한에게 행동을 멈추고 대본을 다시 쓰도록 요청하고자 할 것이다. 요한이 이전의 장면들에게 그리스도를 어린 양으로 묘사했기 때문에, 혹자는 그가 전쟁터의 주검을 묘사하는 이 환상을 없애고 보다 온건하게 어린 양을 닮은 어떤 것으로 대체해야 한다고 주장하고자 할 것이다. 갈등과 승리 대신에, 요한은 어린 양과 짐승이 서로의 차이를 극복하고 서로 조화를 이루는 모습을 기술할 수도 있었을 것이다. 검을 휘두르기보다, 과거는 과거라고 생각하고 검을 묻어버리고 짐승을 껴안는 어린 양의 모습을 그릴 수도 있었을 것이다. 그리고 그들 각자의 군대들이 서로 악수를 나누는 동안, 오케스트라가 마지막 감동적인 코러스를 연주하고 청중들은 일어서서 환호하며 극장을 떠날 준비를 하는 모습으로 묘사할 수도 있었을 것이다.

그러나 전사 그리스도에 대한 요한의 환상은 짐승에 대적하는 전쟁을 수행할 뿐만 아니라 장밋빛 안경을 쓰고 이 세상과 이 세상에 만연한 악을 바라보는 경향들에 대해서도 반대한다. 이 이미지는 혼돈을 불러일으키기 위해 계획된 것이다. 그 이유는 부분적으로 요한의 최초의 독자들 중 상당수가 안정의 유혹에 현혹되어 있었기 때문이다. 요한은 독자들이 어린 양이신 그리스도의 희생적인 죽음이 죄와 악의 세력들을 달래기 위한 목적을 가졌다고 생각하기를 원치 않는다. 이 전투에서 패배를 당한 세력들은 "땅을 망하게 하는 자들"이다(11:18). 동맹을 맺은 이 파괴적인 세력들에게 반복적으로 회개의 기회가 주어졌다. 그러나 매번 그들은 회개하기를 거절했다(9:20-21; 16:9, 11). 요한계시록의 환상군들은 그리스도가 피를 흘리신 이유가 짐승을 추종하는 자들이 하나님은 그들의 계획에 간섭하지 않으실 것이라는 확신을 갖도록 하는 데 있는 것이 아니라는 사실을 알려준다. 그리스도는 사람들을 죄의 왕국으로부터 떼어놓고, 하나님의 나라에서 섬기도록 하기 위해서 죽으셨다(1:5-6). 어린 양에게 순종하는 것은 짐승에 대한 저항을 의미한다(요한계시록은 중립적인 위치를 상상하지 않는다). 짐승이 분노하고 무죄한 자들이 고통을 당하는 동안에도 어린 양에게 순종해야 한다. 하나님의 사랑과 하나님의 정의는 짐승의 통치가 종말을 고함으로 이루어진다(참조. 시 9:8; 72:2; 사 11:4).

전투 후에 행해지는 '하나님의 큰 잔치'의 공포스러운 광경은 '어린 양의 혼인 잔치'에 대한 호소력 있는 선포의 대응 부분이다(계 19:9, 17). 두 환상들은 독자들에게 경고와 약속으로 제시되었다. 경고의 환상은 사람들로 하여금 죄와 그 결과들에 저항하도록 하기 위해 제시된 것이다. 불로 고통을 당하는 사악한 자에 대한 이전 환상을 고려할 때(14:9-10), 우리는 몇몇 독자들은 심판이 자신들에게가 아니라 자신들의 대적자들에게 임한다고 추정했기 때문에 이와 같은 본문들에 흥미를 가졌지만, 다른 독자들은 이 본문이 거칠고 비기독교적인 내용으로 가득 차 있다고 판단하여 성급하게 거절하였다는 사실을 알고 있다. 그러나 우리는 이 본문을 그 자체로 받아들이는 것이 최선의 방법이라는 점에 주목해왔다. 절망이 아니라 변화를 주기 위해 의도된 경고로 받아들이는 것이다. 썩은 고기로 잔치를 벌이는 새들에 대한 혐오스러운 묘사는 유사한 답변을 빚을 만한 유사한 경고이다. 독자들이 이 환상에 응답하는 최선의 길은 요한계시록의 나머지 부분과 일치되는 태도로 이를 대하는 것이다. 곧 이 본문을 멀리하거나 혹은 자신들은 심판을 받지 않을 것이라고 추정함으로써가 아니라, 사탄의 길에서 벗어나 하나님의 길로 돌아서라는 경고에 주의를 기울임으로써 그러하다.

이 잔치에 참여하는 모든 자들에게 복을 주는 '어린 양의 혼인 잔치'의 약속은 새들의 소름끼치는 잔치에 대한 경고와 대조를 이룬다. 이 약속은 요한계시록 21장에 나오는 신부에 대한 묘사에서 보다 상세히 설명될 것이나 우리는 여기에서 이 본문들이 어떻게 서로에 대해 그리고 독자들과 관련되는지에 주목해야 한다. 경고와 약속은 다르게 작용한다(경고는 사람들을 혼란스럽게 하나 약속은 확신을 준다). 그러나 이 둘 모두는 동일한 목적을 이루는 데 도움을 준다. 그 목적은 독자들로 하여금 믿음 안에서 인내하게 하는 것이다. 요한은 짐승에게 저항하기보다는 그에게 순응하는 것이 더 편하다고 생각하는 세상을 위해 이 편지를 쓴다. 그 세상은 어린 양에게 충성하는 사람들을 그 사회에 속하는 다른 사람들과 분리시켜 불편을 겪게 한다. 경고는 짐승의 길을 쉽게 수용하는 사람들에게 경각심을 불러일으키는 반면 약속들은 그들을 어린 양의 길로 인도한다.

요한계시록의 경고와 약속들은 이제 모든 사람들에게로 확대되었다. 한편, 이 책은 모든 나라 백성들이 하나님과 어린 양에게 영광을 돌리는 모습을 상상한다(5:9-14; 7:9-10). 성도들은 노래한다. "주여 누가 주의 이름을 두려워하지 아니하며 영화롭게 하지 아니하오리이까? 오직 주만 거룩하시니이다. 주의 의로우신 일이 나타났으매 만국이 와서 주께 경배하리이다"(15:4). 하늘 보좌로부터 들려온 음성은 "작은 자나 큰 자나" 다 하나님께 찬송하도록 초대한다(19:5). 마지막 장면에서, 모든 나라의 백성들은 새 예루살렘에 들어간다(21:24). 그리고 그들은 그곳에서 치료를 발견하게 된다(22:2). 다른 한편, 만일 그들이 짐승과 결탁하게 되면, "작은 자나 큰 자나" 모두 심판 아래 놓이게 된다. 그로 인해 하나님의 모든 대적자들은 그들의 마지막은 파멸이라는 사실을 알게 될 것이다(19:17-21).

미래의 양쪽 환상들이 독자들 앞에 제시되는데, 이 환상들은 모두에게 심판이 있을 것을 경고하며 모두에게 희망이 있을 것을 약속한다. 경고에 주의를 기울이며, 약속들을 신뢰하는 것이 대조되는 이 환상들에 대한 독자들의 가장 적절한 반응이 될 수 있다. 경고가 매우 엄격하기 때문에 절망에 빠진 사람들은 어린 양의 능력을 통하여 생명의 약속들을 다시 들을 필요가 있다. 반면 약속이 매우 확실하게 보이기 때문에 자기만족에 빠져 있는 자들은 죄와 악에 임하는 하나님의 심판에 관한 경고들에 크게 놀라게 된다. 절망에 빠지게 하기도 하고 자기만족에 처하게도 하는 믿음은 종말의 예견을 받아들이는 생활에서 구체화된다.

II. 천년왕국(20:1-6)

사탄의 결박(20:1-3)

짐승과 거짓 선지자의 패배에 이어 천사가 곧바로 사탄을 결박하는
데, 이것은 짐승 보좌의 배후 세력인 사탄을 처리하는 마무리 작업이
다. 사탄이 이미 대대적인 패배를 경험했다는 사실을 상기해보라. 요한
계시록 12장에 의하면, 사탄은 미가엘과 천사들에 의해 하늘로부터 쫓
겨났다. 하늘로부터 쫓겨난 것은 그의 활동 영역이 제한되었음을 말해
준다. 이제 그는 더 이상 의로운 자들을 비난하기 위해 하나님의 보좌
앞에 나아갈 수 없게 되었다. 사탄은 짐승을 통하여 지상에 자신의 영
향력을 확장했었다. 그러나 이제 그 짐승이 제거되었다. 사탄의 신분이
폭로되었으며 약점이 노출되었다. 그 천사는 쇠사슬로 사탄을 결박하
여 '옛 뱀'을 무저갱으로 던진다. 그 무저갱의 열쇠는 천사가 가지고 있
다. 이제 사탄은 천 년 동안 땅으로부터 추방당하게 된다. 그리고 그의
활동 영역은 더욱 제한된다. 이전 장에서, 천사가 무저갱을 열 때에 파
괴자와 그의 잔인한 황충의 떼와 함께 악취가 나는 연기가 올라왔다
(9:1-11). 짐승은 어린 양을 따르는 자들을 괴롭히기 위해 무저갱으로부
터 올라왔었다(11:7; 17:8). 그러나 이제 짐승의 방해를 받지 않고, 그 천
사가 용을 무저갱의 문을 통해 밀쳐 내리고, 그 문을 철저히 닫아버린다.

이 장면에 나오는 생생한 표상들은 요한이 한정된 시간과 공간의 제
한을 받지 않는 것들을 묘사하기 위해 그림 언어를 사용하고 있다는 사
실을 독자들에게 일깨워준다. 무엇보다도 이 환상에서 공간의 이미지
를 사용한다는 점에 주목해야 한다. 요한은 사탄을 이 세상에 악한 영
향을 미치는 실제적인 힘으로 이해한다. 그러나 그는 사탄이 육체적인
용의 몸을 입었거나 용이 쇠로된 사슬에 결박당할 수 있다는 점을 독자

알브레히트 뒤러, 천사가 사탄을 무저갱에 던진다(계 20:1-3)

들에게 설득시키고자 하지는 않는다. 요한은 실제로 천사가 사탄을 가 둔 곳이 지구의 어느 곳인지 찾기 위해 고민하거나 혹은 무저갱의 문이 북반구에 위치해 있는지 아니면 남반구에 위치해 있는지 궁금해 하도 록 독자들을 초대하지는 않는다. 요한은 영적인 실체들을 나타내고자 할 때 물리적이며 공간적인 표상들을 사용한다. 20장 4-6절에서 성도 들의 왕국을 묘사할 때도 그렇게 할 것이다. 이제 우리는 곧 그것을 살 펴보게 될 것이다.

둘째, 만일 요한의 환상에 언급된 물리적인 공간들이 영적인 실체를 가리킨다면, 시간에 대한 진술들 역시 그러할 것이다. 요한은 사탄이

'천 년 동안' 결박당한다고 말한다(20:2). 무저갱의 문을 지도에 표시할 수 없는 것처럼, 천 년의 기간도 달력에 표시할 수 없다. 우주 왕복 여객선을 타고서 하늘에 더 가까이 갈 수 없으며, 땅 밑으로 구멍을 뚫어서 들어간다고 해도 무저갱에 더 가까이 다가갈 수 없다. 또한 달력의 장수를 넘기는 것으로 천 년의 기간으로 들어갈 수 없다. 요한은 독자들에게 시간 너머에 있는 한 실체를 가리키기 위해 시간을 언급한다.

요한계시록에 나오는 다른 언급들도 비문자적 의미로 해석하는 것이 합당하다. 요한이 짐승을 따르는 자들이 '한동안' 임금과 같은 권세를 받았다고 말할 때(17:12), 그는 그의 통치가 일시적이라는 의미로 말한 것이지 정확히 60분 동안 지속된다는 사실을 전하기 위해 그러한 표현을 사용한 것은 아니다. 그가 삼 년 반 동안 지속되는 박해에 대해 언급할 때도 반복적이고 다양한 방식으로 그 시간을 언급한 것이지, 깔끔하게 연대기적 형태로 그것을 제시하지는 않는다. 7장 4-8절에서 인침을 받은 자의 수를 확인하기 위해 '일천'의 배수들을 사용할 때에(각 지파가 일만 이천이요, 합하면 144,000), 그는 7장 9절에서 급히 그 이미지를 변경하여 이 동일한 그룹이 실제로는 "아무도 능히 셀 수 없는" 다수로 구성되어 있다는 사실을 알려준다. 마찬가지로, 요한은 새 예루살렘의 규모를 진술할 때도, '일천'의 배수를 사용할 것이다(21:16)—독자들에게 전체가 얼마나 되는지에 대해 말하지 않고 이것이 온전하며 부족함이 없다는 점을 지적해준다. 20장 1-6절에 언급된 '천 년'이 의미하는 바는 온전함이다.

성도들의 통치(20:4-6)

천사가 무저갱의 문을 봉인한 후, 요한은 그리스도와 함께 성도들이 천 년 동안 다스리는 왕국에 관해 말한다. 전승은 오랫동안 천년왕국을 지상에 이루어질 왕국으로 그려왔으며, 이 왕국을 구약성서의 약속이 성취된 것으로 이해했다.[1] 일반적인 관행은 그 약속들이 이사야서로부터 가져왔다고 생각하는 것이다. 그 약속들은, 사람들이 오랫동안 평화롭게 가옥을 건축하고 자신들의 포도원의 열매를 먹게 될 때를 상상하게 한다(사 65:20-21). 자연 질서의 변형을 통하여, 세상은 "이리와 어린 양이 함께 먹으며", "사자가 소처럼 지푸라기를 먹는" 낙원이 될 것이다(사 65:25). 예루살렘 도시는 이 소망의 중심에 있다. 그 이유는 선지자들이 "말일에 여호와의 전의 산이 모든 산꼭대기에 굳게 설 것이요 모든 작은 산 위에 뛰어나리니 만방이 그리로 모여들 것이라"고 선포했기 때문이다. 이 시기는 사람들이 "큰 칼들을 쳐서 보습을 만들고 그들의 창을 쳐서 낫을 만들 것이며 이 나라와 저 나라가 다시는 칼을 들고 서로 치지 아니하며 다시는 전쟁을 연습하지 아니하리라"고 예언한 때이다(사 2:2, 4; 미 4:1, 3).

이러한 전승과는 대조적으로 요한계시록 자체는 천년왕국을 구약성서의 이러한 구절들 중 어느 것과도 관련시키지 않는다. 요한은 21장 1절부터 22장 5절에서 새 예루살렘을 묘사할 때, 구약성서 구절들을 상

---

1) 천년왕국과 관련하여 요한계시록의 언급들을 이해하는 주요 방법들은 1장에서 논의했었다. 일반적인 명칭들은 이 구절을 하나의 신학 체계에 통합시키는 방식으로부터 온 것이다. 전천년왕국설(Premillennialism)은 그리스도가 천년왕국이 시작되기 전(pre)에 임하신다는 이론이다. 이 견해의 일반적인 형태는 "휴거, 고난 그리고 아마겟돈"이라는 제목하에 1장에서 살펴보았다. 후천년왕국설(Postmillennialism)은 그리스도가 천년왕국이 이루어진 이후(post)에 오실 것이라고 주장한다. 이 접근 방법은 "역사, 정치 그리고 개혁"의 마지막 부분에서 살펴보았다. 무천년왕국설(Amillennialism)은 일반적인 시간의 이해 가운데 명확한 천 년의 기간을 포함시키지 않은 신학적인 체계이다. 어거스틴은 이 접근 방법의 대표자이다. 전반적인 논의를 근거로 몇몇 학자들은 또 다른 견해를 제시한다. 그중 하나는 만일 천년왕국이 있다면, 자신은 그것을 잘 알고 있다고 주장하는 천년왕국의 찬성론자이다. 다른 하나는 결국 그것을 알게 될 것이라고 확신하는 범천년왕국설이다.

당히 많이 인용할 것이다. 그리고 우리는 이사야, 에스겔, 스가랴와 다른 구약 책들로부터 가져온 구절들을 약속의 교향곡에 짜 넣는 도시의 환상을 보게 될 것이다. 그리고 만일 요한이 그렇게 하는 것이 합당하다고 생각했다면, 분명히 천년왕국을 묘사할 때도 구약성서 구절들을 언급하거나 그대로 반복했을 것이다. 그러나 이 경우는 다르다. 여기에서 그는 다른 환상들에 자유롭게 포함시킨 구약성서 본문들을 언급하지 않고 단지 단조로운 산문의 형태로 성도들의 천 년 동안의 통치에 대해 기술한다. 그 구절은 매우 짧아서 전체를 인용할 수 있을 정도이다.

"또 내가 보니 예수를 증언함과 하나님의 말씀 때문에 목 베임을 당한 자들의 영혼들과 또 짐승과 그의 우상에게 경배하지 아니하고 그들의 이마와 손에 그의 표를 받지 아니한 자들이 살아서 그리스도와 더불어 천 년 동안 왕 노릇 하니 그 나머지 죽은 자들은 그 천 년이 차기까지 살지 못하더라 이는 첫째 부활이라 이 첫째 부활에 참여하는 자들은 복이 있고 거룩하도다 둘째 사망이 그들을 다스리는 권세가 없고 도리어 그들이 하나님과 그리스도의 제사장이 되어 천 년 동안 그리스도와 더불어 왕 노릇 하리라(20:4-6, 개역개정판).

몇몇 해석가들은 이 구절을 구약성서에서 가져온 약속을 가득 담는 용기로 사용한다. 그러나 이것은 요한의 습관이 아니다. 대신 그는 하나님이 '새 하늘과 새 땅'을 창조하실 때 성취될 약속들을 언급한, 이사야서 자체의 인도를 따른다(사 65:17). 요한이 21장 1절에서 선포한 새 하늘과 새 땅은 선지자들이 말한 바와 같이, 만국이 여호와를 경배하기 위해 올라가는 도시, 새 예루살렘의 세상이 될 것이다(21:24-26).

요한은 실제로 성도들이 천 년 동안 다스린다고 기술한 그의 환상이 땅에서 이루어질 것인지 아니면 하늘에서 이루어질 것인지에 대해서 분명히 말하지 않는다. 이것은 이 구절에 대해 제기되었던 일반적인 가정들에 놀라움을 던져준다. 한편으로, 그가 천년왕국이 지상에서 이루어질 왕국을 가리킨다고 생각할 수 있다. 그 이유는 이어 나오는 장면들이 성도들을 공격하기 위해 땅의 네 귀퉁이로부터 나오는 하나님의 대적자들에 관해 말하며, 불이 하늘로부터 내려와 적들을 파멸시킬 것이라고 경고하기 때문이다(20:7-10). 다른 한편, 그 환상은 하늘 왕국을 묘사한다고 이해할 수도 있다. 그 이유는 요한이 "보좌들을 보았다"고 말함으로써 이 이야기를 이끌어내기 때문이다. 이전 환상들에서는, 하나님의 보좌와 이십사 장로들의 보좌들이 하늘에 자리하고 있었다(4:2, 4; 11:16). 그러므로 20장 4절의 보좌들은 하늘에 있는 것으로 보아야 할 것이다. 다른 각도에서 보면, 요한이 그 장소를 분명히 밝히지 않는 것이 천년왕국의 본질에 관한 사고를 점검하는 데 도움이 되는 한 방법이다.

요한은 성도들의 소재에 관해 말할 때 지리적인 용어보다는 상관적인(relational) 용어들을 사용한다. 매번 우리는 요한이 성도들이 "땅에서 왕 노릇 하리라"고 말할 것으로 기대하나, 요한은 성도들이 "그리스도와 함께 왕 노릇 하리라"고 말한다(20:4, 6). 초점은 반복에 있다. 만일 우리가 "성도들이 어디에 있느냐"고 묻는다면, 우리는 "그들은 그리스도와 함께 있다"는 대답을 듣게 될 것이다. 상관적인 대답인 "그리스도와 함께"는 천년왕국에서의 생활의 핵심이 무엇인지를 우리에게 지적해준다. 요한은 '어디인가'보다는 '누구이냐'에 더 관심이 있다. 성도들이 '그리스도와 함께' 있을 것이라는 확신을 독자들에게 전해준 요한은 거의 대부분의 다른 질문들에는 대답을 하지 않는다. 마치 "당신이 더 이상 알 필요가 있느냐"고 말하는 것처럼 침묵한다.

독자들은 과감하게 누가 특별히 이 왕국에서 "그리스도와 함께" 왕 노릇 하게 될 것인가? 하는 질문을 던질 수 있다. 요한의 단조로운 이 야기는 그 점에 대해서도 여전히 애매하게 대답한다. 그리고 대부분의 현대 번역본들은 이 본문을 보다 더 부드러운 읽기로 진술한다. 『킹 제 임스 판』(The King James Version)은 위의 것을 인용한다. 그 이유는 이 번역본이 관례적으로 헬라어의 모호성을 보존하고 있기 때문이다. 20 장 4절에는 천년왕국에 참여하는 자들이 세 가지 방식으로 묘사되어 있다. 요한은 (1) 보좌에 앉은 자들, (2) 그들의 증언 때문에 목 베임을 당한 자들, (3) 짐승에게 경배하지 않은 자들에 대해 언급한다. 질문은 이 인급들을 한 그룹 혹은 두 그룹 아니면 세 그룹 중 어디에 석용시킬 것인가 하는 것이다. 만일 요한이 세 그룹을 가정했다면, 그는 (1) 정의 로운 판결을 하는 보좌에 앉아 있는 이십사 장로, (2) 순교자들, (3) 모 든 신자들을 염두에 두었을 것이다. 만일 요한이 두 그룹을 생각했다 면, 그들은 위의 목록에 나오는 자들 중 둘이었을 것이다. 만일 그가 단 지 한 그룹에 대해 말하고 있다면, 그들은 아마도 자신들의 신앙에 대 한 보상으로 보좌들에 앉아 있는 순교자들이었을 것이다.

요한은 순교자들이 충성스러운 신앙인들을 대변하며 요약한다고 생 각했기 때문에, 그와 같은 부정확한 언어로도 만족했을 것이다. 요한은 "그들의 증언 때문에 목 베임을 당한 자들"에 대해 말할 때(20:4), 그는 아마도 이러한 특별한 방식으로 죽임을 당한 자들만이 아니라 모든 순 교자들을 염두에 두었을 것이다. 마찬가지로 그의 이전 환상에서는 모 든 신자들이 짐승과 그의 부하들의 손에 죽임을 당하게 될 것처럼 묘사 한다(13:15). 이 때문에 결국 충성스러운 신앙인이 되는 것은 순교자가 되는 것을 의미한다. 예수님은 충성스럽게 죽임을 당하심으로 '이기었 다'(5:6), 그리고 그를 따르는 자들 또한 죽기까지 충성스럽게 남아 있음으로 '이긴다'(12:11). 그러나 핵심은 죽음의 방식보다는 충성됨에 있다. 요한은 모든 신실한 그리스도인들이 '목 베임'을 당하게 될 미래의 시간을 정확하게 예견하지는 않는다. 그보다 그는 필요하다면 순교에 기꺼이 응할 정도의 믿음과 인내를 그의 모든 독자들이 보여줄 것을 요청하였다(13:10; 14:12; Bauckham, *Theology*, 107). 순교자는 믿음을 대변한다.

죽기까지 신앙을 지킨 자들은 천년왕국이 시작될 때에 생명으로 일으킴을 받는다('첫 번째 부활'이다). 반면 나머지 죽은 자들은 천 년이 다 찬 후에야 생명으로 일으킴을 받게 된다(20:4-6). 다른 말로 하면, 순교자들과 이와 동등한 자들이 먼저 일으킴을 받으며, 이 '첫 번째 부활'에 참여한 자들에게는 사회로부터 받은 부정적인 평가에 대한 보상과 영원한 생명이 주어진다. 일으킴을 받음으로, 그들은 다시는 죽지 않거나 더 이상 하나님의 심판을 받지 아니하고 그리스도와 함께 왕 노릇 하게 될 것이다. 부활의 두 번째 단계는 20장 11-15절에 나타나는데, 그때 나머지 사람들이 생명으로 되돌아오게 된다. 두 번째 단계에 일으킴을 받은 자들은 하나님의 심판의 대상이 되며, 그 결과로 어떤 사람들은 영원한 복을 받게 될 것이나 다른 사람들은 영벌을 경험하게 될 것이다. 이것은 '두 번째 죽음'이다(20:14).

요한계시록은 신약성서 중 유일하게 두 단계로 부활을 언급한다. 생명과 정당성을 입증해주는 '첫 번째 부활'은 독자들에게 어떠한 대가를 치르더라도 인내하도록 동기를 부여한다. 교회들을 향한 공개적인 메시지에서, 부활하신 그리스도는 그의 독자들에게 비록 사회가 신실하다고 입증된 자들을 정죄한다 할지라도, 하나님은 그들을 정죄하지 않을 것이라고 약속하신다. 그들은 그리스도가 자신들에게 '생명의 면류관'을 주실 것이라는 확신 가운데, "죽기까지 믿음을 지키게" 될 것이다. 하나님은 그의 대적자들을 심판하실 것인데, 이것이 '두 번째 죽음'

이다. 그러나 그는 충성스러운 신앙인들을 변호할 것이며, 그들은 그리스도와 함께 왕 노릇 하게 될 것이다(2:10-11). 이 메시지의 의도는 독자들을 자포자기 상태에 빠지게 하려는 데 있지 않고 신실한 인내를 증진시키려는 데 있다(13:10; 14:12). 영생은 선택된 영적인 엘리트만을 위한 것이 아니라 그의 이름이 어린 양의 생명책에 포함된 모든 자들이 소유하게 된다. 부활은 두 단계에서 일어날 것이나, 그 결과는 결국 동일하다. 모든 속죄함을 받는 자들에게 영생이 주어지며, 모두가 그리스도와 함께 영원히 다스린다(22:5).

Ⅲ. 최후의 갈등과 최후의 심판(20:7-15)

사탄과 그의 동조자들에 대한 승리(20:7-10)

요한의 마지막 환상군은 큰 수레바퀴처럼 독자들을 한 장면에서 다른 장면으로 이동하게 한다. 천년왕국은 이 환상군의 절정이 아니라 단지 새 예루살렘으로 가는 길의 한 지점일 뿐이다. 이 장면은 감옥으로부터 놓임을 받은 사탄이 성도들을 또다시 공격하기 위하여 곡과 마곡으로 알려진 나라들을 모으는 때로 변경된다(20:7-10). 대적자들의 이름들은 에스겔 38-39장에서 가져온 것이다. 그 구절들에 의하면, 후에 마곡의 땅에서 온 곡이라 부르는 인물이 이스라엘 산지에서 평안히 생활하고 있는 자들을 공격하기 위하여 그의 지지자들을 소집할 것이다. 하나님은 불로 이 대적자들을 쳐부술 것이며, 대규모의 학살이 이루어져 새들이 죽임을 당한 자들을 먹이로 잔치를 벌이도록 초대를 받게 될 것이라고 경고한다.[2]

요한계시록의 마지막 장들은 에스겔의 환상들이 성취됨을 지적한다. 그러나 그것들은 에스겔의 순서를 따르지 않는다. 요한은 요한계시록 20장 7-10절에서 천년왕국 이전에 죽임을 당한 자들로 잔치를 벌이는 새들에 대해 이야기했다(겔 39:17-20). 그러나 그는 요한계시록 20장 7-10절에서는 천년왕국 이후에 일어날, 성도들에 대한 곡과 마곡의 공격과 불에 의한 그들의 멸망을 상상한다(겔 38:1-16; 39:5). 요한은 분명히 에스겔에게 약속하신 대로 하나님은 자기 백성들을 보호하시고 대적자들을 쳐부술 것이라고 확신한다. 그러나 확실히 그는 그 성취의 연대기적인 순서에는 관심이 없는 것으로 보인다. 에스겔은 한 방향으로 그 사건들의 순서를 묘사한다. 그러나 요한은 이것을 다른 방향에서 기술한다. 그런데 그 결과는 동일하다—구원—그 구원은 참으로 중요하다. 이것은 사탄의 놓임에 관한 환상과 곡과 마곡에 의한 성도들의 공격의 실패를 특별한 사건으로 인식하는 데 있지 않다. 그의 의미를 올바로 이해하는 몇몇 통찰들은 그 짧은 드라마의 에피소드에서 중심적인 연기자들 각각을 면밀히 살펴봄으로 얻어질 수 있다.

첫째, 사탄은 잘못을 반성하도록 천 년 동안 무저갱에 던져지는 선고를 받는다. 그러나 풀려난 후에, 그는 즉시 속이는 행위와 하나님의 백성들을 억압하도록 나라들을 현혹시키는 이전의 생활을 재개한다. 요한계시록 12장에서, 사탄은 미가엘과 그의 천사들에 대항하여 하늘에서 전투를 개시했고, 사탄은 패배하고 땅으로 던져졌다. 그런데 이 패배는 사탄을 전혀 변화시키지 못했다. 그것은 그가 땅에 내려오자마자

---

2) 전천년 세대주의자들은 곡을 러시아와 동일시하며 겔 38-39장에 묘사된 침입이 아마 겟돈의 전쟁에서 절정을 이루는 큰 환란과 관련하여 일어나게 될 것이라고 주장한다. 예를 들면, Hal Lindsey, *Late Great Planet Earth*, 5장, "Russia is a Gog"과 2장, "World War II"를 보라. Tim LaHaye과 Jerry Jenkins는 겔 38-39장을 성취한 이스라엘의 러시아 침입에 관한 소설을 썼는데 상당한 호응을 얻었다(*Left Behind*, 6-15).

하나님의 백성을 대항하는 다른 투쟁을 계획한 데서 알 수 있다(12:13-17). 짐승과 거짓 선지자의 도움을 받아(13:1-18), 그는 하나님의 군대에 대항하는 전쟁을 벌이기 위해 땅의 왕들을 모으려고 더러운 영들을 보냈다(16:13-14). 그러나 그리스도는 짐승과 거짓 선지자를 불 못에 던졌고, 사탄 자신은 무저갱에 갇히게 되었다(19:19-20:3). 그러나 여전히 사탄은 변화되지 않는다. 그 이유는 그가 풀려나자마자 하나님의 백성에 대항하는 전쟁을 하기 위해 나라들을 소환하여 그가 떠났던 장소를 다시 취하기 때문이다(20:7-11). 이 행태는 사탄은 결코 변화되거나 양보하지 않는다는 사실을 분명히 보여준다. 그러므로 사탄의 세력과 맞부딪치는 자들은 양보 없이 이 세력에 지항해야 한다(2:10, 13, 24). 하나님은 타협하지 않으실 것이며, 마침내 사탄의 광폭한 행동을 멈추게 하실 것이라는 확신을 가지고 사탄의 세력과 투쟁해야 한다.

둘째, 우리는 나라들의 역할을 고려할 수도 있다. 19장 17-21절에 나오는 전투에 대한 요한의 묘사는 하나님께 대적하는 모든 세력들이 제거되었다는 사실을 암시해준다. 20장 1-3절에 진술된 사탄이 결박을 당한다는 그의 이야기에 의하면, 천년왕국 기간 동안에 사탄은 나라들을 속일 수 없을 것이다. 그리고 20장 4-6절에 나오는 천년왕국에 대한 환상은 하나님과 함께 왕 노릇 하게 되는 충성스러운 신앙인들에 초점을 맞추었다. 사탄이 풀려날 때, 속임을 당하지 않고 남아 있는 나라들이 있을 것이라고는 거의 생각할 수 없다. 혹자는 땅에 거하는 자들이 그와 같이 오랫동안 사탄으로부터 자유롭게 된 후에, 다시 마귀의 소환에 주의를 기울이는 이유가 무엇인가 하고 의아해 할 것이다. 요한은 그 이유를 설명하지 않는다. 그러나 독자들은 이것에 의문을 가지게 될 것이다. 아마도 환상의 기능들 중의 하나는 그와 같은 놀라움을 불러일으키는 데 있다. 이 구절은 사탄이 활동할 때마다, 일부의 사람들이 그에게 동조할 것이라는 점을 지적해줌으로 인간 상태를 설명한다. 새 창조, 곧 새 하늘과 새 땅에 속하지 않은 나라들에는 악을 편애하는 자들이 속하게 될 것이다. 악은 억제하는 것으로 충분하지 않다. 사람을 현혹시키는 악의 세력이 종말을 고해야 한다. 우리는 사이렌(siren)의 노래에 관심을 가진 자들에게 재난이 그들을 기다릴 것이라는 경고가 주어졌다는 사실을 기억해야 한다.

셋째, 우리는 성도들의 역할을 살펴볼 수 있다. 천년왕국의 환상은 그리스도와 함께 왕 노릇 하기 위해 생명으로 나오는 성도들을 묘사했다. 그들은 하나님의 제사장들로 섬겼으며, 더 이상 하나님의 정죄의 위협을 받지 않게 되었다(계 20:4-6). 사탄이 놓임을 받을 때, 성도들은 '장막'에 거하게 될 것이라는 말을 들었는데, 이것은 이스라엘 백성이 광야에 체류하는 동안 어떻게 장막에 살았는지를 회상시킨다. 성도들은 또한 '사랑의 도시'를 소유하게 된다. 이것은 예루살렘의 표상들을 생각나게 하는데, 그 도시는 하나님의 사랑을 받으며 축복을 받는다(시 78:68; 87:2). 곡과 마곡에 관한 에스겔의 계시는 조용하고 안전하게 거하는 사람들을 언급함으로 그 그림을 채운다(겔 38:8, 11, 14). 곡과 마곡의 침입은 안전함이 하나님의 백성들이 그들 가운데 소유한 어떤 것이 아니라는 사실을 알려주는 혼란스러운 메모이다. 일어났던 모든 일에도 불구하고, 그들은 대적자들의 공격으로부터 면제받지 못하며, 결국 하나님 외에는 어떤 곳에서도 안전한 피난처를 찾지 못한다. 평화와 구원은 하나님의 선물이다(Caird, *A Commentary*, 257).

부활과 마지막 심판(20:11-15)

마지막 심판을 묘사한 요한의 환상은 그가 흰 보좌를 보았던 때로부터 시작한다(20:11). 천년왕국에서는 단지 충성스러운 신앙인만이 생명을 얻게 된다. 그러나 이제는 모든 죽은 자들이 하나님의 보좌 앞에 서게 된다. 이 장면에는 하나님의 능력이 분명히 감지된다. 하늘과 땅은 하나님의 앞에서 피하여 없어진다. 이전에 죽은 자를 붙잡고 있던 사망, 음부와 바다가 하나님이 그들을 내어 주신 것처럼, 그들 가운데 있는 "죽은 자를 내어 준다"(20:13). 그 결과로 큰 자이든 작은 자이든지 모든 사람들은 전능하신 분의 주권하에 있게 된다.

심판은 한 권의 책에 의해서가 아니라 두 권의 책에 근거하여 행해진다. 생명의 책과 사람들의 행위들이 기록된 책이다(20:12). 각각의 책은 그 자체의 독특한 기능을 갖는다. 생명의 책은 하나님의 은혜와 관련이 있으나 행위들의 책들은 사람들의 책무와 관련이 있다. 생명의 책은 하나님의 도시민의 이름이 새겨진 도시의 기록문서와 같다(21:27). 요한은 이미 "창세 이후로" 이 책에 사람들의 이름이 기록되었다고 말했다(13:8; 17:8). 이것이 의미하는 바는 그들이 자신들의 노력에 의해 생명의 책에 다가설 수 있는 것이 아니라 하나님의 자비로운 행위로 이 책에 포함되었다는 것이다. 몇몇 도시들은 유죄 판결을 받거나 축출된 사람들의 이름을 시민 명부에서 삭제해버린다. 그러나 부활하신 주님은 비록 충성스러운 신앙인들이 사람들에 의해 유죄 판결을 받았다고 할지라도, 이 책에서 그의 이름을 지워버리지 않을 것이라고 말씀한다(3:5).

다른 책에는 사람들이 일생 동안 행했던 행위들에 대한 기록들이 포함되어 있다. 에스더서는 왕이 사람들이 행했던 선한 행위들에 대한 기록을 보관하고 있는 한 권의 지상의 책에 대해 말하는데, 그들은 그것에 근거하여 상을 받을 수 있다(에 6:1-2). 반면 다니엘서는 하늘의 활동들을 기록하여 보존하고 있는 보다 포괄적인 책에 관해 말한다. 심판의 날에, 이 책들은 열릴 것이며, 사람들은 자신들의 행동에 대해 책임을 지게 될 것이다(단 7:10). 사람들의 행위가 하나님의 최종 심판의 근거가 된다는 사상은 다양한 신약성서의 글들에도 나온다(예, 마 25:31-46; 요 5:28-29; 고전 3:10-15; 고후 5:10).

요한은 사탄과 짐승과 거짓 선지자와 함께, 몇몇 존재들이 불 못에 던져질 것이라고 말한다. 또한 사망과 음부도 불 못에 던져진다. 이곳에서 하나님의 대적자들은 혹독한 불멸의 정죄를 받을 것이다. 이것이 '두 번째 사망'이다(계 20:13-15). 불에 의한 징벌의 경고는 요한계시록에 독특한 것은 아니다. 예수님의 비유와 다른 구절들에도 이것에 대해 언급한다(예, 마 13:36-43, 47-50; 눅 16:19-31). 질문은 그와 같은 위협들을 어떻게 받아들여야 하는가이다. 경고들은 사람들로 하여금 은혜를 단념하게 만들지 않고 오히려 변화를 가져다주며 재난을 피하도록 해준다. 요한은 그의 책에 경고들을 포함시켰는데, 그 이유는 그가 하나님의 심판의 위협을 실제적인 것으로 이해했기 때문이며, 또한 심판을 피하고자 하는 소망이 실제적이었기 때문이다. 이전에, 우리는 요한계시록 14장 9-11절에서 혹독한 심판에 관한 경고가 절망으로의 부름을 동반한 것이 아니라 믿음과 축복의 약속을 향한 부름을 동반했다는 점에 주목했다(14:12-13). 유사하게, 바벨론이 철저히 붕괴된다는 환상은 희망 없는 미래가 독자들을 지배하도록 하려는 데 그 의도가 있지 않고, 그들로 하여금 죄로부터 떠나도록 요청하는 데 그 목적이 있었다(18:4). 심판에 대한 경고는 독자들을 동요시키도록 계획된 것인 반면 구원과 축복의 약속들은 그들을 격려하려는 데 그 의도가 있다. 그것들은 동일한 목적을 갖는데 그 목적은 독자들을 믿음 안에 머무르도록 하려는 것이다.

심판에는 하나님의 은혜와 인간의 책무 양쪽 모두가 중요하게 작용한다는 점에 주목하라. 그러나 하나님의 결정은 결국 생명의 책으로 표현된 은혜에 근거한다. 요한은 사람들이 "자기 행위를 따라 책들에 기록된 대로 심판을 받으며", "각 사람이 자기의 행위대로 심판을 받는다"
고 말한다(20:12, 13). 분명히, 그는 하나님은 사람들에게 그들의 삶의
방식에 대해 책임을 묻는다고 이해하고 있다. 동시에, 요한은 구원은
궁극적으로 인간의 성취에 근거한 것이 아니라고 주장한다. 그 이유는
행위들의 책에서는 일정한 득점을 얻는 자들만이 그 왕국에 자리를 얻
을 수 있기 때문이다. 하나님의 호의적인 심판은 은혜의 한 표현이다.
사람들은 하늘 도시의 자리를 차지할 것이라는 희망을 가질 수 있는데,
그 이유는 하나님은 그곳에 그들이 있기를 원하시며, 생명의 책에 그들
의 이름을 기록하시기 때문이다(20:15; 21:27).

　많은 독자들은 창세 이후로 생명의 책에 사람들의 이름들을 기록하
고 계시는 하나님에 대해 말하고 있는 요한을 발견하고자 하는 것이 무
의미한 일임을 알게 될 것이다. 요한을 진지하게 받아들이는 사람들은
자연스럽게 "나의 이름이 하나님의 책에 포함되었는가?"에 관해 알고
자 할 것이다. 하지만 요한계시록은 생명의 책에 누구의 이름이 기록되
었는지 밝히지 않는다. 그러나 생명의 책을 언급한 것은 이 책의 목적
이 독자들을 절망이 아니라 신앙으로 격려하려는 데 있다는 사실을 보
여주고자 하는 것이다. 요한의 권고는 이와 같이 요약될 수 있다. 하나
님과 함께한 생명을 위해, 그리고 또한 너를 위해 "모든 족속과 방언과
백성과 나라"로부터 사람들을 자유롭게 하기 위해 죽으신 어린 양을 믿
으라(5:9-10), 하나님은 이 믿음이 너에게 실행되기를 원하신다는 사실
을 믿으라—그리고 최후의 심판에 관한 문제들은 하나님의 손에 남겨
두어라.

Ⅳ. 새 예루살렘(21:1-22:5)

마지막 장은 요한계시록의 환상군들을 하모니를 이루는 소리와 찬란하게 빛이 나는 색을 드러내는 환상과 함께 절정으로 인도한다. 갈등과 심판을 언급하는 귀에 거슬리는 메아리는 일치와 소망의 장엄한 코러스에 그 자리를 양보한다. 이 환상은 새 하늘과 새 땅의 파노라마식 광경과 멀리 어렴풋하게 보이는 하늘로부터 내려오는 새 예루살렘을 일별함으로 시작한다. 다음으로 안내자인 천사는 요한을 이 도시로 더 가까이 인도한다. 이로 인해 관심의 초점은 이 도시 자체에 주어진다. 독자들은 보석과 진주와 황금으로 조성된 이 도시의 벽들과 문들에 관해 듣는다. 그 후, 그들은 이 도시로 인도함을 받는데, 그곳에는 생수의 강이 하나님과 어린 양의 보좌로부터 흐르고, 생명나무가 열매를 맺으며 그 나무 잎사귀들은 만국을 치료하기 위해 남겨진다. 환상이 끝이 날 때, 하나님과 어린 양이 나오는데, 그곳에서 속죄함을 받은 자들이 보좌 주위에 모여 예배를 드린다. 마침내 그들은 하나님의 얼굴을 보며 그의 빛 가운데 영원히 머물게 된다.

창조와 새 창조(21:1-8)

요한계시록은 개인의 영혼들의 속죄뿐만 아니라 모든 피조물의 구원을 상상한다. "피조물도 썩어짐의 종노릇한 데서 해방되어", "하나님의 자녀들의 영광의 자유"를 얻는 날에 관해 말하는 바울처럼(롬 8:21), 요한은 하나님의 목적들의 목표로 새 창조를 강조한다. 충성스러운 신앙인들의 부활은 세상의 부활의 일부분이다. 요한이 처음 하나님의 보좌 앞에 설 때에 보았던, 사자 같고 송아지 같고 얼굴이 사람 같고 날아가는 독수리 같은 네 생물이 만물의 창조자에게 찬양을 드리도록 하늘의 무리들을 인도하던 모습을 회상해보라(계 4:6-11). 어린 양이 하나님으로부터 두루마리를 받았을 때, "하늘과 땅과 땅 아래에 있는" 모든 피조물이 하나님과 어린 양에게 드리는 찬미의 노래에 합류할 때까지 찬양의 물결이 전체 창조된 질서를 통하여 퍼져 나간다(5:13). 창조의 이 환상은 하나님과 그리스도의 구원 사역의 결과를 예견하는 창조자에 대한 찬미로 방향을 전환한다. 계속되는 환상들에서, 하나님을 대적하는 세력들이 세상과 그의 백성들에게 자신들의 영향력을 행사하고자 함에 따라, 창조 세계에 갈등이 생겨난다. 하나님은 "땅을 망하게 하는 자들을 멸망시킴"으로 응답하신다(11:18). 마침내 세상 나라는 "참으로 우리 주와 그의 그리스도의 나라"가 된다(11:15).

새 창조는 부분적으로는 하나님을 대적하고 생명을 말살시키는 세력들이 부재한 것으로 특징지어진다. 음녀의 패망은 피조물을 쇠약하게 하고 힘 있는 자들의 자기 기만적인 입맛을 충족시키기 위해 백성들을 사고 팔 수 있는 상품들로 전락시키는 세력에 종말을 가져온다(18:11-19). 사탄과 짐승과 그들의 동조자들의 패배는 나라들을 지배하고 충성스러운 신앙인들을 억압했던 세력들을 소멸시켰다(19:19-21; 20:7-10). 모든 죽은 자의 부활은 죽음 자체의 종말을 가져온다(20:14). 그러므로 새 창조에는 죽음과 슬픔과 울음과 고통이 더 이상 있지 않다. 또한 타락한 세상이 사라지며, 짐승이 올라왔던 바다도 없어진다(21:1, 4; 참조. 13:1). 동시에, 새 창조는 생명을 주시는 하나님의 '임재'로 특징지어진다. 고뇌의 외침인, "너의 하나님이 어디에 계신가?" 하는 소리도 더 이상 들리지 않는다(시 42:3). 바로 이어 보좌로부터 들려온 음성은 하나님이 "인류와 함께" 하실 것이라고 선언한다. 그는 "그들과 함께" 거하실 것이며, "하나님은 친히 그들과 함께 계실 것이다"(계 21:3). 심판의 독이든 물 대신에(8:11; 16:3-4), 하나님은 보좌로부터 흘러

내리는 "생명수의 샘"으로부터 자유롭게 마시도록 그들을 초대할 것이다(21:6; 22:1).

보좌로부터 들려온 음성은 이 모든 일들을 약속하신 하나님은 "신실하고 참되다"고 선포한다(21:5). 이 점을 강조하기 위해, 이 부분의 각 구절은 약속의 새로운 하모니에 옛 멜로디를 섞어 넣음으로, 예언자들의 글들로부터 가져온 구절들을 상기시킨다. 새 하늘과 새 땅을 보는 것은 이사야 65장 17절을 생각나게 한다. 자신의 남편을 치장시켰던 신부처럼 화려한 모습으로 나타난 새 예루살렘, 거룩한 도시가 내려오는 것은 이사야 52장 1절, 61장 10절, 65장 18절을 회상하게 한다. 하나님이 사람들 가운데 거하신다는 선포는 에스겔 37장 27절의 성취임이 분명하다. 반면 하나님이 그들과 함께 거하시며, 그들은 그의 백성이 될 것이라는 말씀은 스가랴 2장 10-11절, 8장 8절을 확증하는 것이다. 하나님이 모든 눈물을 그들의 눈에서 닦아주실 것이며, 사망이 있지 않다고 말하는 것은 이사야 25장 8절과 거의 일치한다. 곡하는 것이나 아픈 것이 다시 있지 아니하며 처음 것들이 다 지나간 것은 이사야 65장 17절, 19절의 성취이다. 하나님은 만물을 새롭게 하신다(사 43:19). 그 이유는 그가 처음이요 마지막이시기 때문이다(사 44:6). 목마름을 채우기 위해, 하나님은 생수의 샘으로부터 가져온 선물인 물을 주신다(사 55:1). 구약성서 구절들을 반향하는 코러스는 하나님의 약속에 대해 '예'로 응답한다.

하늘의 음성은 미래를 예견하는 이 환상을 잠시 중단시키는데, 그 목적은 독자들이 살아가는 시대에 전하기 위해서이다. 하나님은 분명히 "신실하고 참되신데", 독자들은 어떠한가? 요한계시록의 시작 부분에서, 그리스도인들은 하나님과 어린 양을 향한 그들의 믿음을 근거로 '이기는 자'라고 불린다. 어린 양은 영원한 영광으로 일으킴을 받기 전에 다른 사람들을 위한 희생물로 자신을 드림으로 '이기었다'(계 5:5-6) 어린 양에 의해 자유롭게 된 사람들은 믿음을 포기하라는 압력들에 대항하여 일어난 저항 운동의 일원이 된다. 이 압박이 공개적인 적대감으로부터 온 것이든 이교 사회에 보다 편안하게 동화되기 위해 그의 믿음을 양보하라는 유혹으로부터 온 것이든 부에 안주하라는 유혹이든 그것에 저항해야 한다. 세상적인 관점에서 보면 이 압박에 승복하는 것이 믿음을 지키기 위해 대가를 치르는 것보다 더 쉽게 보인다. 그러므로 교회들에게 주는 각각의 메시지는 '이기는 자'에게 주어지는 약속으로 끝을 맺는다. 이것은 순간의 도전들을 넘어서 독자들의 시선을 하나님이 신실한 신앙인들을 위해 준비하신 새 예루살렘의 환상을 향하게 한다(2:7, 11, 17, 28; 3:5, 12, 21). 이 약속들은 믿음의 결과가 하나님 앞에서 생명의 축복들을 상속받는 것이라는 약속 가운데 재확인된다(21:7).

이 약속은 두려워하는 자와 믿지 아니하는 자들과 흉악한 자들과 살인자들과 음행하는 자들과 점술가들과 우상 숭배하는 자들과 거짓말하는 자들은 하나님의 도시를 차지하지 못할 것이라는 경고와 병행된다(21:8). 자신들의 있는 그대로의 모습을 인지한 대부분의 독자들은 이 죄의 목록 중에 적어도 한 가지 항목 이상이 자신과 연결됨을 발견하게 될 것이다. 그 결과는 심판으로부터 면죄될 자는 아무도 없다는 사실을 깨닫는 것이다. 그럼에도 불구하고, 이 경고는 이러한 죄악 중에 하나라도 범하는 자는 새 예루살렘으로부터 배제될 것이라는 뜻으로 말하는 것이 아니다. 하나님의 도시는 죄를 짓지 않았던 자들을 위해 준비된 것이 아니라, 그리스도의 피로 깨끗함을 받은 자들을 위해 예비된 것이다(7:14; 22:14). 하늘의 음성이 죄목들을 나열하는 목적은 사람들로 하여금 죄를 거부하고 그리스도께서 주시는 은혜에 의지하도록 하기 위함이다. 그리고 저항 운동에 남은 것은 믿음을 통해 악을 거부함으로

'이기는 것'이다.

거룩한 도시 - 거룩한 백성(21:9-21)

요한계시록은 두 방향으로 이끌림을 받은 독자들에 보낸 편지이다. 곧 신앙과 불신앙으로 향하는 자들이다. 마찬가지로, 요한은 '두 도시들의 이야기'(Tale of Two Cities)라 부를 수 있는 것을 기록했다. 그 이유는 그가 신앙을 거룩한 도시와 동일시하고 불신앙을 음녀의 도시와 동일시했기 때문이다. 이전 환상을 회상해보라. 그 환상에서, '거룩한 도시'와 그의 성전은 나라들에 의해 억압을 당했으나 여전히 보호함을 받은 하나님의 백성을 상징한다. 그로 인해 하나님의 증인들은 세상 백성들 앞에서 증언할 수 있게 되었다(11:1-3). 또한 하나님의 백성이 여자로 그려져 있었다는 사실을 회상해보라. 그 여자는 용에 의해 쫓김을 당했으나 광야에서 하나님에 의해 보호함을 받았다(12:1-6; 13-17). 거룩한 도시의 환상과 여자의 환상 둘 모두는 동일한 실체를 묘사한다. 땅에 있는 하나님의 백성의 상황이다. 곧 그들은 믿음의 공동체인 자신들을 정복하고자 하고 자신들의 존재를 없애고자 하는 세력들 가운데 생활하고 있다.

최초의 요한의 독자들이 처한 모든 상황을 그와 같은 완고한 용어들로 온전히 표현할 수는 없다. 그들이 살았던 도시—에베소, 서머나, 버가모, 두아디라, 사데, 빌라델비아, 라오디게아—의 조건들은 다양했다. 몇몇 도시들에 거주하는 그리스도인들은 폭력의 위협을 받았으나, 다른 도시에는 그 위험이 보다 약했으며, 그들은 더 보편적인 문화를 수용하거나 번성 가운데 안식처를 찾음으로 그들의 입장을 강화시킬 수 있었다. 요한은 믿음의 공동체를 향해 적대감을 보인 자를 음녀라고 묘사함으로 독자들로 하여금 자신들이 처한 상황을 보다 정확히 인식하도록 유도하고 있다. 음녀는 세상의 백성들에 대한 자신의 통제력을 확대하기 위해 부의 유혹과 폭력의 위협, 둘 모두를 사용한다(17:1-18:24). 요한은 부와 권세는 사람들의 마음을 부추기며, 많은 사람들은 안정과 특권을 누리기 위하여 자신들의 고결함을 기꺼이 양보하려 한다는 사실을 잘 알고 있다. 그러므로 그는 인간관계를 상업적인 거래로 격하시키고 폭력에 도취된 세상적인 권력들의 이면을 극적으로 표현함으로 그 세력에 저항하려는 자신의 독자들의 의지를 강화시키고자 한다. 그는 또한 음녀가 지금은 매혹적으로 보이나 그녀의 미래는 가망이 없다는 점을 독자들에게 주입시킨다. 그 이유는 매춘의 길은 파멸로 인도하기 때문이다.

이 시점까지의 도시들의 환상들은 독자들에게 찬양할 이유를 거의 제공하지 않는다. 만일 독자들이 '거룩한 도시'와 동일시된다면, 그들은 세상적 권력들에 의해 위협을 받을 것으로 예상할 수 있다(11:1-3). 그리고 만일 그들이 음녀의 도시와 동일시된다면, 우리는 그들의 파멸을 예견할 수 있다(17:16). 어떠한 선택도 특별한 관심을 끌지 못한다. 새 예루살렘의 환상은 미래의 '거룩한 도시'가 누릴 만한 가치가 있는 복을 가져다줄 것이라는 사실을 독자들에게 알려줌으로 이 상황을 변경시킨다. 현 시대에 사는 독자들은 믿음의 공동체와 자신을 동일시하도록 자극을 받아왔다. 비록 도전들이 있었음에도 그러했다. 그 이유는 믿음에는 미래가 있기 때문이다.

음녀는 독자들로 하여금 현재에 관심을 갖도록 부추긴다. 그러나 신부는 그들을 미래로 부른다. 신부는 영광 가운데 구속함을 받은 공동체, 곧 하나님의 전체 백성을 망라한 하나의 도시이다. 요한계시록 12장에 등장하는 박해를 받은 여자는 다양한 시기들로부터 가져온 하나님의 백성의 특성들을 지니고 있으며, 요한계시록 21장에 언급된 신부도 마찬가지이다. 그 도시의 열두 문은 이스라엘 열두 지파의 이름을 가지고 있으며, 그 도시의 열두 기초석 위에는 어린 양의 열두 사도의 이름이 새겨져 있다(21:12-14). 그 도시는 길이와 너비와 높이가 같은데, 각각 12,000스타디온이다. 그 숫자는 속죄함을 받은 공동체에 들어왔던 사람들의 숫자와 일치한다(7:4-8; 21:16). 그 도시는 돌을 재료로 사용한 건축물로 묘사되었으나, 본질적으로 그 도시는 사람들의 공동체이며, 그 도시의 '기둥들'은 하나님과 어린 양에 속한 사람들이다(3:12; 엡 2:19-22).

요한이 어린 양의 신부가 결혼 잔치를 위해 자신을 치장했다고 선포했을 때, 그는 그 여자가 빛나고 깨끗한 세마포 옷을 입었는데, 그 옷은 성도들의 옳은 행실로 짜서 만들었다(계 19:7-8)고 말했다. 새 예루살렘의 환상에서 독자들이 실제로 신부를 만날 때, 그들은 그 여자의 외모가 예상했던 것보다 화려하다는 사실을 알게 된다. 세마포에 더하여, 신부는 자신의 결혼식을 위해 금과 보석으로 치장하고자 소망한다(*Joseph and Asenath* 18:5-6). 어린 양은 그의 신부인 공동체를 위해 충분한 치장을 하도록 준비해준다. 이 때문에 속죄함을 받은 자의 도시는 정금과 각색 보석들로 꾸며진다. 벽옥과 사파이어와 마노와 에메랄드—보석의 열두 가지 형태—가 그 도시의 기초석이다. 그 도시의 열두 문 각각은 한 개의 진주로 되어 있으며, 성의 길은 유리 같은 정금으로 포장되어 있다(계 21:18-21).

요한의 '두 도시들의 이야기'의 결론은 현 시대에도 독자들이 믿음의 길을 따라야 하는 이유를 제시해주려는 데 그 의도가 있다. 바벨론과 새 예루살렘, 음녀와 신부 사이를 대조시키는 이유는 하나님을 반대하는 세력들로부터 독자들을 멀리 떼어놓고자 하며, 또한 그들을 하나님과 함께 하는 생명의 환상으로 보다 확실하게 끌어당기려는 데 있다.

독자들은 바벨론에 참여하지 말고(18:4), 새 예루살렘을 향하라고 외치는 소리를 듣는다. 신부와 신랑이 바벨론에서 기뻐해야 할 이유는 없을 것이다(18:23). 그러나 하나님의 도시에서 열리는 어린 양의 혼인 잔치는 축제가 될 것이다(19:7, 9). 바벨론은 귀신의 처소가 될 것이다(18:2). 그러나 새 예루살렘은 하나님의 거처가 될 것이다(21:3). 음녀는 사람들을 착취해서 얻은 호사를 드러낼 것이나(18:12-13), 신부는 하나님으로부터 오는 영광을 나타낸다(21:11-21). 나라들은 음녀와 거래함으로 자신들을 위해 부를 축척하고자 할 때에 타락하게 된다. 반면 하나님은 나라들을 혼인 도시의 환상으로 초청할 것이며, 거기에서 그들은 자신들의 영괭을 하나님과 어린 양 앞으로 가져갈 것이다(21:24-26). 바벨론은 더러움과 속임수로 가득 차 있다(17:4-5; 18:23). 그러나 새 예루살렘에는 더 이상 더러움이나 거짓이 있지 않다(21:27). 음녀는 나라들로 우상 숭배와 죄에 취하게 한다(17:2; 18:3). 그러나 신부는 생명수를 마시며 생명나무의 잎사귀로 치료를 받도록 나라들을 초청한다(22:1-5; Bauckham, *Theology*, 131-32).

새 예루살렘의 거룩성과 온전함은 그 모양에 잘 표현되어 있다. 곧 그 성은 네모가 반듯하여 길이와 너비가 각각 12,000스타디온이다(21:16). 만일 이 구절을 문자적으로 취한다면, 이 규모는 도시의 토대가 1500평방마일 정도 된다는 의미이다. 그리고 이 도시는 1500마일 정도 뻗어 있다. 그럼에도 불구하고, 이러한 묘사의 초점은 전체적인 도시 공간의 '양'(quantity)을 정확한 지적하고자 하는 데 있는 것처럼 보이지는 않는다. 그보다는 거기에 있는 생명의 '질'(quality)을 표시하고자 하는 것으로 여겨진다. 에스겔이 회복된 예루살렘의 환상을 보았던 것에 주목하라. 거기에는 하나님의 영광이 나타났으며, 물의 강들이 성소에서 흘러내린다(겔 40:1-4; 43:1-5; 47:1-12). 그러나 그의 환상에서, 열두 문

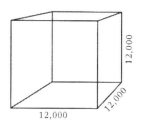

12,000

12,000

12,000

이 있는 그 도시는 한 면이 겨우 1.5마일 정도 된다(겔 48:8-9, 30-35). 요한은 이보다 천 배 정도 큰 규모가 될 새 예루살렘에 대해 말하는데, 이것은 하나님이 선지자들을 통하여 하셨던 약속들을 지키실 것이며 그 이상의 호의를 베푸실 것이라는 사실을 확증해준다.

규빗 형태는 또한 거룩한 도시가 거룩한 성소임을 암시한다. 구약성서에 따르면, 장막과 성전 내소는 규빗 형태로 되어 있다(왕상 6:20). 일반 예배자들은 성소에 들어갈 수 없다. 단지 하나님의 이름이 새겨진 관을 쓰고, 열두 보석으로 장식한 흉패를 입은 대제사장만이 성막 안, 여호와 앞으로 나아갈 수 있었다(출 28:17-20, 36-38). 장막과 성전이 봉헌될 때, 여호와의 영광이 성막에 충만하여 아무도 가까이 갈 수 없었다(출 40:34; 왕상 8:11). 요한계시록에 따르면, 모든 도시와 모든 공동체는 하나님의 성소이다(참조. 고전 3:16; 엡 2:21-22). 그러나 여기에서 하나님의 영광은 이곳에 들어오는 사람들에게 계시된다(계 21:23-24). 모든 예배자들은 그들의 이마에 하나님의 이름을 가지고 여호와 앞에 나아온다(22:4). 제한된 옛 질서는 하나님 앞에 선 모든 속죄함을 받은 자들을 위해 새로운 생명에로 길을 내어준다.

하나님과 어린 양에게 영광(21:22-22:5)

새 예루살렘을 더 살펴보기 전에, 요한계시록의 이미지가 대중문화에 채택되고 변형된 방식을 살펴보는 것이 도움이 될 것이다. 현대 독자들은 지역 소식지로부터 전국적인 잡지들에 이르기까지 대중 매체에 소개된 흥미로운 하늘의 모습 가운데에 요한계시록으로부터 가져온 세부적인 사항들과 마주치게 될 것이다. 표준적인 특징들 가운데는 진주 문들이 있다(21:21). 이 문은 일반적으로 두 개의 입구를 가진 하나의 화려한 문으로, 솜털 같은 구름 위에 세워져 있는 것으로 묘사되어 있다. 전형적으로 그 문의 하나의 현관은 약간 열려 있어서, 성 베드로는 하늘에 새롭게 도착한 자들을 그 문을 통해 엿본다. 베드로는 통례적으로 흰 구레나룻 수염에 긴 흰 옷을 입고(7:9), 그의 머리 위를 맴도는 후광을 가진 모습으로 그려져 있다. 때로 하프를 연주하는 천사들이 곁에 있다(15:2). 그 그림 아래 설명문에서 독자들은 일반적으로 신입자들이 하늘에 들어오기에 합당한지 그렇지 않은지 하는 자질을 검증하거나, 방문 시간이 끝났다고 설명하거나 황금 길들이 수리해야 할 정도로 파손되었다고 경고하는 성 베드로를 발견하게 된다.

이와 같은 장면들에 익숙한 현대 독자들은 요한계시록 자체에 나오는 새 예루살렘 환상을 대하고 놀라게 된다. 첫째, 거기에는 한 길의 문이 아니라 열두 문이 있으며, 도시의 각 편에 세 개의 문이 있다. 그 문들은 모든 방향에서―북, 남, 동, 서―하나님께 가까이 갈 수 있게 되어 있다. 둘째, 그 문들은 밤낮으로 열려 있다. 그 문들은 닫히지 않는다(21:25). 도시의 광채는 세상 나라들의 마음을 끌어당기며, 모든 영광의 근원이신 하나님과 어린 양에게 그들의 영광을 가져간다(21:24, 26). 진주 문은 나라들이 하나님께 접근하지 못하도록 막기 위해 세워진 것이 아니라, 하나님께 다가갈 수 있는 길을 제공하기 위해 있는 것이다. 셋째, 성 베드로의 이름은 아마도 다른 사도들의 이름과 나란히 그 도시의 기초석에 새겨져 있을 것이다(21:14). 그러나 요한은 성 베드로가 문지기로서 봉사한다고 주장하지는 않는다. 하나님의 다른 종들처럼, 요한의 관심도 하나님과 어린 양의 보좌 주위의 예배에 집중되어 있다고 추정하는 것이 더 나을 것이다(22:3-4).

요한은 "그 도시에서 성전을 보지 못했다"고 선언한다. 그리고 그는 즉시 사실은 그 도시가 하나의 성전을 가지고 있다고 설명한다. 곧 하나님과 어린 양(21:22)이다. 우리는 이미 요한계시록에서, '종말'은 하나의 사건이 아니라 하나님과 어린 양이라는 점에 주목했다. 이제 우리는 '성전'은 하나의 건물이 아니라 하나님과 어린 양임을 발견하게 된다. 새 예루살렘 전체는 하나님의 영광으로 가득 차 있는 성소이다. 이곳은 예배를 드리기 위한 다른 건축물을 포함하고 있지 않다. 관심이 하나님과 어린 양에게 집중되며, 그의 찬란한 능력과 임재는 그 도시 전체에 계시되기 때문에, '성전'이란 용어는 한 건물에 적용되기보다는 그들에게 적용된다.

'만국'은 이 성전 가까이로 이끌림을 받는 예배자들 가운데 있다. 요한은 '만국'이 하나님과 어린 양의 빛 가운데로 다니고, '땅의 왕들'이 자기 영광을 가지고 새 예루살렘으로 들어갈 것이며, 사람들이 '만국의 영광과 존귀'를 하나님의 도시로 가져온다고 선포한다(21:24, 26). 일견하여, 우리는 이 왕들과 만국이 어디에서 왔는지 의아해 할 것이다. 그 이유는 땅의 왕들과 만국이 그리스도의 말씀과 하늘의 불에 의해 파괴되었다고 들었기 때문이다(19:17-21; 20:7, 10). 그러나 요한은 사건들의 간단한 순서를 개관하지 않고, 독자들에게 심판의 경고와 구원의 약속 둘 모두를 포함한, 대조되는 환상들을 제시하고 있다.

몇몇 환상들에서, 만국은 짐승의 권세를 두려워하며 그것에 속아서 하나님과 대적하게 된다(13:7; 17:1, 15; 19:15; 20:8). 땅의 왕들은 음녀를 통해 얻을 수 있는 부에 현혹되어, 어린 양과 전쟁을 한다(16:14; 17:2;

18:3, 9-10; 19:19). 각각의 경우, 이 길은 파멸로 인도한다. 다른 환상들에서 어린 양은 모든 나라의 백성들이 자유롭게 되어 하나님을 섬기도록 자신을 드렸다고 선포한다(5:9-10; 7:9). 모든 족속의 백성들은 파멸로 인도하는 자기 영광의 길을 따르기보다는 회개하고 하나님께 영광을 돌리도록 요청을 받는다(14:6; 18:7-8). 요한계시록 1막의 마지막 부분에서, 하나님은 심판을 약화시키고 땅에 속한 많은 사람들이 자신에게 영광을 돌리도록 한다(11:13). 2막의 중간 지점에서, 짐승을 이기는 자들은 하나님은 "만국의 왕"이시며, "모든 나라들이 나아와 그 앞에 경배"하게 될 것이라고 선언한다(15:3-4).

새 예루살렘의 환상은 하나님의 뜻은 결국 만국을 속죄하는 데 있다는 점을 강조함으로 경고와 약속의 나선을 종결짓는다. 보좌로부터 들려오는 음성은 "나는 그들의 하나님이 될 것이라"고 시작하는 전통적인 계약의 약속을 회상시킨다. 단수를 사용한 "그들은 나의 백성이 될 것이라"는 결론 대신에, 요한계시록은 복수를 사용한 "그들은 그의 백성들이 될 것이라"고 말한다(21:3; 슥 2:11; 참조. 레 26:12; 겔 37:27). 하나님은 한 백성만이 아니라 많은 백성들에 대한 권리를 주장하신다. 요한계시록은 사람들이 한 분이신 참 하나님으로부터 떨어져나가 나라들의 신들을 섬긴다고 반복해서 말하는 긴 이야기의 일부분이다(신 6:14; 삿 2:11-12; 왕상 14:23-24). 새 예루살렘 환상은 이 이야기의 정당한 절정이다. 그 이유는 그 안에서 상황이 역전되어, 만국이 한 분이신 참 하나님께 경배하기 위해 나아오기 때문이다. 세상의 백성들이 여호와께 경배하기 위해 나아오며, 그의 빛 가운데 다니는 것이 선지자들이 소망했던 미래이다(사 60:1-3, 5, 11).

이 절정적 환상은 하나님의 특별한 약속들과 전체적인 세상을 향한 자신의 의도들을 자신의 선택한 백성에게 보여준다. 이 환상에 등장하는 도시는 하나님의 선택된 도시라는 이름의 예루살렘이고 온 땅에서 벗어난 장소이며, 하나님이 자신의 성소를 위해 택하신 곳이다. 동시에, 이 도시는 하나님이 온 인류를 위해 준비했던 것과 같은 정원을 가지고 있으며, 도시 안에는 에덴에서 자라던 생명나무와 함께 생수의 강이 흐르고 있다(창 2:9-10). 창세기는 온 인류의 조상이 어떻게 하나님에게 불순종했으며, 그들의 죄악 때문에 땅이 저주를 받았으며 그들이 생명나무로부터 쫓김을 당했으며 수고하고 죽게 되었는지를 말해준다(창 3:1-24). 그러나 요한계시록은 하나님의 도시 안에서는 더 이상 어떤 것도 "저주를 받지 않을 것이며" 백성들은 생명나무를 먹게 될 것이라는 소망을 간직하고 있다. 그들은 땅으로부터 생활에 필요한 것을 얻기 위해 수고할 필요가 없는데, 그 이유는 생명나무가 그들에게 계속적으로 열매를 제공해줄 것이기 때문이다(계 22:2-3). 선지자들은 하나님의 도시에 있는 생수와 열매 맺는 나무들에 관하여 말했다(겔 47:1-12; 슥 14:6-8). 그 구절들에서 에스겔은 간단히 이 잎사귀들이 "치료하게" 될 것이라고만 진술했다(겔 47:12). 요한은 여기에 잎사귀는 "만국을 치료하기 위해" 있을 것이라고 덧붙인다(계 22:2).

결국, 보좌 주위에 모여 있는 자들은 하나님의 얼굴을 볼 것이며, 하나님의 영구한 빛의 영광 가운데에서 영원히 그와 함께 왕 노릇 할 것이다(계 22:4-5). 이것은 아담과 이브가 죄를 짓고 수치스러워 하나님의 얼굴로부터 자신들을 숨기며 그늘로 피신하고자 했을 당시로부터 시작된 이야기의 최종 반전이다(창 3:8). 하나님의 빛, 순결함, 능력은 인간의 죄악, 불결함과 도덕적인 약점을 주관하는 어두움을 위협한다. 여호와는 모세에게 사람들이 자신의 얼굴을 보면 살지 못하리라고 말씀했다(출 33:20). 그리고 이사야가 하나님의 하늘 보좌의 환상을 보았을 때 그는 두려워서 소리를 지른다. "나여 망하게 되었도다. 나는 입술이 부정한 사람이요 나는 입술이 부정한 백성 중에 거주하면서 만군의 여호와이신 왕을 뵈었음이라!"(사 6:5). 태양의 강력한 빛이 그것을 응시하는 자들의 시력을 파괴시킬 수 있듯이 하나님의 타는 듯한 거룩함은 그 앞에 직접 나아오는 자들을 파멸시킬 수 있다. 그러므로 이스라엘의 율법은 여호와의 이름이 새겨진 패를 만들어 관 전면에 있게 하고 이 패를 이마에 둔 대제사장은 백성들의 속죄를 위해 향의 보호 구름 아래 하나님 앞에 나아올 수 있다고 규정했다(출 28:36-38; 레 16:11-19).

새 예루살렘에서는 하나님의 은혜로 죄와 사망의 장벽이 옮겨지며, 구원받는 자들은 다시 정원 안에 머물러 있는 자신들을 발견하게 된다. 하나님의 얼굴로부터 숨는 대신에, 그들은 하나님의 얼굴을 향해 돌아선다. 하나님의 백성이 되는 특권이 만국으로 확대되었던 것처럼, 대제사장으로 섬기는 특권이 이마에 하나님의 이름이 새겨진, 모든 예배하는 자들에게로 확대되었다(계 22:4). 정직한 자는 한 날 여호와를 볼 것이라는 약속이 성취되었다(시 11:7; 마 5:8; 요일 3:2). 죄와 죽음의 밤은 지나가고 하나님의 구원의 빛과 낮이 임하게 된다. 믿음은 통찰력을 갖게 하며 불확실한 것들을 분명히 이해하게 한다(고전 13:12). 하나님의 백성의 이야기는 그들이 "쉼을 얻고 보며, 보고 사랑하며, 사랑하고 찬양하니 이것이 끝없이 계속될 때" 절정이 이르게 된다(Augustine, *The City of God* 22.30).

Ⅴ. 마지막이 가까웠다(22:6-21)

새 예루살렘의 눈부시게 찬란한 광채는 요한계시록 22장 5절 이후의 광경에서부터 희미해진다. 이 성의 보석들과 금빛을 내는 색상, 풍부하게 흐르는 물과 푸르게 우거진 잎사귀는 그 도시를 씻어내는 하나님의 찬란한 빛에 삼켜진다. 도시의 형세가 그 빛 가운데로 사라짐에 따라, 속죄함을 받는 자들의 모임으로부터 들려오는 예배의 장엄한 하모니가 독자들의 마음에 오래 머물지 못하고, 그것들 역시 그 환상과 함께 사라지게 된다. 요한계시록의 나머지 부분은 독자들을 비교할 수 없이 장엄한 영원한 도시로부터 일상생활의 세계로 되돌아오게 한다. 22장 6절에 의하면, 요한은 그의 안내자인 천사와 함께 서 있는데, 그는 반복해서 "이 말은 신실하고 참되도다"라고 외치며, 독자들로 하여금 요한계시록을 통해 시작한 그들의 여정을 기억나게 하기 위해, 서두의 내용을 반복한다. "주 곧 선지자들의 영의 하나님이 그의 종들에게 반드시 속히 되어진 일을 보이시려고 그의 천사를 보내셨도다"(22:6; 참조. 1:1).

그러나 요한과 천사는 혼자가 아니다. 그 이유는 "보라 내가 속히 오리라!"는 음성을 들었기 때문이다(22:7). 화자는 무대 뒤에 서 있으며, 자신의 신분을 드러나지 않는다. 그러나 그 음성은 계속적으로 그 메시지를 외친다. 음성이 들려질 때마다, 독자들은 화자가 누구인지를 보다 분명히 '보게' 된다. "보라 내가 속히 오리라!"는 두 번째 음성이 외쳐질 때, 독자들은 화자가 "알파와 오메가요 처음과 마지막이요 시작과 마침이라"는 사실을 깨닫게 된다(22:12-13). 마침내, 그 음성이 "나 예수는"이라고 말할 때 화자의 얼굴이 전면에 드러난다(22:16). 이와 같은 방식으로 그분의 신분을 밝힘으로, 요한은 다시 독자들을 이 책의 시작 부분으로 인도한다. 거기에서 예수님은 처음으로 요한에게 자신을 나타내셨으며, 일곱 교회를 상징하는 금 촛대 사이를 다니시며, 자신은 "처음이요 나중이라"고 선포하셨다(1:17-20).

자신이 "처음이요 나중이며, 시작이요 마지막이라"고 선포하신 그리스도는 요한계시록의 처음 장과 마지막 장 모두에 나타난 분이시다. 그는 이 책의 처음과 마지막을 구성한다. 요한계시록의 처음 장에서 자신의 교회에 임재하신 그리스도는 또한 마지막 장에서 "보라, 내가 속히 오리라!"고 말씀한다. 요한계시록이 성도들을 "주 예수여 오시옵소서" (22:20)라고 기도하도록 초대할 때, 이것은 이제도 "주 예수의 은혜가 모든 성도들에게 있을 것이라"고 약속하는 것일 수도 있다(22:12). 주 예수의 은혜는 그를 따르는 자들 가운데 있게 된다. 그 이유는 예수님 자신이 그를 따르는 자들 가운데 계시기 때문이다. 자신을 다윗의 뿌리라고 부름으로(22:16), 예수님은 선지자들을 통하여 주어졌고 자신의 죽음으로 이미 하나님을 위해 만국 백성을 속량한 어린 양을 통해 성취된 약속들을 생각나게 한다(5.5, 참조. 사 11:1; 렘 23:5; 슥 3:8). '광명한 새벽별' 처럼(계 22:16; 참조. 2:28; 민 24:7), 부활하신 예수님은 이제 그가 친히 접근할 때 가까이 다가가는 구원의 새날의 선구자이다.

요한계시록이 하나님과 그리스도를 만물의 마지막이라고 강조한 것은(계 1:8, 17; 21:6; 22:13) 독자들이 "예언의 말씀을 지키는 자는 복이 있다"는 말씀이 뜻하신 바가 무엇인지를 이해하는 데 도움을 주기 위해서이다(22:7; 참조. 22:10, 18, 19). 이 장의 시작 부분에 설명된 바와 같이, 우리는 요한계시록의 전체적인 메시지를 통하여 예언은 그의 결과로 평가된다는 사실을 알게 되었다. 참 예언은 사람들로 하여금 참 하나님을 섬기도록 감동을 주지만, 거짓 예언은 사람들을 하나님께로부터 멀어지게 한다. 예언은 미래와 관련이 있으나 근본적인 관심은 미래를 예견하는 데 있지 않다. 요한계시록의 마지막 장은 이 점을 강조한다. 예언의 말씀을 지키는 자에게 복이 있을 것이라는 말씀을 들은 후에도, 요한은 그의 안내자인 천사에게 경배하려는 실수를 저지른다. 우리는 곧바로 이 책의 말씀들을 지키는 자들은 "하나님께 경배하라"고 하신 말씀을 듣게 된다(22:7-9; 참조. 19:10). 요한계시록은 사람들이 아마겟돈 전투의 날짜를 추측하는 것으로 이 예언의 말씀을 '지키거나' 복을 받는다고 주장하지는 않는다. 그보다 '복이 있는 자'는 그리스도에 대한 믿음과 그리스도를 향한 믿음을 통하여 "자신들의 옷을 빨며"(22:4), 의와 거룩함을 추구하고 악과 더러움과 거짓과 다른 형태의 죄에 저항하는 자들이다(22:11, 15).

요한이 기록했던 것을 이해하는 데 더욱 도움이 되는 것은 천사의 지시이다. 곧 "이 두루마리의 예언의 말씀을 인봉하지 말라 때가 가까우니라"이다(22:10). 마지막 때까지 봉인되어 비밀이 보존되어야 했던 다니엘서(단 12:4, 9)와는 대조적으로, 요한계시록은 이 책이 기록된 당시부터 공개된 책이다. 요한계시록을 '예언'이라고 부른 이유는 이 책이 첫 번째 독자들로 하여금 하나님과 어린 양 안에서 회개와 인내와 소망에 이르도록 요청하는 편지 형식으로 되어 있기 때문이다. 이 책은 역사의 마지막 때까지 그 안에 기록된 참된 메시지를 독자들로부터 감추고자 하는 암호화된 예언은 아니다. 일곱 교회에 속한 그리스도인들에게 요한계시록이 전달했던 내용이 무엇인지 묻는 것은 우리의 사고를 훈련하는 데 도움을 준다. 밧모섬의 요한이 이 책의 마지막에 나오는 '아멘'을 쓴 이후 수 세기 동안의 독자들에게 어떻게 이 책이 계속적으로 전달되었는지를 살펴보고자 할 때도 이러한 태도가 필요하다(22:21).

요한계시록이 오늘을 살아가는 사람들에게 말할 수 있고 말해야 하는 두 가지 이유는 서로 대조되는 그리스도와 문화의 관점에서 요약할 수 있다.

첫째, 독자들은 자주 자신들의 문화적 상황들이 일곱 교회의 상황들과 유사함을 발견하게 될 것이다. 비록 서양에 거주하는 그리스도인들이 우상에게 바쳐진 고기를 먹는 문제들과 씨름하지는 않지만, 많은 사람들은 더 넓은 문화에 동화되고자 하는 열망 때문에 자신의 믿음의 헌신을 포기하고자 하는 유혹의 경험과 부로부터 오는 안락함 혹은 폭력의 위협 등 현재의 압력들을 인식하고 있다. 현대 독자들이 그와 같은 문제에 직면해 있기 때문에, 요한계시록은 그들에게 도전을 주며 용기를 불어넣어준다.

둘째, 요한계시록은 문화와의 관계만이 아니라 "전에도 계시고 이제도 계시고 장차 오실" 하나님(4:8)과의 관계에 대해서도 말씀하고 있다. 하나님과 어린 양은 한 시대에 한정되지 않으시기 때문에, 하나님과 어린 양 안에 있는 소망과 두려움을 향한 요한계시록의 부름 역시 한 시대에 국한되지 않는다. 독자들이 1세기에 살았든지 아니면 21세기에 실든지, 하나님과 부활하신 그리스도는 거기에 계신다.

요한계시록이 구성된 지 거의 이천 년이 지난 이후에, 이 책을 읽는 우리는 예수님의 '곧' 오실 것이라는 말씀의 의도가 무엇인지에 의문을 갖게 된다(22:6, 7, 12, 20). 이 질문은 요한계시록에서만 제기된 것은 아니다. 예를 들면, 바울은 마치 그리스도가 자신이 살아 있는 동안에 다시 오실 것으로 기대하면서 편지를 썼을 것이다(살전 4:17). 신약성서는 독자들에게 긴장감을 갖고 살도록 요청한다. 몇몇 구절들은 그리스도가 곧 재림하실 것이니 그리스도인들은 깨어서 그를 기다려야 한다고 알려준다(마 24:34; 막 13:30, 37). 다른 구절들은 하나님 한 분만이 그리스도가 재림하실 시기를 알고 계시며 "때와 시기는 아버지가 자기 권한에 두셨으므로" 다른 사람에게는 알려주지 않았다고 말씀한다(행 1:7; 마 24:36; 막 13:32). 동일한 방식으로, 요한계시록은 "때가 가까웠다"고 선포한다(계 22:10). 유사한 메시지를 다른 표상들을 통해 주기적으로 반복하며, 심판을 일시 중단시키고 하늘의 모습을 보여주는 삽경을 통해 앞으로 나아가는 것을 방해하며 변화무상한 나선형의 환상들로 독자들의 시간에 대한 감각을 혼란스럽게 함으로 그렇게 한다. 요한계시록은 독자들에게 어린 양의 혼인 잔치가 '이르렀으며', 신부가 '준비되었다'고 말씀한다. 그러나 이 환상의 세계에서 천 년 이상의 시간을 지나기까지 독자들에게는 신부를 보는 것이 허락되지 않는다(19:7-8; 21:2, 9). 독자들은 종말이 임할 것이나 그때가 언제인지 아는 것이 허락되지 않았다는 확신하에 남겨져 있다.

요한이 펜을 놓기 전에, 이 책의 메시지를 함부로 수정하는 자들에게 주는 하나의 경고를 기록했다: "만일 누구든지 이것들 외에 더하면 하나님이 이 두루마리에 기록된 재앙을 그에게 더할 것이요 만일 누구든지 이 두루마리의 예언의 말씀에서 제하여 버리면 하나님이 이 두루마리에 기록된 생명나무와 및 거룩한 성에 참여함을 제하여 버리시리라"(22:18-19). 유사한 권면이 이스라엘의 율법(신 4:2; 12:32)과 다른 고대의 종교적인 글들과 공적인 문서들에도 나온다. 비록 여러 세기 동안 복사되고 재복사됨에 따라, 요한계시록의 말씨에 일어난 변화들 중 어느 것이 그와 같은 혹독한 처벌의 대상이 될 것인지에 대해 알고자 하는 궁금증을 갖기도 하겠지만, 이보다 우리에게 더 도움이 되는 질문은 요한—바울처럼(갈 1:6-9)—이 메시지의 본래의 형태를 유지하는 것을 그와 같이 중요하게 생각하는 이유가 무엇인지, 그리고 어떻게 하는 것이 온전한 의미를 간직하는 것으로 생각하는지에 대해 묻는 것이다.

요한계시록은 독자들로 하여금 위협과 동시에 용기를 주는 놀라운 환상들과 대면하게 한다. 이 책의 가치를 인정하는 자들은 둘 모두를 받아들여야 할 것이다. 소위 주류 교회에 소속된 그리스도인들은 이 책의 위협적인 면을 용인하는 데 어려움을 겪는 경우가 많다. 혹독한 심판에 관한 요한계시록의 경고로 사람들을 위협하는 자들 혹은 요한계시록의 전투의 환상들을 제3차 세계대전을 예견한 것으로 추정하는 자들을 이 책을 잘못 해석한 자들로 분류하는, 많은 그리스도인들은 요한계시록을 자신들의 생활의 변두리로 추방시켜버린다. 그들은 이따금 예배 시에 하늘 영광을 묘사한 하나의 구절을 읽을 수도 있다. 그렇지 않으면 요한계시록의 내용을 공적인 견해에 반영하지 않는 것이 최선의 방책이라고 생각할 수도 있다. 그러한 생각을 갖는 독자들에게 주는 최선의 도전은 이 세상에 만연된 죄와 악의 세력들을 직시하고 그것에 저항하도록 부르는 요한계시록의 음성에 귀를 기울이도록 하는 것이다. 특히 그들로 하여금 부와 폭력에 무감각해져 있고 누구를 '신'이라 부르든 상관이 없다고 하는 자신들의 참 모습을 이 책을 통해 바로 보도록 하는 것이다. 요한계시록의 환상은 독자들에게 혼란을 가져다주어, 그들로 하여금 믿음과 신뢰를 지키는 새로운 생활을 하도록 인도하고자 하는 데 그 목적이 있다.

한편의 독자들은 요한계시록이 제시하는 광대한 소망을 받아들이는 데 어려움을 겪는다. 일곱 인의 비밀들, 전투를 위해 준비된 잔인한 군대, 우주적 파멸에 대한 기대에 사로 잡혀서, 그들은 하늘 영광의 장면을 속히 통과하여 하나님의 영원한 도시에서 절정을 이루는 우주적 찬미의 장면에 다가서고자 한다. 또한 그들은 요한계시록을 고정된 방식으로 전개될 미래 드라마를 위한 대본이라고 생각하고 읽음으로, 믿음이 숙명론이 되는 과정을 따르고자 한다. 그러한 사람들에게 주는 도전은 이 책의 환상들을 단순한 예언으로서가 아니라 독자들을 회개와 인내로 인도하기 위해 계획된 경고라는 사실을 받아들이도록 하는 것이다. 더욱이 이 책의 반복되는 나선들은 위협의 환상들을 향해 내려가기도 하지만, 그것들은 매번 하나님 앞에서의 영광의 장면으로 되돌아온다. 고결한 정신을 가지고 이 책에 귀를 기울이는 것은 하나님과 어린 양이 모든 족속과 방언과 백성과 나라들에게로 확대한 이 책에 기록된 약속들을 다시 듣는 것이라고 말할 수 있다.

"성령과 신부가 말씀하시기를 오라 하시는도다

듣는 자도 오라 할 것이요

목마른 자도 올 것이요

또 원하는 자는 값없이 생명수를 받으라"(22:17).

이 초대와 약속들에 미루어보아 이 책은 독자들을 "아멘, 주 예수여 오시옵소서!"라고 응답하도록 부른다(22:20). 그리고 마지막 구절에 언급된 축복을 기꺼이 받아들이도록 초청한다.

"주 예수의 은혜가 모든 자들에게 있을지어다. 아멘"(22:21).

■ 참 고 문 헌

Aune, David E. "The Influence of Roman Imperial Court Ceremonial on the Apoca-
    lypse of Jone." *Biblical Research* 28 (1983): 5-26.
_____. *Prophecy in Early Christianity and the Ancient Mediterranean World.* Grand
    Rapids: Eerdmans, 1983.
_____. *Revelation.* 3 vols. Word Biblical Commentary 52. Dallas: Word, 1997- 98.
_____. *The Theology of the Book of Revelation.* Cambridge: Cambridge University Press,
    1933.
Beale, G. K. *The Book of Revelation: A Commentary on Greek Text.* Grand Rapids:
    Eerdmans; Carlisle: Paternoster, 1999.
Boring, M. Eugene. *Revelation.* Interpretation. Louisville: John Knox, 1989.
Boyer, Paul. *When Time Shall Be No More: Prophecy Belief in Modern American Culture.*
    Cambridge, MA: Harvard University Press, 1922.
Caird, G. B. *A Commentary on the Revelation of Saint John the Divine.* New York:
    Harper & Row, 1966.
Clouse, Robert G., Robert Hosack, and Richard V. Pierard. *The New Millenium
    Manual: A Once and Future Guide.* Grand Rapids: Baker, 1999.
Collins, Adela Yarbro. *The Apocalypse. New Testament Message 22.* Wilmington, De:
    Michael Glazier, 1979.
_____. *Crisis and Catharsis: The Power of the Apocalypse.* Philadelphia: Westminster,
    1984.
Collins, John J. *The Apocalyptic Imagination: An Introduction to Jewish Apocalyptic
    Literature.* 2nd ed. Grand Rapids: Eerdmans, 1998.
Grens, Stanley J. *The Millennial Maze: Sorting Out Evangelical Options.* Downers
    Grove, IL: InterVarsity, 1992.
Hemer, Colin J. *The Letters to the Seven Churches in Their Local Setting.* Grand Rapids:
    Eerdmans, 2001.
Jeffrey, Grant. *The Millennium Meltdown: The Year 2000 Computer Crisis.* Wheaton, IL:

Tyndale House, 1995.

Koester, Nancy. "The Future in Our Past: Post-Millennialism in American Protestantism." *Word & World* 15 (1995): 137-44

LaHaye, Tim, and Jerry M. Jenkins. *Left Behind: A Novel of the Earth's Last Days.* Wheaton, IL: Tyndale House, 1995.

_____. *Tribulation Force: The Continuing Drama of Those Left Behind.* Wheaton, IL: Tyndale House, 1996.

_____. *Are We Living in the End Times?* Wheaton, IL: Tyndale House, 1999.

Lindsey, Hal. *The Late Great Planet Earth.* Grand Rapids: Zondervan, 1970.

Schüssler Fiorenza, Elizabeth. *Revelation: Vision of a Just World.* Minneapolis: Fortress, 1991.

Tabor, James D. "The Waco Tragedy: An Autobiographical Account of One Attempt to Avert Disaster." In *From the Ashes: Making Sense of Waco*, edited by James R. Lewis, 13-21. Lanham, MD: Rowan & Littlefield, 1994.

Wainwright, Arthur W. *Mysterious Apocalypse: Interpreting the Book of Revelation.* Nashville: Abingdon, 1993.

가이우스 장로 19
개괄이론 15, 55, 67
개정판 공동성서일과(Revised Common
　　Lectionary) 58
거짓 선지자 79, 108, 196-199, 204, 219,
　　228, 258, 261, 266, 270, 280,
　　283
고기를 먹는 행위 97-100
곡과 마곡 29, 278-279, 281
구약성서: 요한계시록의 ～ 사용 85-86
그렌츠(Grenz, Stanley J.) 31n. 5

나팔들 148-157, 171-174
네로 20, 26, 56, 136, 180, 194-195, 202,
　　240-241
니콜라이(Nicolai, Philipp) 65
다비(Darby, John Nelson) 40
다윗파(Branch Davidians) 36-39

도미티아누스 95, 119
동업 조합 99
동화의 문제 94-102
두아디라 교회 100-102
뒤러(Dürer, Albrecht) 90-91, 129-130, 150,
　　185, 234, 271
디오니시우스(Dionysius of Alexandria) 22

디오클레시아누스(Diocletian) 20
디킨스(Dickens, Charles) 242-243
땅으로부터 올라온 짐승 29, 190, 196-205
　　→ 거짓 예언자를 보라

라오디게아 교회 110-112
라헤이(LaHaye, Tim) 39-40
러셀(Russell, Charles) 35-36
로마:
　　～의 산업 247-248
　　～ 제국 55-57, 102-103
　　～의 평화 132
로우리(Lowry, Robert) 65
린지(Linsey, Hal) 40

마지막이신 하나님과 그리스도 253-259,
　　298-301
마틴 루터(Luther, Martin) 28-30
만국의 구원 213-216, 295-297
말 탄 자: 네 ～ 127-134
메시아의 어머니인 여자 181-183
묵시 문학 50-55
미가엘 183-187
미국 44
믿음의 공동체인 성전 161-166
밀러(Miller, William) 33-35

바다로부터 올라온 짐승 190-196
바룩2서 51
바벨론의 멸망 64, 208-209, 212-213, 219, 230, 242-246
발람 97, 99, 101, 204, 208
밧모섬 87-88
버가모 교회 96-100
보링(Boring, M. Eugene) 202, 237
보이어(Boyer, Paul) 201n.2
보캄(Bauckham, Richard) 118, 141, 160, 170, 248, 277, 292
부활 277-278
빅토리누스(Victorinus of Pettau) 20
빌라델비아 교회 106-107

사데 교회 108-110
사탄:
  ～의 결박 270-272
  ～의 하늘로부터 쫓겨남 183-187
  ～의 최후의 패배 279-280
상징: ～의 해석 74-76, 140-142, 152, 162-164, 238-239
생명의 책 110, 282-284
서머나 교회 103-106
세대주의자들 39-49
소 플리니(Pliny the Younger) 87, 106
순교자 저스틴 16-17, 20
스코필드(Scofield, Cyrus) 40
심판: 하나님의 ～ 170-171, 208-213, 222-224, 240-241, 281-284

아마겟돈:
  복음주의의 ～ 32
  죄에 대한 하나님의 영원한 투쟁인 ～ 22

중동지방에서 일어난 전쟁인 ～ 25-26

어거스틴(아우구스티누스) 23-24, 240
악: ～에 관한 질문들 132-133
알파와 오메가 5, 58-59, 86-90, 299-300
어린 양의 신부 291-292
언(Aune, David E.) 78, 119, 237
언약궤 173-174
에녹1서 51, 52, 55
에베소 교회 95-100
에스라4서 53
여호와의 증인 35-36, 140
예루살렘: 새 ～ 289-298
예수 그리스도:
  교회 가운데 임재하신 ～ 87-90
  어린 양인 ～ 121-127
  전사 ～ 262-265
예언의 본질 76-80, 128, 258
요나단 에드워드(Edwards, Jonathan) 32
요하킴(Joachim of Fiore) 25
요한계시록:
  ～에 근거한 찬미 57-63
  ～의 저자 요한 80-82, 87-88
  음악과 ～ 57-66
용 → 사탄을 보라
웨슬리(Wesley, Charles) 62
웨이코(Waco) 36-39
웨인라이트(Wainwright) 22n.1
유럽 공동시장 44, 203, 239
음녀 231-241
이레니우스 17-18, 20
이세벨 78, 101-102, 204, 228
이스라엘: 현대 국가인 ～ 39-45
이십사 장로 118-121

자기만족: ∼의 문제 121
재앙: 마지막 ∼ 221-228
적그리스도:
    미래의 통치자인 ∼ 44-45
    중세의 교황과 교황권인 ∼ 27-28
    프리드리히 2세 27
    또한 바다로부터 올라온 짐승을 보라
전천년설 47, 140
정복 은유 94
제단 아래의 순교자 136-137
제롬 21, 24
제칠일안식교 33-35
제프리(Jeffrey, Grant) 43
젠킨스(Jenkins, Jerry B.) 39, 40, 203n.4,
    279n.2
증인: 두 ∼ 166-171
짐승의 표 222-223

창조:
    새 ∼ 285-288
    ∼와 창조자 117
천년왕국:
    그리스도의 초림 시에 시작된 ∼ 23-24
    미래의 ∼ 16-18, 46
    복음주의와 사회개혁의 산물인 ∼ 31-32
    ∼의 의미 271-278
    초시간적인 ∼ 22
초기 그리스도인의 박해 102-107
축제: 그레코-로마 ∼ 98-99

칼빈(Calvin, John) 30
케어드(Caird, G. B.) 109, 258, 281
케린투스 19
코레쉬(Koresh, David) 37-39
콜린스(Collins, Adela. Y.) 68, 99, 242

콜린스(Collins, John J.) 52
쾌스터(Koester, Nancy) 7, 31n.5
클로드(Clouse, Robert G.) 201n.5

타보(Tabor, James D.) 39
티코니우스 22-24

페로네(Perronet, Edward) 61
편지 형식 80-82
풍자 197-198, 232-237
프란체스코 수도회 26-27
피니(Finney, Charles) 32
피에라드(Pierard, Richard V.) 201n.2
피오렌자(Schüssler Fiorenza, Elizabeth)
    92, 105, 207

하나님:
    신실하신 ∼ 173, 287-288
    ∼과 창조 116-117, 126, 158-159, 208,
        285-286
    ∼의 주권 116-121
    ∼의 위협 134-135
하우(How, William) 65
하우(Howe, Julia Ward) 64
하우웰(Howwell, Vernon) 37
헤머(Hemer, Collin J.) 111
헤버(Heber, Reginald) 60
헨델(Handel, Georg Friedrich) 63, 252
화이트(White, Ellen) 35
호삭(Hosack, Robert) 201n.2
회개 151-158, 166, 221-228
후천년설 32, 273n.1
휴거:
    ∼에 대한 비평 47-48
    ∼의 이론 42-43

휴테프(Houteff, Victor) 36-37

144,000:
　다윗파가 생각하는 ～ 36-37
　여호와의 중인이 생각하는 ～ 36
　유대복음주의자인 ～ 45
　하나님의 전 백성인 ～ 140-141, 206-207
666 27, 44, 200-202
Y2K 컴퓨터 문제 43

인류의 종말과 요한계시록

2011년 10월 20일 초판 1쇄 인쇄
2011년 10월 28일 초판 1쇄 발행

지은이 | 크레이그 R. 퀘스터 옮긴이 | 최흥진
펴낸이 | 김영호 펴낸곳 | 도서출판 동연
편집 | 조영균 디자인 | 이선희 관리 | 이영주
등록 | 제1-1383호(1992. 6. 12)
주소 | 서울시 마포구 망원2동 472-11 2층(우 121-826)
전화 | 02-335-2630 전송 | 02-335-2640 이메일 | ymedia@paran.com

Copyright ⓒ 동연, 2011

이 책은 저작권법에 따라 보호받는 저작물이므로 무단 전재와 복제를 금합니다.
잘못된 책은 바꾸어드립니다.
책값은 뒤표지에 있습니다.

ISBN 978-89-6447-157-9 93200